GUT STERBEN

Sidney Wanzer · Joseph Glenmullen

GUT STERBEN

WÜRDEVOLL, FRIEDLICH, SELBSTBESTIMMT

Aus dem Englischen
von Andreas Simon dos Santos

Zweitausendeins

Deutsche Erstausgabe.
1. Auflage, Februar 2009.

Die englische Originalausgabe ist 2007 unter dem Titel »To Die Well.
Your Right to Comfort, Calm and Choice in the Last Days of Life«
bei Da Capo Press, Perseus Books erschienen.
Copyright © 2007 by Sidney H. Wanzer und Joseph Glenmullen.
Alle Rechte für die deutsche Ausgabe und Übersetzung
Copyright © 2009 by Zweitausendeins, Postfach,
D-60381 Frankfurt am Main.
www.Zweitausendeins.de

Lektorat und Register: Katharina Theml (Büro Z, Wiesbaden).
Korrektorat: Florian Kohl, Berlin.
Umschlaggestaltung: Johannes Paus, Wallerstein.
Satz und Herstellung: Dieter Kohler GmbH, Wallerstein.
Druck und Einband: Freiburger Graphische Betriebe.
Printed in Germany.

Dieses Buch gibt es nur bei Zweitausendeins im Versand, Postfach,
D-60381 Frankfurt am Main, Telefon 069-420 8000, Fax 069-415 003.
Internet www.Zweitausendeins.de. E-Mail Service@Zweitausendeins.de.
Oder in den Zweitausendeins-Läden in Berlin, Düsseldorf,
Frankfurt am Main, Freiburg, 2 x in Hamburg, Hannover, Köln,
Leipzig, Mannheim, München, Nürnberg und Stuttgart.
Oder in den Zweitausendeins-Shops in Aachen, Augsburg, Bamberg,
Bochum, Bonn, Bremen, Darmstadt, Dortmund, Dresden, Düsseldorf,
Duisburg, Erfurt, Essen, Göttingen, Gütersloh, Karlsruhe, Kiel, Konstanz,
Ludwigsburg, Marburg, Münster, Neustadt an der Weinstraße, Oldenburg,
Osnabrück, Speyer, Trier, Tübingen, Ulm und Würzburg.

In der Schweiz über buch 2000, Postfach 89, CH-8910 Affoltern a. A.

ISBN 978-3-86150-895-3

Ich habe dieses Buch für Patienten,
Familien, Ärzte, Betreuer und Pfleger geschrieben,
um die Frage zu beantworten, was zu einem
friedlichen Tod beiträgt und was nicht.
Ich widme es insbesondere jenen Patienten,
denen ein solcher Tod verwehrt blieb.

INHALT

Vorwort 9

1 Wendepunkte am Ende des Lebens 13
2 Die Rechte des Sterbenden 33
3 Der erste Wendepunkt: Von der kurativen
   Behandlung zur palliativen Versorgung 43
4 Schmerztherapie 71
5 Ärzte und Pfleger 79
6 Familie und Freunde 95
7 Der zweite Wendepunkt: Das Sterben
   beschleunigen 103
8 Methoden der Lebensverkürzung 119
9 Traurigkeit am Lebensende versus Depression . . 155
10 Irreversible Demenz: Ein Sonderfall 161
11 Ein selbstbestimmtes Lebensende durch
   Vorausplanung 173
12 Einen würdevollen Tod zulassen 185

ANHANG

1 Die Sterbehilfebewegung in den USA 191
2 Sterbehilfe in Europa 199
3 Organsationen für Sterbebegleitung
   und Sterbehilfe 203
4 Muster einer Patientenverfügung, einer
   Vorsorgevollmacht, einer Betreuungsverfügung
   und eines Notfallbogens 205

5 Vorschlag für eine Willenserklärung zur direkten
  Sterbehilfe für den Fall irreversibel
  fortschreitender Demenz   219

Anmerkungen   225
Dank   233
Nachwort   237
Editorische Notiz   259
Register   261

VORWORT

Ich habe schon viele Sterbende begleitet und ihren Familien in dieser schweren Zeit zur Seite gestanden. In diesem Buch beschreibe ich aus meiner eigenen praktischen Erfahrung als Arzt, welche Versorgung in den letzten Tagen und Stunden einen friedlichen Tod gewährleisten kann.

Es gibt am Ende des Lebens Wendepunkte, an denen der Zweck der medizinischen Behandlung neu bestimmt werden muss. Besteht das Ziel noch darin, eine Erholung oder Genesung anzustreben, oder ist die Zeit gekommen, sich darauf zu konzentrieren, den Patienten so beschwerdefrei wie möglich durch den Sterbeprozess zu führen? Ist das Leben so unerträglich geworden, dass ihm der Tod erstrebenswerter erscheint als eine Fortsetzung des Leidens? Dies sind Fragen, über die sich Patient, Familie und Arzt in verbindlichen Gesprächen austauschen und verständigen müssen, wenn sich das Leben dem Ende neigt. Wir werden sehen, dass eine richtige Bestimmung der Behandlungsziele entscheidend für einen friedlichen Sterbeprozess ist.

Ich gehe in diesem Buch auch der Frage nach, wie Patienten im Zusammenwirken mit ihrer Familie und dem Arzt selbst über die Art ihres Sterbens bestimmen können. In einer Zeit, wo an die Stelle der ärztlichen Bevormundung früherer Tage eine gemeinsame Entscheidungsfindung getreten ist, sind dazu mit dem Arzt wichtige Fragen abzuklären, und bei ihrer Beantwortung stehen heute die Wünsche des Patienten und der Familie im Vordergrund.

Dieses Buch stützt sich auf meine eigene Erfahrung als Mediziner und auf meine Zusammenarbeit mit Organisationen, die sich für die Rechte von Patienten am Lebensende einsetzen. Es ist nicht meine erste Veröffentlichung zu dem Thema: In den 80er Jahren erschienen unter meiner Federführung in Zusammenarbeit mit Ärztekollegen aus den ganzen USA im Abstand von fünf Jahren zwei Artikel im *New England Journal of Medicine* über die Verantwortung des Arztes gegenüber unheilbar Kranken. In einem dieser Artikel vertrete ich – als einer der Ersten in einer großen medizinischen Fachzeitschrift – die Auffassung, dass es unter bestimmten Umständen ethisch vertretbar sein kann, einem Sterbenden, der unerträgliche Qualen leidet, dabei zu helfen, sein Leben selbst zu beenden.[1] Ich bin davon bis heute fest überzeugt.

Wenn Patienten, die keine Hoffnung auf Heilung mehr haben, ihr Sterben beschleunigen, handelt es sich um etwas anderes als das, was wir üblicherweise als Selbstmord bezeichnen. Selbstmord aus Depression wird weithin als vermeidbares Unglück angesehen; bei einem Menschen, der an seinem Lebensende angelangt ist und unerträglich leidet, ist die Beschleunigung des Sterbens dagegen eher als Teil des Behandlungsspektrums zu betrachten.

Viele Patienten und Familien haben mir freundlicherweise erlaubt, ihre Geschichten in dieses Buch aufzunehmen – in der Hoffnung, dass ihre Erfahrungen anderen helfen mögen. Alle diese Geschichten sind wahr. Bis auf meine eigenen Familienmitglieder sind jedoch alle Namen und Orte und kleinere Details geändert, um die Vertraulichkeit zu wahren und die Privatsphäre der Betreffenden zu schützen.

Bei alldem war Joseph Glenmullen eine unschätzbare Hilfe. Er diskutierte mit mir, was in das Buch Eingang finden sollte, er begleitete mit Kritik und Anregungen seine Abfassung und stand mir als Freund mit Rat und Tat zur Seite.

Sydney H. Wanzer, Januar 2007

1

WENDEPUNKTE AM ENDE DES LEBENS

»Was soll das heißen, meiner Mutter wurde ein Schrittmacher eingesetzt, um sie am Leben zu erhalten?«, fragte ich entsetzt. Meine 92-jährige Mutter war seit Jahren schwer an Alzheimer erkrankt und lebte in einem Pflegeheim.

»Sie hatte ernste Herzrhythmusstörungen und hätte andernfalls nicht überlebt«, erwiderte ihr Arzt.

»Aber in ihrer Patientenverfügung ist ausdrücklich festgelegt, dass sie keine Operationen wollte!«

Der Arzt am anderen Ende der Leitung schwieg. Schließlich wiederholte er lahm: »Sie hätte ohne die Behandlung nicht überlebt.«

»Wie konnten Sie ihren Willen nur so mit Füßen treten?« Ich zuckte bei dem Gedanken zusammen. Die Patientenverfügung meiner Mutter, die sie lange vor dem Verlust ihrer geistigen Fähigkeiten verfasst hatte, machte unmissverständlich klar, dass sie keine sinnlose Verlängerung ihres Sterbens wünschte. Einer wehrlosen Frau von 92 Jahren einen Herzschrittmacher einzupflanzen kam einer schweren Körperverletzung gleich. Ich war bestürzt. Es war unfassbar.

So schnell ich konnte, flog ich von Boston zu dem Krankenhaus, in das man meine Mutter für die Operation eingewiesen hatte. Nichts konnte diesen absurden medizinischen Eingriff ungeschehen machen, aber ich wollte bei ihr sein und mit ihrem Arzt und dem Personal ihres Pflegeheims sprechen, um alles in meiner Macht Stehende zu tun, damit ihre Wünsche in Zukunft respektiert würden. Als einzigem Arzt in der Familie stand mir die Tragweite dieser Fehlentscheidung klar vor Augen, doch meine zwei älteren Brüder waren über die Operation nicht minder entrüstet als ich. Unserem Vater blieb der Schmerz darüber erspart, da er 15 Jahre zuvor gestorben war.

Ihr Leben lang war meine Mutter eine außerordentlich unabhängige, geistig höchst rege Frau gewesen, die daran gewöhnt war, ihre Entscheidungen selbst zu treffen. Sie war eine hochgewachsene, imposante Erscheinung und hatte es fertiggebracht, in den 30er und 40er Jahren gleichermaßen als Karrierefrau und Mutter ihren Weg zu gehen. Selbstbewusst und gut aussehend, war sie, wie ich mich aus meinen Kindheitstagen erinnere, mit ihrer Molligkeit rundum zufrieden. Ihr wunderbarer Sinn für Humor begleitete ihre Durchsetzungskraft auf schöne Art und Weise. Sie zog nicht nur drei Kinder groß, sondern bekleidete in ihrer langen beruflichen Karriere auch verschiedene Führungspositionen. Sie war ihrer Zeit voraus und blieb ihren Ansichten treu, sie wusste, was sie wollte, und ließ sich von niemandem etwas bieten. Und sie war stolz darauf, im Rosengarten des Weißen Hauses die Hand von Präsident Kennedy geschüttelt zu haben.

Mutter hatte nie einen Hehl daraus gemacht, dass sie ein langes Dahinsiechen am Ende ihres Lebens ablehnte. Wenn sie körperlich oder geistig so beeinträchtigt wäre, dass sie kein sinnvolles, befriedigendes Leben mehr führen konnte, wollte sie lieber tot sein. »Wenn ich senil werde«, erklärte sie häufig, »schleppt mich einfach nach draußen und erschießt mich.« In den 70er Jahren, als Patientenverfügungen in Gebrauch kamen, legte auch meine Mutter ihre Wünsche in einem solchen Dokument nieder und erklärte darin unmissverständlich, dass sie ihr Sterben nicht durch eine medizinische Behandlung verlängert wissen wollte, wenn sich ihre Lebensqualität so verschlechterte, dass sie kein nennenswertes und befriedigendes geistiges Leben mehr hätte. Sie übertrug es meinem Vater, meinen beiden Brüdern und mir, auf die Befolgung dieses Wunsches zu achten.

1985, als Mutter 90 wurde, fiel sie beim Aufstehen aus dem Bett und brach sich einen Rückenwirbel. Da war sie schon vergesslich und zuweilen verwirrt, ein deutlicher Unterschied zu den vorangegangenen Jahren, als sie noch rege am Leben teilnahm. Nach etwa einem Monat war meinen Brüdern und mir klar, dass sie nicht länger allein im Haus der Familie zurechtkommen würde. Gemeinsam mit ihr kamen wir zu dem Entschluss, dass sie in ein Pflegeheim in der Nähe einer meiner Brüder umziehen sollte.

Nach ihrem Unfall konnte sich meine Mutter bald kaum noch an den medizinischen Entscheidungen über ihre Behandlung beteiligen, aber anfänglich tat sie es noch nach Kräften; wir informierten sie über alles. Wir sorgten dafür, dass ihr schriftlich dargelegter Wille, ihren Tod nicht mit aggressiven medizinischen Eingriffen hinauszuzögern, gut sichtbar in ihrer Krankenakte im Pflegeheim platziert wurde. Jedes Mal, wenn ich Mutter besuchte, sprach ich mit der Oberschwester und erinnerte sie daran. Wir gaben ihrem Arzt eine Kopie von Mutters Patientenverfügung und sprachen mit ihm bei mehreren Gelegenheiten darüber. Wir hatten, so schien es, alles Nötige getan, damit ihr Leben nicht in unangemessener Weise verlängert würde.

Nach einigen Monaten im Pflegeheim stellte sich heraus, dass sie an Alzheimer erkrankt war. Ihr Gedächtnis ließ stark nach, und sie äußerte zu nichts mehr ihre Meinung (spätestens jetzt wussten wir wirklich, wie schwer sie betroffen war!). Auf Bemerkungen oder Fragen reagierte sie mit spärlichen Worten, und ihr früher so großer Appetit auf Bücher und Zeitungen war verschwunden. Sie saß einfach auf ihrem Stuhl und ließ ihren Blick durch den Raum wandern. Sie hatte viel Gewicht verloren und eine gebeugte, unsichere Haltung. Von ihrer imposanten Präsenz war nichts geblieben. Sie verließ nicht gern ihr Zimmer im Pflegeheim, weil ihr die alten Leute, die in der Empfangshalle mit leeren Blicken aufgereiht in ihren Rollstühlen saßen, »leidtaten«. Sie ahnte nicht, wie ähnlich sie ihnen war. Wenn ich zu Besuch kam, erkannte sie mich kaum noch. Jahre zuvor wäre sie darüber entsetzt gewesen, was nun aus ihr geworden war. Das einzige Glück war, dass meine Mutter gar nicht begriff, wie schlimm es um sie stand.

Worüber man bei diesen Besuchen sprechen sollte, war immer ein Problem. Die Unterhaltung war in erster Linie ein Monolog meinerseits. Einmal dachte ich, dass sie vielleicht gerne Rommé spielen würde. Sie hatte Kartenspiele geliebt, und wir beide hatten Hunderte Partien Rommé gespielt.

»Würdest du gern Rommé spielen?«, fragte ich.

Ihr Gesicht hellte sich auf. »Ja.«

Ich teilte die Karten aus. Mutter nahm ihr Blatt auf und ordnete es ein wenig. Sie kannte alle Bewegungen, die man dabei machte – das Aufnehmen, das Ablegen, die kleinen Äußerungen und Kommentare, die ihr Spiel immer begleiteten. »Ach! … Hmmm! … Das ist gut! … Oje.« Wie gut, dass mir diese Art der Kommunikation eingefallen war; ich war froh über den Verlauf meines Besuches. Dann sagte Mutter mit einem Anflug von Triumph: »Ich lege ab!« Sie breitete ihr Blatt auf dem Tisch aus, aber keine Karte passte zur anderen! Das ganze Umstecken, Aufnehmen und Ablegen und das befriedigte Murmeln – es hatte gar nichts zu bedeuten. Sie war wirklich senil. Die Mutter, wie wir sie unser ganzes Leben gekannt hatten, gab es nicht mehr. Wir machten noch ein paar »Spiele« und hörten dann auf. Ich war sehr niedergeschlagen, als ich sie verließ.

Nur wenige Wochen nach diesem Besuch erhielt ich den Anruf ihres Arztes, dass man ihr einen Herzschrittmacher eingesetzt hatte. Eine Pflegekraft hatte routinemäßig Mutters Puls und Temperatur gemessen und bemerkt, dass ihr Puls nur 35 betrug, etwa die Hälfte des Üblichen. Sie hatte plötzlich einen gefährlich unregelmäßigen Herzschlag bekommen. Eine Arrhythmie wird behandelt, indem man einen künstlichen Schrittmacher unter die Haut einpflanzt. Geschieht dies nicht, wird der Patient üblicherweise – binnen Stunden oder auch einigen Tagen – plötzlich an Herzversagen sterben. Zu den Symptomen gehört eine tiefe Erschöpfung und Kurzatmigkeit. Letzteres lässt sich erfolgreich mit Morphium behandeln, aber ohne Herzschrittmacher ist der Tod in naher Zukunft beinahe sicher.

In Mutters Fall hätte dies das erwünschte Ende ihres traurigen Zustands bedeutet. Man hätte sie mit Morphium behandeln können, falls sie litt, und eine unerwünschte Lebensverlängerung vermieden. Das war genau die Art von Befreiung aus dem Gefängnis ihrer Senilität, die sie sich gemeinsam mit meinen Brüdern und mir gewünscht hatte.

Stattdessen wies der Arzt meine Mutter in das örtliche Krankenhaus ein, wo ihr ein Schrittmacher eingesetzt wurde. Wir waren leicht erreichbar, um über Mutters Behandlungsmöglichkeiten zu sprechen, doch er hatte unverzüglich gehandelt – ohne irgendeinen ihrer drei Söhne zu verständigen oder zu konsultieren.

Noch weitere *fünf Jahre* lebte meine Mutter danach in einem hilflosen, umnachteten Zustand dahin, ohne jede

Würde, in vollkommenem Widerspruch zu dem, was sie sich in ihrer schriftlichen Verfügung gewünscht hatte. In diesen fünf Jahren blieb ihr keinerlei Lebensqualität mehr. Mutter verließ nie ihr Zimmer und starrte immerzu nur die Wände an. Sie hatte keinen Kontakt zu ihren alten Freunden und hätte diese tatsächlich gar nicht erkannt. In ihren letzten beiden Lebensjahren brauchte sie Hilfe, um auf die Toilette zu gehen, und war in allen Belangen ihrer Körperhygiene vom Pflegepersonal abhängig.

Wir suchten ihr einen anderen Arzt, der uns das Versprechen gab, bei ihr keine weiteren Maßnahmen zur künstlichen Lebensverlängerung vorzunehmen. Sie war 92, als ihr der Herzschrittmacher eingesetzt wurde, und 97, als sie ihren zweiten und endgültigen Tod erlitt.

Das Erbe meiner Mutter

Meine Mutter hatte diesen möglichen Wendepunkt in ihrem Leben vorausgesehen, lange bevor ihr die Alzheimer-Krankheit ihre geistigen Fähigkeiten raubte, und sie hatte ihre Patientenverfügung lange im Voraus verfasst, um sicherzustellen, dass ihren Wünschen entsprochen werde. (Heute sind die Patientenrechte durch die Vorsorgevollmacht, auf die wir weiter unten noch zu sprechen kommen, besser geschützt.) Angesichts ihrer Patientenverfügung und der vielen Gespräche, die wir mit dem Arzt und dem Pflegepersonal unserer Mutter geführt hatten, war ich der Überzeugung gewesen, alle nötigen Vorkehrungen getroffen zu haben. Doch ich hatte einen großen Fehler gemacht. Wir hatten ihrem Arzt nicht ausdrücklich die Frage gestellt: »Sind Sie mit diesem Vorgehen einverstanden, und werden Sie den Wünschen unserer Mutter entsprechen?« Er hatte uns lediglich zugehört, und wir hatten irrtümlich angenommen, dass er damit einverstanden war.

Als man meiner Mutter einen Schrittmacher aufzwang, war ihr Leben schon eine Weile nicht mehr erfüllt gewesen. Der aggressive medizinische Eingriff hatte nicht ihr Leben, sondern ihr Sterben künstlich um fünf Jahre verlängert, eine Entwürdigung, die sie ihrem ausdrücklichen Willen nach nicht erleiden wollte.

Meine Brüder und ich sind das Gefühl nie losgeworden, uns gegen unsere Mutter versündigt zu haben, und diese Erfahrung hatte in meiner beruflichen Laufbahn als Internist tiefgreifende Auswirkungen auf meinen Umgang mit sterbenskranken Menschen. Die Behandlung meiner Mutter war so himmelschreiend falsch, dass ich mir schwor, anderen Patienten dieses Schicksal zu ersparen. Ich beschloss, mich für die Rechte Sterbender zu engagieren und dafür zu sorgen, dass sie so gut wie möglich respektiert würden.

Dieses Buch ist aus meinen Erfahrungen bei der Begleitung Sterbender und ihrer Familien entstanden, denen ich dabei geholfen habe, am Ende des Lebens die richtigen Behandlungsentscheidungen zu treffen. Über die Jahre habe ich mich stark dafür engagiert, einige der Prinzipien zu ändern, von denen sich Ärzte bei der Versorgung Sterbender früher zumeist leiten ließen, mit dem Ziel, von der Bevormundung früherer Zeiten wegzukommen und stattdessen das Recht der Patienten zu stärken, selbst darüber zu entscheiden, was sie sich für das Ende ihres Lebens wünschen.

Die ersten Patientenverfügungen

Zu Beginn meines Engagements für die Rechte der Patienten stand vor 40 Jahren meine Beteiligung an einer Bürgerinitiative für die gesetzliche Verankerung von Patientenverfügungen in Massachusetts. Im Rückblick ist es erstaunlich, wie stark in den 60er und 70er Jahren die Ablehnung gegen schlichte Patientenverfügungen war, die heute für uns selbstverständlich geworden sind, enthielten sie doch lediglich eine Erklärung darüber, welche Behandlung der Patient bevorzugte, falls er nicht mehr aktiv an der Entscheidung mitwirken konnte. Trotzdem war die Patientenverfügung Gegenstand heftiger Opposition vonseiten der katholischen Kirche. Ich erinnere mich lebhaft, wie ich vor dem Rechtsausschuss des Kongresses von Massachusetts zugunsten eines Gesetzes angehört wurde, mit dem das Recht der Patienten auf solche Verfügungen anerkannt werden sollte, und in ein Wortgefecht mit einem Monsignore der Kirche geriet, der erklärte, zu leiden sei »edel«. In der breiten Gesellschaft jedoch fanden die Prinzipien der Patientenverfügung langsam, aber sicher immer stärkere Beachtung und Akzeptanz.

Die Vorsorgevollmacht

1983 wurde in Kalifornien ein Gesetz verabschiedet, das zum ersten Mal sogenannte Vorsorgebevollmächtigte zuließ.* Mit einer Vorsorgevollmacht kann ein Patient nun einen Vertreter bestimmen, dem er das Recht überträgt, in seinem Namen zu sprechen, falls er selber dazu nicht mehr

* In Deutschland galten zu dieser Zeit noch die gesetzlichen Regelungen des Bürgerlichen Gesetzbuchs zur Vormundschaft und Gebrechlichkeitspflegschaft, bis 1992 mit dem Betreuungsgesetz eine umfassende Reform der Betreuung von Menschen in Kraft trat, die aufgrund von Krankheit oder Behinderung ihre Angelegenheiten teilweise oder ganz nicht mehr selbst besorgen können. Vgl. BGB §§ 1896 ff. (A. d. Ü.)

in der Lage ist – mit demselben Gewicht, als würde er für sich selbst sprechen. Das war ein großer Fortschritt zum Schutz der Selbstbestimmung über das eigene Lebensende und regte im folgenden Jahrzehnt ähnliche Gesetze in anderen Bundesstaaten an. Auch in Deutschland sind Patientenverfügung und Vorsorgevollmacht heute gesetzlich verankert. Auf beides werden wir in Kapitel 11 zurückkommen, wo es um rechtliche Fragen und die Vorsorge mittels solcher Dokumente geht.

Ärzte beziehen Position

1989 schrieb eine Gruppe von zwölf führenden amerikanischen Ärzten einen Aufsatz im *New England Journal of Medicine*, der die Verantwortung des Arztes gegenüber sterbenskranken Patienten hervorhob. Nun betrachte ich mich selbst nicht als »führenden amerikanischen Arzt«, ich hatte damals allerdings die Ehre, die Abfassung dieses Aufsatzes zu organisieren und die Society for the Right to Die als Sponsor dafür zu gewinnen. Zehn der zwölf Autoren äußerten darin die Meinung, dass es für einen Arzt ethisch vertretbar sei, unter gewissen Umständen einem sterbenskranken, unter unerträglichen Schmerzen leidenden Patienten dabei zu helfen, freiwillig aus dem Leben zu scheiden.[2] Es war das erste Mal, dass in einem großen medizinischen Fachblatt des Landes eine derartige Position vertreten wurde, und der Artikel fand große Beachtung und wurde rege diskutiert.

Zur Zeit der Veröffentlichung war ich für eine Woche im Haus meiner Kindheit, um mich von einem Bruder zu verabschieden, der an Lungenkrebs erkrankt war und im Sterben lag. Der Sturm des Medieninteresses, den dieser eine

Satz in dem recht langen Artikel auslöste, verblüffte mich. Die ersten Tage nach seiner Veröffentlichung bekam ich Anrufe von Zeitungen, Radio- und Fernsehsendern aus ganz Amerika und dem Ausland – alle gingen im Haus meines Bruders ein, der in ebendieser Zeit im Sterben lag. Noch über ein Jahr lang erhielt ich immer wieder solche Anrufe, nur langsam wurden es weniger. Dies führte mir vor Augen, wie groß der Wunsch der Menschen nach ethisch-moralischer Billigung der Entscheidung war, das Leben im Falle unerträglicher Leiden zu beenden. Damals also fand ich mich in einer Situation wieder, in der ich mich mit dem abstrakten Prinzip der Selbstbestimmung am Lebensende befasste und gleichzeitig mit der konkreten Realität des qualvollen Sterbens meines Bruders zurechtkommen musste.

Es folgten Veröffentlichungen anderer Autoren, in denen ähnliche Auffassungen vertreten wurden. Sie gaben jenen Ärzten, die in ihren Gesprächen mit Patienten auch die Möglichkeit eines beschleunigten Sterbens ansprachen, moralischen und ethischen Rückhalt. Zu erwähnen ist hier besonders Timothy Quill, der in Aufsätzen von 1991 und 2004 im *New England Journal of Medicine* mutig seine Bemühungen um einen leidenden Patienten und seinen eigenen Vater veröffentlichte.[3]

Der Schiavo-Fall

2005 lenkte der Schiavo-Fall in den USA die internationale Aufmerksamkeit auf die Tragödien, die sich am Lebensende abspielen können, wenn entweder keine Vorsorge getroffen wurde oder die vorsorgliche Verfügung eines Patienten nicht beachtet wird. Eine junge Frau aus Florida namens Theresa (»Terri«) Schiavo war in ein permanentes Wachkoma gefallen, und das heikelste Problem war, dass es weder eine Patientenverfügung noch eine Vorsorgevollmacht gab, um zu klären, ob es ihrem Wunsch entsprach, dass ihr Leben unter diesen Umständen künstlich verlängert würde. Ihr Ehemann, Michael Schiavo, bezweifelte dies, doch ohne solche Dokumente musste er erst einen langen Prozess mit ihren Eltern Mary und Bob Schindler führen, die für eine Fortsetzung der lebenserhaltenden Maßnahmen eintraten. Schließlich siegte der Ehemann, die Maßnahmen wurden eingestellt, und Terri Schiavo durfte endlich sterben. Doch als der Fall 2005 weltweit Schlagzeilen machte und der Konflikt seinen Höhepunkt erreichte, hatte Terri Schiavo bereits ohne Hoffnung auf Rückkehr ins Leben 15 Jahre lang im Koma gelegen!

Es gibt Wendepunkte am Ende des Lebens, deren Beachtung die Entscheidungsfindung erleichtert und Probleme, wie sie bei meiner Mutter und Terri Schiavo auftraten, verhindert. Sie müssen erkannt werden, um ernste Schwierigkeiten zu vermeiden. Dies ist das zentrale Thema dieses Buches.

Welches sind die beiden Wendepunkte am Lebensende?

Der erste medizinische Wendepunkt gegen Ende des Lebens eines Menschen ist der Zeitpunkt, an dem sich der Patient von einer aggressiven Behandlung abwendet, die darauf zielt, seine Gesundheit so weit als möglich wiederherzustellen, und sich stattdessen für Maßnahmen zur Erleichterung des Sterbeprozesses ausspricht. Ein zweiter Wendepunkt kann bei einigen wenigen Patienten eintreten, die trotz aller richtig angewandten Linderungsmaßnahmen weiterhin unerträglich leiden, sodass sie wünschen, das Sterben und damit die Zeit ihres Leidens zu verkürzen.

Von entscheidender Bedeutung für diesen zweiten Wendepunkt – der den meisten Patienten erspart bleibt, einigen
wenigen jedoch nicht – ist die Frage, welche rechtlichen
Optionen dafür vorhanden sind.

Der erste Wendepunkt: Linderung statt Heilung

Während eines Großteils unseres Lebens zielt die medizinische Behandlung darauf, Krankheiten zu heilen und
unsere Gesundheit nach Möglichkeit vollständig wiederherzustellen (kurativer Ansatz). Gemeinsam mit unseren
Ärzten setzen wir alles daran, eine Heilung oder zumindest
eine Besserung zu erreichen. Die Voraussetzung dafür ist,
dass die Rückerlangung eines befriedigenden, sinnvollen
Lebens möglich ist. Die notwendige Therapie kann drastisch sein, zuweilen schmerzhaft; sie kann viele Nebenwirkungen haben, die jedoch zu rechtfertigen sind und in der
Regel in Kauf genommen werden, wenn die Wiederherstellung der Gesundheit als letztes Ziel vor Augen steht.

Die meisten Therapien, die uns gesund machen und
unser Leben verlängern, verdanken wir der modernen Medizin. Wo sich jedoch bei einem Patienten am Lebensende
eine Heilung oder nennenswerte Verbesserung nicht mehr
erzielen lässt, sollte sich die Behandlung allein darauf beschränken, dem Patienten oder der Patientin Linderung zu
verschaffen – und nicht, den Sterbeprozess noch in die
Länge zu ziehen (palliativer Ansatz). Diese Entscheidung
zur Änderung des Behandlungsziels ist erst im letzten hal-
ben Jahrhundert nötig geworden. In der Ära vor der Ent-
deckung der Antibiotika erlagen sterbenskranke Patienten
häufig einer unbehandelbaren Lungenentzündung, und
viele der lebensverlängernden Maßnahmen, die für uns
heute Routine geworden sind, standen schlicht nicht zur

Verfügung. Die Frage, ob die Behandlung fortgesetzt werden sollte, war damals viel leichter zu beantworten: Man tat bis zum Schluss das Möglichste, bis endlich der Tod dem Leiden gnädig ein Ende setzte und der Patient aus natürlichen Ursachen verstarb. Heute haben wir unglaubliche Technologien, mit denen sich das Leben medizinisch verbessern und verlängern lässt. Das ist ein großer Fortschritt, doch wo die Medizintechnik nicht in ihre Schranken gewiesen wird, verlängert sie das Leben sinnlos über den Punkt hinaus, an dem sie sich von einem Segen in einen Fluch verwandelt. Wo selbst von minimaler Lebensqualität nicht mehr die Rede sein kann, erscheint der Preis, der emotional und physisch dafür zu entrichten ist, vielen als zu hoch. In einer solchen Situation hat wohl jeder das Gefühl, es wäre besser, der Natur einfach ihren Lauf zu lassen.

Der Zweck der medizinischen Versorgung nach diesem ersten Wendepunkt sollte darin bestehen, den Patienten so beschwerdefrei durch den Sterbeprozess zu führen wie möglich. Das heißt nicht, die Betreuung zu vermindern, sondern sie stattdessen auf die Linderung von Schmerzen und Qualen zu konzentrieren und dem Sterbenden friedliche letzte Tage zu schenken. Dieser Wendepunkt sollte bestimmt werden, *bevor* mit einer Behandlung begonnen wird, die das Leben des Patienten unbeabsichtigt verlängern könnte.

Richard: Ein langsamer Tod

Während seiner Ausbildung auf der Notfallstation eines Stadtkrankenhauses machte mein Koautor Joseph Glenmullen eine quälende Erfahrung, die demonstriert, wie man einen Sterbenden auf keinen Fall medizinisch betreuen sollte. Wie bei den meisten städtischen Krankenhäusern kamen auch die Patienten dieses Hospitals vor allem aus Arztpraxen und Pflegeheimen der näheren Umgebung. Hier seine Geschichte.

Besonders freitagnachmittags und -abends, wenn das Personal der örtlichen Pflegeheime zum Wochenende hin reduziert wurde, fuhren reihenweise Krankenwagen mit betagten Patienten vor, die in die Notfallstation eingeliefert wurden, um hier eine medizinische Versorgung zu erhalten, die in den Pflegeheimen nicht möglich war. Mit am häufigsten waren akute Lungenentzündungen, die mit intravenös verabreichten Antibiotika behandelt wurden. Die Alten waren zumeist schwer demenzkrank, häufig litten sie unter der Alzheimer-Krankheit. Es waren ihnen kaum noch geistige Fähigkeiten geblieben: Sie hatten nur wenige Erinnerungen und nur eine geringe oder keine Vorstellung davon, wer sie waren oder was mit ihnen geschah. Im Krankenhaus spickte man sie mit Infusionsnadeln. Häufig mussten sie an Hand- und Fußgelenken ans Bett gefesselt werden, weil sie nicht kooperierten. Ihre spärliche Kleidung, ein dünnes Krankenhaushemd, verrutschte ständig und entblößte ihre schutzlose Nacktheit.

Wenn ich Bereitschaft hatte, weckten mich die Schwestern die ganze Nacht hindurch, um neue Infusionskanülen zu legen, weil die Patienten in ihren Bemühungen, sich freizuwinden, die alten herausgerissen hatten. Während ich damit beschäftigt war, dachte ich oft, dass eine Lungenentzündung doch eigentlich der beste Freund dieser Patienten wäre, weil sie sie von ihrem würdelosen Zustand befreien könnte. Stattdessen unterwarf man sie einer erbarmungslosen medizinischen Rosskur.

Besonders ein Patient, Richard, ist mir unvergesslich geblieben. Er wurde in die Notfallstation gekarrt, nachdem er im Pflegeheim aus dem Bett gefallen war und sich die Hüfte gebrochen hatte. Er litt unter schwerer

Demenz vom Alzheimer-Typ; sein Geist hatte sich vollständig aufgelöst; eine sinnvolle Verständigung mit ihm war völlig unmöglich. Seine Arme waren ausgezehrt und ausgestreckt an den Bettenenden festgezurrt, seine Beine von den Kontraktionen der wenigen Muskeln, die ihm geblieben waren, gebeugt. Richard sah aus, als hätte man ihn auf das Krankenhausbett gekreuzigt.

Richards Leben war seit Jahren eine unwürdige Qual. Ich nahm an, dass er ins Krankenhaus eingeliefert worden war, um die Schmerzen seines Hüftbruchs zu lindern. Stellen Sie sich mein Entsetzen vor, als ich entdeckte, dass er ein völlig neues Hüftgelenk bekommen sollte! »Warum sollte man einen Menschen in diesem Zustand einer derart traumatischen Operation unterziehen?«, fragte ich einen der Ärzte auf der Notfallstation. »Wir haben keine Zeit, solche Fragen zu stellen«, erwiderte er, während er seinen Blick hilflos über die Reihen der Patienten schweifen ließ, die ihrer Behandlung harrten. Dann fügte er mit schmerzlicher Resignation hinzu. »Seine Hüftoperation dient als Übung für einen angehenden Orthopädiechirurgen.«

Als ich Richard sah, wusste ich, dass ich nicht für die letzten Jahre meines Lebens in ein anonymes Siechenheim abgeschoben werden wollte – ohne einen Rest Verstand, durch eine gnadenlose medizinische Behandlung am Leben erhalten, nur um einem angehenden Facharzt Operationspraxis zu verschaffen. Und ich wollte auch nicht, dass dies einem anderen Mitglied meiner Familie oder irgendeinem anderen geliebten Menschen widerführe.

Als ich die Geschichte von Richard hörte, zuckte ich bei einer Wendung zusammen: »in ein anonymes Siechenheim abgeschoben«. So hart es klingt: Das war genau das gewesen, was mit meiner Mutter in ihren letzten fünf Lebensjahren geschehen war, nachdem man ihr einen Herzschrittmacher eingepflanzt hatte. Bereits bevor man Richard gewaltsam eine derart sinnlose Hüftoperation aufgezwungen hatte, gab es aufgrund seiner schweren Alzheimer-Demenz kaum noch Lebensqualität für ihn. Aus verschiedenen Gründen hatte man bei ihm den Wendepunkt verpasst: mangelnde Vorausplanung, fehlende Vorkehrungen wie etwa eine Vorsorgevollmacht, die fehlende Beteiligung von Familienmitgliedern, die den Verlauf seiner Behandlung hätten ändern können, und, vor allem, das völlige Fehlen des Bewusstseins, dass man einen solchen Wendepunkt bestimmen muss.

In Richards Fall, wie auch bei meiner Mutter, konzentrierten sich die Ärzte zu sehr auf die Behandlung des diagnostizierten Gebrechens statt auf den Patienten. Richard wurde wegen eines »Hüftbruchs« behandelt, meine Mutter betrachtete man als einen Fall von »Arrhythmie«, statt den ganzen Menschen zu sehen. Bei beiden erlaubte man der Natur nicht, ihren Lauf zu nehmen, sondern unternahm aggressive medizinische Eingriffe, um ihr Sterben in die Länge zu ziehen. Dies ist es auch, was mit Terri Schiavo geschah, die 15 Jahre lang in einem Pflegeheim dahinsiechte, bevor sie endlich sterben durfte.

Der zweite Wendepunkt: Das Sterben beschleunigen

In seltenen Fällen reicht auch nach dem ersten medizinischen Wendepunkt die reine Linderung, so sorgsam man sich auch darum bemüht, nicht aus, um die Leiden eines Patienten in den Griff zu bekommen. In dieser Situation sind Ärzte mit der Frage konfrontiert, ob es nicht besser ist, den Eintritt des Todes zu beschleunigen. Dies ist vielleicht die humanste Vorgehensweise – allerdings nur dann, wenn eindeutig erkennbar ist, dass der Tod kurz bevorsteht, der Sterbende unerträglich leiden muss und alle Linderungs-maßnahmen gescheitert sind.

Auch wenn Ärzte es mit diesem zweiten medizinischen Wendepunkt kaum je zu tun bekommen, sollten sie sich dennoch im Voraus damit auseinandersetzen. Selbst in den seltenen Fällen, wo sich die Schmerzen oder Qualen nicht in den Griff bekommen lassen, gibt es genug Patienten, die ihren Tod mitnichten herbeisehnen. Das ist ihr gutes Recht – wie es ebenso das Recht anderer Sterbender ist, sich von ihren Leiden erlöst wissen zu wollen.

Wir kommen auf diesen zweiten Wendepunkt am Ende des Buches noch eingehender zurück und werden sehen, dass es verschiedene Methoden gibt, wie sich das Sterben unerträglich leidender Menschen verkürzen lässt. Einige davon sind absolut legal und unumstritten, andere bedeu-ten, dem Patienten dabei zu helfen, seinem Leben selbst ein Ende setzen, was in der Regel rechtlich weitaus kompli-zierter ist und vielerorts, wie in Deutschland, unter Strafe steht.* In den USA ist diese Hilfe gegenwärtig nur im Bun-desstaat Oregon unter der Bezeichnung »ärztlich assistier-ter Suizid« eindeutig legal.

Ich bevorzuge den Ausdruck »ärztliche Sterbehilfe« oder »beschleunigtes Sterben«, weil die Verkürzung des Sterbe-prozesses eines Todkranken etwas anderes ist als das, was wir normalerweise als Selbstmord bezeichnen, der ja gemeinhin

---

* In Deutschland steht die Tötung auf Verlangen unter Strafe (vgl. §216 Strafgesetzbuch): Eine »gezielte Lebensverkürzung durch Maß-nahmen, die den Tod herbeiführen oder das Sterben beschleunigen sol-len, ist unzulässig und mit Strafe bedroht, auch wenn der Patient es ver-langt«. Bundesministerium für Gesundheit und Soziale Sicherung (Hg.), »Patientenrechte in Deutschland. Leitfaden für Patientinnen/Patienten und Ärztinnen/Ärzte«, September 2007, S.11f., unter: www.bmj.de/files /-/3015/Patientenrechte%20in%20Deutschland.pdf. (A.d.Ü.)

als verfrühte und unangemessene Selbsttötung eines Menschen betrachtet wird. Im Gegensatz dazu lässt sich ärztliche Sterbehilfe als medizinische Behandlung ansehen, als ein Teil des Spektrums von Optionen für Menschen, die am Ende ihres Lebens unerträgliche Qualen erleiden.

Es gehört zu den schwersten Dingen in unserem Leben, für die Wendepunkte am Lebensende vorauszuplanen und sie hinzunehmen, wenn sie eingetreten sind. Dies gilt, ob man diese Entscheidung nun für sich selbst trifft oder einem Verwandten, dem Ehepartner oder einem anderen geliebten Menschen dabei hilft. Aus diesem Grund sollten die Entscheidungen über solche Wendepunkte in Gesprächen zwischen dem Patienten, dem Arzt, dem Pflegepersonal und allen anderen gesucht werden, die dem Patienten beistehen werden, sobald sie einmal getroffen sind. Dazu gehört es, sorgfältig auf die Diagnose und Prognose bei dem Patienten zu achten, Zweitmeinungen einzuholen, die Behandlungsoptionen zu erwägen und die Lebensqualität einzuschätzen, die der Patient zu erwarten hat, bevor man die verschiedenen Möglichkeiten ins Auge fasst, ihm einen friedlichen Tod zu ermöglichen.

Für Patienten, die sich die Entscheidung über ihre medizinische Versorgung am Lebensende nicht aus der Hand nehmen lassen wollen, kommt es entscheidend darauf an, sich mit ihren Wahlmöglichkeiten vertraut zu machen und im Voraus zu bestimmen, welche Behandlung sie sich wünschen. Beizeiten müssen sie den Ärzten und dem Pflegepersonal diese Wünsche nachdrücklich mitteilen und dafür sorgen, dass diese sich daran halten (oder andere suchen, die dazu bereit sind). Schließlich müssen Familienmitglieder bevollmächtigt werden, im Namen des Patienten zu handeln, wenn dieser aufgrund körperlicher Schwäche oder Demenz dazu nicht mehr in der Lage ist.

Dieses Thema ist politisch brisant. Nicht erst der Schiavo-Fall hat gezeigt, dass »Lebensschützer« gegen das Recht des Einzelnen auf einen selbstbestimmten Tod mobilmachen. Daraus sind heftige Kontroversen entstanden, die viele Menschen dazu gebracht haben, über ihre eigenen Wahlmöglichkeiten und Werte nachzudenken. Vor diesem Hintergrund soll dieses Buch Ihnen und Ihrer Familie die nötigen Informationen an die Hand geben, die Sie für die letzten Tage Ihres Lebens brauchen.

2

DIE RECHTE
DES STERBENDEN

Um die beste Versorgung am Lebensende sicherzustellen, ist es ganz wichtig, dass Sie Ihre verbürgten Rechte als Patient kennen. Davon gibt es, was die meisten nicht wissen, viele. Die in diesem Kapitel aufgelisteten Rechte sind weder juristisch noch ethisch kontrovers. Jeder Patient und jedes Familienmitglied sollte sie kennen.

Welche Rechte haben Sie?

- Wenn Sie nicht mehr in der Lage sind, Ihre Einwilligung zu medizinischen Behandlungen zu geben oder diese zu verweigern, kann dies ein von Ihnen bestimmter Vorsorgebevollmächtigter tun, dessen Wort ebenso viel Gewicht hat wie Ihr eigenes, wären Sie selbst noch zu einer Entscheidung fähig. Das setzt voraus, dass der Patient eine schriftliche Vollmacht ausgestellt hat (vgl. Kapitel 11). Dieser Bevollmächtigte sollte rechtzeitig ernannt werden, damit die eigenen Wünsche über die Versorgung am Ende des Lebens erfüllt werden können.
- Sie haben das Recht auf schmerzlindernde Maßnahmen mit ausreichend starker Medikation.* Das erste Behand-

---

* »Patienten im Sterben haben das Recht auf eine angemessene Betreuung, insbesondere auf schmerzlindernde Behandlung.« Bundesministerium für Gesundheit und Soziale Sicherung (Hg.), »Patientenrechte in Deutschland. Leitfaden für Patientinnen/Patienten und Ärztinnen/Ärzte«, September 2007, S. 11, unter: www.bmj.de/files/-/3015/Patientenrechte% 20in%20Deutschland.pdf. (A.d.Ü.)

lungsziel heißt jetzt, da der erste Wendpunkt erreicht ist, Linderung. Obwohl die hohe Dosierung von Schmerzmitteln das Risiko eines vorzeitigen Todes in sich bergen kann, genießt sie in dieser Phase Priorität, denn eine angemessene Schmerzlinderung trägt entscheidend zum Wohlbefinden bei und ermöglicht ein würdevolles Sterben. Dieses Recht ist nahezu unanfechtbar, doch ich weiß, dass es bisweilen nicht respektiert wird. Einige Ärzte scheuen aus übertriebener Vorsicht immer noch vor einer ausreichend starken Symptombekämpfung zurück, und es sind die Patienten oder ihre Bevollmächtigten, die auf einer ausreichenden palliativen Versorgung bestehen müssen. Hier wie anderswo sollten Patienten daher ihren Arzt, ihr Pflegeheim, Krankenhaus oder Hospiz fragen, welche Schmerztherapie bei ihnen üblich ist, da die Schmerzbehandlung eine enorme Auswirkung auf das Wohlbefinden am Lebensende haben kann.

• Sie haben das Recht, unerwünschte Behandlungen abzulehnen. Dies gilt selbst dann, wenn Ihre Weigerung Ihr Sterben beschleunigt. Denn niemand darf irgendeine medizinische Behandlung an Ihnen ohne Ihre Zustimmung durchführen, ganz gleich, worum es sich handelt. Ausnahmen davon sind nur zulässig, wenn Sie plötzlich eine Notfallbehandlung benötigen und nicht mehr in der Lage sein sollten, für sich zu sprechen, und der behandelnde Arzt Sie nicht kennt, sowie in dem besonderen und eher seltenen Fall, dass ein Vormundschaftsgericht die medizinische Versorgung anordnet.*

• Patienten haben das Recht, jede unerwünschte Behand-

---

* Für den Fall, dass ein Vormundschaftsgericht einen Betreuer für Sie bestellt hat, weil Sie entscheidungsunfähig sind und keinen Vorsorgebevollmächtigten haben. Vgl. BGB, Abschnitt 3 – Vormundschaft, Rechtliche Betreuung, Pflegschaft (§§ 1773–1921). (A.d.Ü.)

lung zu verweigern, mit der bereits begonnen wurde. Psychologisch kann dies schwieriger sein, als eine Behandlung vor ihrem Beginn abzulehnen, aber ethisch und rechtlich gibt es keinen Unterschied zwischen dem Abbruch einer bereits begonnenen und der Ablehnung einer noch nicht begonnenen Behandlung.

- Patienten haben das Recht, jegliche Nahrungs- und Flüssigkeitsaufnahme vollständig zu verweigern. Auch dies ist ein beinahe unanfechtbares Recht, dem große Bedeutung zukommen kann, wenn ein Todkranker seine Qualen verkürzen will. Wenn man nichts mehr trinkt, kommt es zu einer Dehydrierung, und der Tod tritt früher ein. (Vgl. Kapitel 8)

- Patienten haben das Recht, eine Herz-Lungen-Wiederbelebung abzulehnen. Diese Wiederbelebung gilt in der Medizin als »heroische Maßnahme«, die von den meisten Menschen nur dann gewünscht wird, wenn das Ziel der Behandlung darin besteht, die Gesundheit wiederherzustellen. Um dies sicherzustellen, sollten Sie in Ihrer Patientenverfügung und einem Notfallbogen ausdrücklich darauf hinweisen.

- Patienten haben das Recht der freien Arztwahl. Ärzte unterscheiden sich in ihrer Bereitschaft, mit ihren Patienten über den Sterbeprozess und die Möglichkeiten der Schmerzlinderung zu sprechen. Wer also nicht zufrieden ist mit diesem entscheidenden Mitglied des Betreuungsteams, sollte den Arzt wechseln. Patienten sind schließlich auch Kunden, die eine Gesundheitsdienstleistung kaufen, und Sie haben jedes Recht, den Anbieter zu wechseln. Manchmal mag es aufgrund der örtlichen Umstände oder geografischen Gegebenheiten nicht leicht wahrzunehmen sein, aber wenn es eine Wahl gibt, können Sie davon Gebrauch machen.

- Patienten haben das Recht, die eigenen Wünsche in einer Patientenverfügung und einer Vorsorgevollmacht verbindlich kundzutun. (Vgl. Kapitel 11)
- Patienten haben das Recht, über alle Versorgungsmöglichkeiten der Sterbebegleitung informiert zu werden. Fragen Sie Ihren Arzt nach allen Optionen, besonders der Palliativbehandlung. Ihr Arzt sollte Sie über die Risiken und Vorteile jeder Option informieren und auch über die Wahrscheinlichkeit des Behandlungserfolgs Auskunft geben. Dies gehört zum »informierten Einverständnis« des Patienten, das heute Voraussetzung für jeden ärztlichen Eingriff ist.
- Wenn das Leiden trotz aller Bemühungen um Linderung unerträglich wird, ist es das Recht des Patienten zu erfahren, welche Möglichkeiten es gibt, den Sterbeprozess mit legalen Mitteln zu beschleunigen beziehungsweise zu verhindern, dass er sich in die Länge zieht. Ein gewissenhafter Arzt sollte immer mit dem Patienten darüber sprechen und das Thema von sich aus anschneiden, andernfalls sollte der Patient nicht zögern, danach zu fragen. Unter Umständen wird der Arzt aus Gewissensgründen auch legalen Wegen zur Beschleunigung des Sterbens nicht zustimmen können, doch es ist das Recht des Patienten, informiert zu werden. Nur sehr wenige Patienten brauchen tatsächlich Sterbehilfe, aber jeder und jede sollte im Voraus über diese entscheidende Frage nachdenken. Sterbehilfeorganisationen klären über Optionen zur Beschleunigung des Sterbens auf, wenn der Arzt dies nicht tut.*

* In Deutschland etwa die Deutsche Gesellschaft für Humanes Sterben e.V., in der Schweiz Dignitas oder EXIT – Deutsche Schweiz, in den USA Compassion and Choices und Final Exit Network. (A.d.Ü.)

Wie stellt man sicher, dass die eigenen Rechte respektiert werden?

Obwohl die erwähnten Patientenrechte im Allgemeinen unstrittig sind, werden sie oft missachtet, am häufigsten, weil die Patienten und Familien sie nicht kennen. Selbst Ärzte müssen bisweilen an die Rechte des sterbenden Patienten erinnert oder über sie aufgeklärt werden. Doch es gibt Wege, um sicherzustellen, dass die eigenen Rechte gewahrt und die eigenen Wünsche für die Versorgung am Lebensende respektiert werden.

- Das Grundlegendste und Wichtigste ist, die eigenen Rechte zu kennen. Sie müssen darauf vorbereitet sein, sie einzufordern – bestehen Sie auf ihnen.
- Sprechen Sie mit Ihrer Familie und Ihren Betreuern über Ihre Rechte und über mögliche Probleme.
- Denken Sie immer daran, dass Sie allein bestimmen, was unternommen wird und was nicht, solange Sie dazu in der Lage sind. Das ist ein sehr einfacher Grundsatz, der dennoch vielen Menschen nicht klar ist.
- Bringen Sie Ihre Wünsche deutlich zum Ausdruck, damit nicht andere Entscheidungen für Sie treffen, die Sie nicht wollen. Verfassen Sie beizeiten eine Patientenverfügung und eine Vorsorgevollmacht – dadurch wahren Sie Ihr Recht auf Selbstbestimmung, selbst wenn Sie es nicht mehr aktiv ausüben können. Wenn Sie die Fähigkeit verlieren, Entscheidungen über Ihre medizinische Behandlung zu treffen, kann Ihr Bevollmächtigter an Ihrer Stelle für Sie sprechen und Ihre Interessen schützen. Diese Person braucht klare Anweisungen von Ihnen und muss energisch für Sie eintreten können. (Vgl. Kapitel 11)

- Definieren Sie die Behandlungsziele mit Blick auf den Zweck der Versorgung. Ist die Wiederherstellung Ihrer Gesundheit das Ziel, oder haben Sie den Wendepunkt erreicht, an dem der Zweck der Versorgung allein in Schmerzlinderung besteht? Achten Sie darauf, die jeweils gewünschten Behandlungsziele sorgfältig zu formulieren, dann werden der Schutz Ihrer Patientenrechte und Ihre Versorgung viel einfacher.

- Wählen Sie für Ihre Versorgung eine möglichst überschaubare Umgebung. Der überschaubarste Ort ist Ihr Zuhause. Umgebungen wie Hospize, Pflegeheime und Krankenhäuser werden dagegen in aufsteigender Linie immer komplexer. Je überschaubarer die Umgebung, desto leichter können Sie Ihre Rechte als Patient oder Patientin wahren. Wenn bei häuslicher Betreuung jedoch nicht mehr die beste Palliativpflege möglich ist, sollten Sie zur fachkundigeren Versorgung auf etwas Selbstbestimmung verzichten und sich in eine komplexere Einrichtung (Hospiz, Pflegeheim) begeben. Vermeiden Sie die Verlegung in ein Krankenhaus, falls dies nicht zur wirkungsvollen Symptombehandlung unbedingt notwendig ist.

- Bitten Sie um Hospizbetreuung. Die Hospizbewegung ist in den letzten 20 Jahren stark gewachsen, und heute gibt es viele solcher Einrichtungen, die fachkundige Beratung und Sterbebegleitung anbieten. Sie ersetzt nicht die übliche medizinische Versorgung, sondern ergänzt sie. Hospize arbeiten in der Regel eng mit anderen Gesundheitsdiensten zusammen und können unschätzbare Hilfe leisten.

Verwirrung über Patientenrechte

Alice war eine reizende Dame Mitte 70, die sich aufopfernd um ihren Ehemann George kümmerte, der im Jahr zuvor einen schweren Schlaganfall erlitten hatte. Das war an der Art abzulesen, wie sie über ihn sprach: liebevoll und zärtlich. Ihr Sohn Wilbur begleitete sie in mein Büro, und ich war sofort von den beiden eingenommen. Der Patient selbst war zu invalide, um seine Familie zu begleiten. Er musste ein bemerkenswerter Mann sein, wenn er solch eine Frau und solch einen Sohn hatte.

Alice war von einem Psychiater zu mir geschickt worden. Der Kollege hatte mich gebeten, mit ihr und ihrem Sohn darüber zu sprechen, welche Optionen George am Ende seines Lebens blieben. Nach dem Schlaganfall konnte er nicht mehr sprechen und sich nur noch durch ein kaum dechiffrierbares Kopfnicken verständigen. Er konnte weder feste noch flüssige Nahrung zu sich nehmen und wurde deshalb über eine PEG-Sonde* ernährt. Er hatte sich wiederholt eine Lungenentzündung zugezogen, was zu Krankenhausaufenthalten und zur Verabreichung von Antibiotika geführt hatte. George hatte mehrere hervorragende Institutionen durchlaufen, angefangen mit einer berühmten Spezialklinik, wo er am Beatmungsgerät gelegen hatte, bis hin zu seinem gegenwärtigen Pflegeheim. Wann immer George ein bedrohliches Fieber oder Atemschwierigkeiten bekam, brachte man ihn eilends in eine Notaufnahme oder auf eine Krankenhausstation, um ihn zu behandeln. Bei alledem blieb er vollständig und hoffnungslos invalide und schwerstpflegebedürftig.

---

* Die perkutane endoskopische Gastrostomie (PEG) ist ein direkt durch die Bauchwand gelegter Kunststoffschlauch zur künstlichen Ernährung als Alternative zur nasalen Magensonde, die durch Nase, Rachen und Speiseröhre geführt wird. (A.d.Ü.)

Alice wusste nicht, was sie tun sollte. Sie besaß eine ordnungsgemäße Vorsorgevollmacht, die ihr das Recht verlieh, in allen Belangen für ihren Ehemann zu sprechen, aber sie verstand nicht wirklich, was diese Vollmacht eigentlich bedeutete, und hätte sie es begriffen, hätte sie damit nichts anzufangen gewusst. Sie litt so sehr unter Georges schlimmer Lage, dass sie verzweifelt hoffte, dass *irgendetwas* unternommen würde – aber was genau, da war sie sich nicht sicher.

Wir unterhielten uns eine Stunde lang, und schließlich gab ich ihnen meine Einschätzung der Lage. Als sich Alice und ihr Sohn schließlich von mir verabschiedeten, waren sie für den Rat zutiefst dankbar und sagten mir, dass unter all dem medizinischen Fachpersonal, den Pflege- und Betreuungskräften, mit denen sie zu tun gehabt hatten, niemand so offen zu ihnen gesprochen habe. Sie verließen mich mit dem Entschluss, nun in anderer Weise mit der verzweifelten Lage von George umzugehen. Sie waren erleichtert und hatten wieder Mut gefasst.

Was hatte ich ihnen gesagt? Ich hatte ihnen in verständlichen Worten die Rechte erläutert, die ich oben aufgelistet habe. Ich sagte ihnen, dass sie sich nicht schuldig fühlen sollten, wenn sie die Entscheidung träfen, nur eine lindernde Behandlung durchführen zu lassen. George war in einer Situation, in der er langsam an seinem Schlaganfall starb, und sie würden ihn nicht dadurch umbringen, indem sie weitere aggressive Behandlungsmaßnahmen unterbanden. Ich betonte, dass es keinerlei ethischen oder rechtlichen Unterschied zwischen einer aufgegebenen und einer nie begonnenen medizinischen Behandlung gab. Ich drängte sie zu klären, wer eigentlich die medizinische Verantwortung für die Behandlung trug – es musste ein einzel-

DIE RECHTE DES STERBENDEN

ner Arzt sein. Vor allem aber hob ich hervor, wie wichtig es war, mit dieser Person zusammenzuarbeiten, um die Behandlungsziele festzulegen, die nicht länger der Wiederherstellung der Gesundheit dienen konnten, sondern Linderung schaffen sollten, um den Sterbeprozess zu erleichtern.

Patienten am Ende ihres Lebens haben sehr starke Rechte, doch sie nützen gar nichts, wenn sie nicht verstanden oder in Anspruch genommen werden.

3

DER ERSTE WENDEPUNKT:
VON DER KURATIVEN BEHANDLUNG
ZUR PALLIATIVEN VERSORGUNG

Wenn es im Krankheitsverlauf eines schwerstkranken Patienten keine begründete Hoffnung mehr auf Heilung oder Genesung gibt, sprechen wir vom ersten Wendepunkt. Von nun an wendet man sich ausschließlich einer Versorgung zu, deren Ziel es ist, den Sterbeprozess so beschwerdefrei und friedlich wie möglich verlaufen zu lassen.

Eine unerwünschte Behandlung abbrechen

Der entscheidende erste Schritt zur lindernden Betreuung ist der Abbruch aggressiver, auf Heilung oder leidliche Genesung zielender Therapien. Diese Entscheidung kann schwer sein, selbst wenn dem Patienten und der Familie klar ist, dass dieser Wendepunkt gekommen ist, und sie sich einig sind, dass unter diesen Bedingungen eine Palliativpflege das einzig Richtige ist.

> Dies illustriert der Fall Maries, einer Frau in den Fünfzigern, die an Speiseröhrenkrebs erkrankt war. Sie hatte in einer Vorstadt von Boston mehrere Kinder großgezogen und auch einen Teilzeitjob in einem Geschäft in ihrer Nähe gehabt, um zum Unterhalt der Familie beizutragen. Marie war eine tüchtige, hart arbeitende Frau, die ihre Familie und das Leben liebte. Leider war sie

eine starke Raucherin und bekam Speiseröhrenkrebs. Marie wurde operiert, um das Krebsgeschwür so weit als möglich zu entfernen, und erhielt dann Bestrahlungen. (Das war vor vielen Jahren, als es gegen diese Krebsform keine wirksame Chemotherapie gab.)

Doch ihr Krebs kehrte zurück und hinderte sie bald am Schlucken. Speisen und auch Getränke passierten kaum noch das Geschwür in der oberen Speiseröhre, so-dass sie alles wieder hervorwürgte. Ein kleiner Schlauch wurde durch Maries Bauchdecke gelegt. Durch diese Sonde erhielt sie einige Wochen lang Flüssignahrung, sodass sie nicht mehr würgen musste. Doch Marie wurde aufgrund des fortschreitenden Krebsleidens immer siecher und sehr schwach. Ihre Körperchemie geriet aus den Fugen. Sie sprach nur noch wenig und schlief den ganzen Tag über immer wieder ein. Es waren Medikamente erforderlich, um ihre allgemeine Qual und ihre Angst zu lindern, und Morphium schien dagegen am besten zu wirken.

In einem der letzten echten Gespräche, die wir hatten, sagte Marie ihrer Familie und mir: »Ich will sterben und möchte, dass die Ernährung durch den Schlauch aufhört.« Zu diesem Zeitpunkt hätte ich, wäre ich in ihrer Lage gewesen, genauso gedacht. Doch ihre Familie konnte sich schwer damit abfinden. Bis dahin hatte sich Marie mit ihrer Familie und Freunden bis zu einem gewissen Grad unterhalten können, aber nun gelang ihr das nur noch unter großen Mühen. Sie hatte nichts mehr von ihren Tagen, sie war ans Bett gefesselt, und die geringsten Genüsse blieben ihr verwehrt. Marie wollte sich von ihren Qualen befreien und außer Linderungsmaßnahmen keine weitere Behandlung mehr.

Nach langen Diskussionen mit der Familie und mit ihrer Zustimmung entfernte ich schließlich den Schlauch, und von da an bekam Marie, abgesehen von der intravenösen Morphiumgabe, keinerlei Flüssigkeit mehr. Sie dehydrierte rasch, was sie in ihrem schläfrigen Zustand aber nicht quälte. Die regelmäßige Verabreichung recht hoher Morphiumdosen verhinderte, dass sie ihr Leiden wahrnahm. Sie starb einige Tage später ruhig und friedlich.

Maries künstliche Ernährung war zu einer ungewollten Behandlung und zu einem Hindernis auf ihrem Weg zu einem friedlichen und natürlichen Tod geworden und wurde auf ihre Bitte hin eingestellt. Dies allein reichte aus, um das Ende ihres Leidens zu beschleunigen. Der Abbruch der Behandlung in dieser Situation war ihr Wunsch und wurde von ihrer Familie und dem Arzt akzeptiert – sie waren darüber nicht glücklich, und es fiel ihnen nicht leicht, aber sie mussten den Realitäten ins Auge sehen und nahmen es schließlich vorbehaltlos hin.

Der Abbruch einer unerwünschten Behandlung steht klar an erster Stelle, wenn sich der Fokus auf die lindernde Versorgung verlagert. Es gibt absolut keine rechtlichen oder ethischen Probleme damit, obwohl es erstaunlich viele Menschen gibt, die das Gefühl haben, dass es irgendwie unstatthaft sei, eine Behandlung zu beenden, mit der bereits begonnen wurde. Doch es macht keinen rechtlichen oder ethischen Unterschied, ob eine Behandlung abgebrochen oder erst gar nicht begonnen wird. Dies schließt Chemotherapie, Chirurgie, Strahlentherapie und andere aggressive Behandlungen ein, ebenso wie so einfache Maßnahmen wie Nährinfusionen oder die Gabe von Flüssignahrung durch eine Sonde.

Die Entscheidung, eine Behandlung einzustellen, kann psychisch und emotional belastend sein. Viele Menschen tun sich schwer damit, eine Therapie aufzugeben, in die sie zuvor Vertrauen gesetzt hatten. Wenn jedoch Patient,

Familie und Ärzte in Gesprächen zu dem Schluss kommen, dass der erste Wendepunkt erreicht ist, weil eine Genesung ausgeschlossen ist, sollten die Ziele der Betreuung neu definiert werden und der Abbruch einer begonnenen Behandlung keine psychologische Hürde mehr sein.

Was ist die beste Sterbebegleitung?

Die palliative (lindernde) Begleitung ist in den letzten Jahren zu einer spezialisierten Form der Versorgung sterbender Menschen geworden, die ein friedliches und beschwerdefreies Sterben ermöglicht. Eine lindernde Sterbebegleitung bedeutet, auf zahlreiche Komplikationen zu achten, die beim Patienten Leiden verursachen können, seien sie physischer oder psychischer Art.[4] Der Arzt muss peinlich genau die kleinsten Details registrieren, den Sterbenden genau und häufig überwachen, großes Einfühlungsvermögen mitbringen und die bestmöglichen Schmerztherapien einsetzen. Da dies nun die hauptsächliche Aufgabe der Sterbebegleitung ist, kann sich die ganze Anstrengung, die zuvor auf die Heilung gerichtet war, mit einem ganzheitlichen Ansatz auf das unmittelbare Wohlergehen des Patienten richten – nach Möglichkeit mit häufigen Besuchen der Ärztin oder des Arztes und anderen Betreuern. Manche Ärzte neigen leider dazu, in ihren Anstrengungen nachzulassen, wenn nach dem ersten Wendepunkt der Versuch, den Patienten zu heilen, aufgegeben wird und sie ihre ärztliche Kompetenz nicht mehr so dramatisch gefordert sehen. Sie sind enttäuscht, wenn Patient und Familie entscheiden, die Heilungsversuche aufzugeben, und überlassen alles Übrige dem Pflegepersonal oder Hospiz. Doch die erleichternde Sterbebegleitung ist nicht einfach ein müder Ersatz in Abwesenheit lohnenderer Ziele.

Als Arzt habe ich häufig Sterbebegleitung geleistet, ob in der Praxis, im Krankenhaus oder bei den Patienten zu Hause, und ich selbst habe bestimmt, wie oft und wo ich die Sterbenden besuche. Heutzutage mag es schwerer sein, von einem Arzt die persönliche Betreuung zu erhalten, die man sich wünscht. Dafür gibt es eine Reihe von Gründen: der hohe Spezialisierungsgrad eines Großteils der medizinischen Versorgung, die Unterversicherung von Patienten und der auf den Ärzten lastende Druck, immer mehr Patienten pro Tag versorgen zu müssen. Die meisten Ärzte machen keine Hausbesuche, folglich delegieren sie die Begleitung Sterbender entweder an das Pflegepersonal oder die Hospizbetreuer. Diese Realität muss ich akzeptieren, aber gutheißen kann ich sie nicht. Patienten sollten sich dafür einsetzen, besser betreut zu werden, auch wenn es ihnen wohl zumeist nicht ganz gelingen wird.

Für sterbende Patienten ist die Einbeziehung von Hospizen oder Hospizbetreuern fast immer ein Gewinn. Um die Hilfe der Hospize voll ausschöpfen zu können, sollten sie bereits konsultiert werden, sobald der erste Wendepunkt erreicht ist und sich die Behandlungsziele geändert haben.

Die Symptome des Sterbeprozesses verstehen

Es gibt Symptome, die zum Sterbeprozess dazugehören und hingenommen werden müssen. Sie zu kennen und zu verstehen ist wichtig, damit der Sterbende nicht gedrängt wird, sinnlos gegen sie anzukämpfen. Essensverweigerung, geringe Flüssigkeitsaufnahme, darauf folgende Dehydrierung, extreme Lethargie, häufiges Schlafen, Bettlägerigkeit – all dies sind natürlich auftretende, typische Symptome eines Sterbeprozesses, und die Familie, die Betreuer und der Patient sollten sich nicht dagegen wehren.

Ich habe häufig Familien von Sterbenden gesehen, die sich vergeblich mühten, den Patienten zu bewegen, mehr zu essen, oder ihn zum Aufstehen drängten, alles, damit er »bei Kräften bleibt« oder »wieder zu Kräften kommt«. Für einen Sterbenden sind dies nutzlose Ermahnungen, die seine Situation nur noch quälender machen. Wenn es jedoch gelingt, diese Symptome als normal hinzunehmen, ermöglicht dies einen friedvolleren Tod.

Das bedeutet jedoch beileibe nicht, dass alle Symptome, die beim Sterbeprozess auftreten, einfach akzeptiert werden sollten. Vieles lässt sich erfolgreich behandeln und lindern, ohne das Sterben in die Länge zu ziehen. Kurzatmigkeit zum Beispiel kann eine Reihe von Ursachen haben, und die Symptome sind in der Regel behandelbar. Wenn auch die zugrunde liegende Ursache nicht beseitigt werden kann, so lässt sich das Symptom doch mit Morphium lindern, ein hervorragender Wirkstoff, um den Patienten zu beruhigen. Häufig treten Angst und Panikgefühle auf, die sich gut mit spezifisch dafür ausgelegten Psychopharmaka bekämpfen lassen. Und schließlich fallen auch Schmerzen entschieden unter diese Kategorie behandelbarer Symptome.

R. Sean Morrison und Diane E. Meier von der Mount Sinai School of Medicine in New York haben kürzlich eine exzellente Zusammenfassung der empfohlenen Symptomkontrolle bei Sterbenden veröffentlicht und darin Übelkeit, Verstopfung, Depression, Angst, Kurzatmigkeit und Schmerz aufgelistet – alles Symptome, auf die Ärzte und andere Betreuer unbedingt achten müssen.[5] Kurz, die erste Kategorie von Symptomen (Lethargie, Schwäche, Appetitlosigkeit, Gewichtsverlust und andere) sollte akzeptiert, die von Morrison und Meier beschriebenen behandelbaren Leidenssymptome dagegen nachdrücklich bekämpft werden. Sprechen Sie mit Ihrem Arzt über die verschiedenen Symptome und ihre Zuordnung.

Auch auf die kleinen Dinge kommt es an

Manchmal können die kleinsten Dinge für einen sterbenden Patienten zu einem quälenden Problem werden, wie ich kürzlich erlebte:

> Mein ältester Bruder, Bob, starb im Alter von 85 an Prostatakrebs in North Carolina, nur wenige Wochen bevor ich dieses Kapitel schrieb. Die Krankheit war etwa zehn Jahre zuvor ausgebrochen und zunächst mit Bestrahlungen behandelt worden. Vor mehreren Jahren kehrte der Krebs zurück, und seine Ärzte begannen mit einer Hormontherapie. Eine chirurgische Vergrößerung des verengten Blasenausgangs war durch die vorausgehende Strahlentherapie dieses Bereichs kein gangbarer Weg mehr, und einige Monate vor seinem Tod musste ihm ein Dauerkatheter eingesetzt werden, damit er urinieren konnte. Er magerte stark ab und fühlte sich schwach und wackelig auf den Beinen, sodass er in das Pflegeheim der Pensionärssiedlung verlegt wurde, in der er mit seiner Frau wohnte. Einige Wochen bevor er starb, erhielt er eine Bluttransfusion, um der schweren Anämie gegenzusteuern, die der Krebs verursacht hatte, ein Schritt, der ihm kurzzeitig einen Energieschub versetzte, das grundlegende Problem aber nicht beseitigte. Er hatte sich zu der Transfusion entschlossen, weil es noch einiges gab, was er erledigen wollte. Das Leben wurde jedoch bald darauf zur Qual für ihn, und so kam Bob zu dem Schluss, dass er seinem sich stetig ver-

schlechternden Zustand ein Ende machen wollte. Er war bereit zu sterben.

Ich flog nach North Carolina, um mich von ihm zu verabschieden und ihm bei der Formulierung eines einvernehmlichen Plans für seinen Sterbeprozess zu helfen. Er hatte seine Frau schriftlich als Vorsorgebevollmächtigte eingesetzt für den Fall, dass er nicht mehr selbst in der Lage sein sollte, Entscheidungen zu treffen. Er hatte sich jedoch keine klar formulierten Ziele und Richtlinien überlegt, außer dass er und seine Familie den Prozess nicht in die Länge ziehen wollten.

Als ich ankam, war Bobs Geist noch klar, und ich konnte mich mit ihm unterhalten. Am folgenden Tag entwarf ich – mithilfe seiner Frau und seiner Tochter – eine schriftliche Verfügung mit Anweisungen für seine Ärzte und anderen Betreuer, in der seine Wünsche für seinen speziellen Fall dargelegt waren, um unnötige lebensverlängernde Maßnahmen auszuschließen. Sie diente als Anlage zu seiner bereits ausgefertigten Vorsorgevollmacht.

Am folgenden Morgen gingen wir die Schriftfassung seiner Wünsche durch. Ich las ihm die Verfügung, in der ich alles festgehalten hatte, worüber wir am Vortag gesprochen hatten, vor und fragte jedes Mal: »Ist das korrekt, ist es das, was du willst?« Er bejahte jede der Anweisungen. Am Tag zuvor war er noch in der Lage gewesen, ein Geschäftsdokument zu unterschreiben, doch an jenem Tag gelang es ihm schon nicht mehr, die Verfügung zu unterzeichnen. Seine Frau, die seine Vorsorgebevollmächtigte war, übernahm es für ihn, und wir gaben den Brief mit den Anweisungen seinen Ärzten und dem Personal des Pflegeheims. Laut Bobs Verfügung sollte das Ziel der Behandlung darin bestehen, ihn so angenehm wie möglich durch den Sterbeprozess zu geleiten. Hier ist seine Liste:

DER ERSTE WENDEPUNKT

1. Es soll nichts unternommen werden, um den Sterbe-prozess zu verlängern.
2. Es sollen keine weiteren Bluttransfusionen erfolgen.
3. Bei einem Herz-Lungen-Versagen soll keine Herz-Lungen-Wiederbelebung und keine künstliche Be-atmung erfolgen noch andere Reanimationsmaßnah-men ergriffen werden.
4. Es sollen bei einer Harnwegsinfektion, Lungenent-zündung oder einer anderen Infektion keine Anti-biotika verabreicht werden.
5. Es soll intravenös keine Flüssigkeit zugeführt werden, bis auf die Mengen, die zur Sedierung oder Schmerz-linderung erforderlich sind.
6. Eine etwaige Dehydrierung soll nicht mit Flüssig-keitszufuhr behandelt werden, lediglich Wasser zum Trinken soll bereitstehen, mir jedoch nicht aufge-drängt werden.
7. Es soll keine Nasensonde zur künstlichen Ernährung gelegt werden.
8. Schmerzen, andere Qualen oder Erregungszustände sollen mit ausreichend hoher Medikation behandelt werden, um die Symptome zu lindern, selbst wenn die erforderliche Dosis lebensverkürzend sein könnte. Falls Schmerzmittel oder Sedative mittlerer Stärke die Symptome nicht lindern, sind stärkere Wirkstoffe wie Morphium zu verabreichen.
9. Es soll keine Chemotherapie durchgeführt werden.
10. Es soll keine Einweisung in ein Krankenhaus erfol-gen. Es ist zu erwarten, dass ich im Pflegeheim sterbe, und eine Einlieferung ins Krankenhaus käme nur dann infrage, wenn sie zur Symptomkontrolle erfor-derlich wäre.
11. Es besteht für mich keine Veranlassung, aufzustehen oder mich im Bett aufzusetzen, wenn ich dies nicht möchte.

12. Es sollen keine Laboruntersuchungen, Röntgenaufnahmen oder Messungen der Vitalparameter* vorgenommen werden.

Es schien, dass wir an alles gedacht hatten. Es gab gewiss nichts an dieser schriftlichen Erklärung, das umstritten gewesen wäre, weder rechtlich noch ethisch, und spezielle, auf die jeweilige Lage zugeschnittene Anweisungen wie die seinen fanden sich explizit oder sinngemäß üblicherweise in Patientenverfügungen. Mein Bruder, seine Frau und seine Familie, der betreuende Arzt und die Pflegeleiterin waren alle vollständig mit den Bestimmungen einverstanden.

Etwas kam der Ausführung des Plans jedoch in die Quere: die in langen Jahren eingeschliffene Haltung des Pflegepersonals, das noch immer davon ausging, dass wir versuchten, das Leben meines Bruders zu retten. Obwohl es kooperieren wollte und in der Theorie dem Ansatz zustimmte, Bob so sanft wie möglich durch sein Sterben zu begleiten, fiel es zuweilen – unbewusst, da bin ich mir sicher – in eine Haltung zurück, als ginge es um Bobs Genesung. Die Betreuung war aufopfernd und gewissenhaft, das Pflegepersonal gab sein Bestes, alles Nötige zu tun, aber es fiel ihm schwer, sich von der Vorstellung zu lösen, auf Bobs Gesundung hinzuarbeiten, und ihn lediglich bei seinem Sterben zu begleiten. So maß man zum Beispiel regelmäßig Bobs Blutdruck, obwohl der Druck der aufgepumpten Manschette sehr unangenehm für ihn war. Man maß die Temperatur rektal, als die oralen Messwerte ungenau wurden, und das war eine Tortur. Bobs Kinder mussten jede Schicht daran erinnern, dass keine Messungen des Blutdrucks und der Temperatur mehr vorgenommen werden sollten. Die

---

* Messung von Herzfrequenz, Blutdruck, Körpertemperatur, Puls, Atemfrequenz, Abnahme von EKG und EEG. (A.d.Ü.)

DER ERSTE WENDEPUNKT

Pflegekräfte legten einen Nasenkatheter zur Sauerstoff-
zuführung, obwohl er gar nicht kurzatmig war, und Bobs
Sohn musste ungläubig fragen, was sie da taten. Der
Katheter wurde wieder entfernt. Von Zeit zu Zeit drängten die Schwestern Bob zu trinken, bis seine Kinder sie
daran erinnerten, dass sie ihm nur auf seine Bitte hin
Wasser geben sollten.

Diese quälenden Details mögen geringfügig erscheinen,
aber sie sind bedeutsam. Es ist noch eine Menge Aufklärungsarbeit nötig, um das Betreuungspersonal dazu zu
bringen, die Wünsche des Patienten *in jeder Hinsicht* zu erfüllen und den Sterbeprozess nicht in die Länge zu ziehen.
Ich hatte das als Arzt viele Male gesehen, und hier geschah
es erneut bei einem Sterbefall in meiner eigenen Familie.
Auch wenn es nicht leicht umzusetzen ist, muss sich der
Ansatz aller Betreuer ändern, wenn der erste Wendepunkt
erreicht ist. Bis dies allgemein praktiziert wird, muss die
Familie darauf achten, dass die Wünsche des Patienten erfüllt werden, und sich bis zum Ende für seine Rechte stark-
machen.

Bobs oben zitierte detaillierte Verfügung können auch
andere Patienten, die sich auf den Tod vorbereiten, als Anhang zur Vorsorgevollmacht oder als Teil der Patientenverfügung übernehmen. Jeder Patient, der sich auf das Sterben
vorbereitet, sollte mit seiner Familie zusammen detaillierte
Anweisungen für die letzten Tage oder die letzte Woche
niederschreiben, um sicherzustellen, dass der Sterbeprozess
in seinem Sinne verläuft. Dabei können auch Details der
Pflegeroutinen, die meinen Bruder so quälten, festgehalten
werden. Sie können die Muster für Patientenverfügungen
möglichst umfangreich und nach dem eigenen Bedarf aus-
gestalten und auch die Pflege am Lebensende mit einbe-
ziehen.

Ein Ort zum Sterben

Eine lindernde Sterbebegleitung, die den Wünschen des Schwerstkranken entspricht, gelingt am ehesten, wenn sie in der überschaubarsten und vertrautesten Umgebung stattfindet: daheim.[6] Hier ist der Patient gewöhnlich von Menschen umgeben, die die neuen Versorgungsziele kennen und akzeptieren. Es gibt hier keine Vielzahl von Personen, die über die Situation informiert und wiederholt instruiert werden müssen, was sie tun und was sie unterlassen sollen. Alle Familienmitglieder sind darüber im Bilde und unterstützen den Sterbenden. Das Gleiche gilt für einen Patienten, der zu Hause von Hospizbetreuern versorgt wird, wenn die Methoden und Ziele der Begleitung zuvor abgestimmt wurden und unzweideutig sind.

Häufig kann die Betreuung aus dem einen oder anderen Grund jedoch nicht zu Hause stattfinden, sondern nur in dieser oder jener Einrichtung, wie einem Hospiz oder einem Pflegeheim. Wenn der Patient in ein Hospiz verlegt wird, gibt es keine Probleme damit, einen Plan auszuarbeiten und zu befolgen, der allein auf die Erleichterung des Sterbens zielt; die Mitarbeiter von Hospizen werden in diesen Dingen fachkundig ausgebildet. Ein Pflegeheim kann jedoch zum Problem werden. Hier gibt es viel mehr an der Pflege beteiligte Mitarbeiter, und jede neue Schicht muss eigens instruiert werden. Die Heimleitung, Schichtleitung, das Pflege- und Hilfspersonal, das mit dem Patienten in Kontakt kommt, sie alle müssen über die Behandlungsziele aufgeklärt werden.

Noch schwieriger wird es, wenn der Patient zur Symptombehandlung in ein Krankenhaus eingewiesen werden muss. Hier ist die Zahl der Betreuer noch weit größer, und neue Ärzte treten auf den Plan, deren Herangehensweise womöglich die Wünsche des Sterbenden konterkariert. Dies erlebte ich vor etlichen Jahren bei einem meiner Patienten, bei dem der erste Wendepunkt hin zur lindernden Sterbebegleitung zu spät gewählt wurde.

Im Schlafzimmer ihres Ferienhauses hörte Nancy eine laute Explosion von unten. Sie rannte ins Erdgeschoss hinunter und sah ihren Ehemann Stephen, der in den Keller gegangen war, um die Zündflamme des Heißwasserkessels wieder zu entzünden, mit brennenden Kleidern die Kellertreppe hinaufwanken. Nancy raste ins Schlafzimmer zurück, griff sich die Bettdecke, warf sie über Stephen und rollte ihn über den Boden, um die Flammen zu ersticken. Stephens Nylonjacke war auf seinem Rücken geschmolzen, und er hatte schwere Verbrennungen an den Händen, im Gesicht und am Nacken davongetragen.

»Dreh das Gas ab!«, brachte Stephen trotz seiner starken Schmerzen hervor. Als Nancy dies tat, bemerkte sie, dass einer der Balken im Keller Feuer gefangen hatte. Es gelang ihr, das Feuer mit einem Feuerlöscher, der zum Glück griffbereit war, zu löschen.

Stephen brauchte Hilfe, und zwar sofort. Nancy rannte zum Telefon, doch es war tot. Die Telefonleitung war durchgeschmort. Das war 1978, vor der Ära der Mobiltelefone, und Nancy blieb nichts anderes übrig, als Stephen dort zu lassen, wo er war, und zum Haus des Nachbarn zu fahren, um Hilfe zu rufen.

Im Verlauf der weiteren Ereignisse wurde ich von dem Unfall verständigt, weil Stephen und Nancy meine Patienten waren. Ich verließ sofort die Praxis und fuhr zum örtlichen Krankenhaus. Etwa zur gleichen Zeit erreichte die Nachricht Nancys und Stephens Tochter Susan. Susan war Ende 20, verheiratet und hatte selbst Kinder. Auch Susan kannte ich gut. Als man sie vom

Unfall ihres Vaters verständigte, eilte auch sie sofort zum Krankenhaus.

Wir trafen zur gleichen Zeit in der Notfallstation des Krankenhauses ein. Die Ärzte stellten rasch fest, dass Stephen an vielen Stellen seines Körpers Verbrennungen dritten Grades erlitten hatte. Alle erkannten, dass seine Verletzungen zu schwerwiegend für die Möglichkeiten des örtlichen Hospitals waren, daher wurde Stephen sofort in eine andere Klinik in Boston in 30 Kilometer Entfernung gebracht, wo er die beste, modernste und technisch aufwändigste Versorgung erhalten würde, die das Team der dortigen Intensivstation für Verbrennungsopfer aufbieten konnte. Stephen, ein pensionierter Baumpfleger, war über 70 und noch bemerkenswert rüstig. Niemand zweifelte daran, dass alles Erdenkliche unternommen werden musste, damit er sich von seinen schrecklichen Verletzungen wieder erholte.

Vierundzwanzig Jahre später, als ich an diesem Buch arbeitete, unterhielt ich mich mit Susan im Garten ihres Hauses darüber. Gemeinsam dachten wir daran zurück, was mit ihrem Vater während der sechs Monate auf der Intensivstation geschehen war. Stephen war sehr schwer verletzt, als er auf die Station für Verbrennungsopfer eingeliefert wurde, aber Susan erinnert sich, dass er zu diesem Zeitpunkt noch zusammenhängend sprach. »Am Anfang«, beschrieb Susan mir die Ankunft ihres Vaters, »schien er in ganz guter Verfassung. Er konnte noch mit den Schwestern scherzen. ›Wenn ich gewusst hätte, dass ich hier keinen Lunch kriege, hätte ich mir ein Sandwich mitgebracht.‹ Die Intensivstation für Verbrennungsopfer war unglaublich. Was die dort alles für die Patienten taten!«

Susan erinnert sich, dass der verantwortliche Arzt eine Koriphäe auf seinem Gebiet war und die neuesten Behandlungsmethoden einsetzte. Alle technischen Möglichkeiten wurden ausgeschöpft, und ihr Vater erhielt wahrlich die beste damals mögliche Behandlung. Das Team bot seine ganze Fachkunde auf, um mit wiederholten Operationen über viele Wochen hinweg die schweren körperlichen Verletzungen Stephens zu versorgen. Dazu gehörten die chirurgische Entfernung verbrannten Gewebes und Hauttransplantationen, um die Verbrennungen dritten Grades an Händen, Gesicht, Nacken und Rücken zu bedecken. Sorgsam wurde darauf geachtet, der stets lauernden Gefahr von Infektionen zuvorzukommen, der Patient wurde mit speziellen Infusionen ernährt und erhielt eine Fülle von unterstützenden Behandlungen. Die Ärzte waren voller Hoffnung, dass Stephen wieder leidlich genesen würde, und gaben in jeder Hinsicht ihr Bestes. Die Familie war beeindruckt und dankbar für alles, was sie leisteten. Als Hausarzt von Stephen teilte ich Susans Eindruck.

Leider währte Stephens Ansprechbarkeit nicht lange. Binnen zwei Tagen nach seiner Aufnahme ins Krankenhaus »sprach er nicht mehr viel«, erinnert sich Susan. »Seine Augen wanderten nur noch durch den Raum. Die letzten Worte sagte er uns an seinem zweiten Tag dort: ›Der Pudding hat nicht so gut geschmeckt.‹«

Stephens erste Hauttransplantationen verliefen erfolgreich, aber an seinem Rücken gab es Probleme; es kam zu einer Reihe von Komplikationen. Dann bekam er eine Lungenentzündung, kein ungewöhnlicher Verlauf bei Schwerstverletzten. Während der zweiten Anästhesie im Operationsraum, als die Ärzte ihre Transplantationsversuche fortsetzten, erlitt Stephen einen Herzstillstand, aus dem er reanimiert wurde. Nach dem Herzstillstand reagierte er immer weniger auf jegliche Ansprache. Die Ärzte sagten, es sei zu einem Sauerstoffmangel im Gehirn gekommen. Die Explosion, bei der Stephen die Verbrennungen erlitten hatte, war im Mai passiert. Aus den Tagen wurden Wochen, aus den Wochen Monate. Der Sommer kam und ging.

Schließlich versagten Stephens Nieren. Es erschien immer unwahrscheinlicher, dass er die Qualen überstehen würde, und selbst dann hätte er wahrscheinlich nicht mehr in sein aktives Leben zurückgefunden. »Im Juni und Juli hatten wir noch Hoffnung, im August schon nicht mehr. Trotzdem wollten die Ärzte weiter operieren.« Susan und Nancy beschlichen die ersten bösen Ahnungen.

»Mein Vater war ein sehr aktiver, energiegeladener Mann. Wir fragten uns, ob er jemals wieder würde sprechen können, aber die Ärzte sagten, dass sie es nicht wüssten. Was auf ihn zuzukommen drohte, sah nicht so aus wie das Leben, das er sich gewünscht hätte. Er hatte eisern auf seiner Patientenverfügung bestanden, die sowohl er als auch meine Mutter unterschrieben hatten. Darin stand eindeutig, dass er nicht wünschte, was mit ihm geschah. Er und meine Mutter waren stolz darauf, Patientenverfügungen zu haben. Damals hatten die noch nicht viele. Im Laufe mehrerer Wochen erinnerte meine Mutter die Ärzte an die Patientenverfügung meines Vaters, in der stand, dass er sein Leben nicht sinnlos verlängert wissen wollte. Aber jedes Mal sagten die Ärzte: ›Es ist noch nicht alle Hoffung vergebens, noch nicht.‹ Es war ein Kampf, dass er seinen Frieden bekam. Meine Mutter sagte, in ihrem ganzen Leben sei ihr nichts schwerer gefallen, als die Ärzte dazu zu bewegen, seine Patientenverfügung zu befolgen.«

Als er das nächste Mal in den Operationssaal gebracht wurde, um unter Anästhesie abermals operiert zu werden, erlitt Stephen einen zweiten Herzstillstand. Daraufhin kam er an ein Beatmungsgerät, das Sauerstoff in seine Luftröhre pumpte. Stephen wurde eine Sonde durch die Bauchdecke gelegt, um ihn mit Flüssignahrung und Nährstoffen zu versorgen. Er erhielt einen Blasenkatheter für den Urinabfluss, damit sich seine Blase nicht aufblähte. Und er hatte Infusionskanülen in den Armen, um ihm Flüssigkeit und verschiedene Medikamente zu verabreichen. Mittlerweile hatte sich Stephens Leberfunktion verschlechtert, und sein Knochenmark produzierte kaum noch Blutzellen, er wurde anämisch. Mental reagierte Stephen praktisch nicht mehr.

Als immer deutlicher wurde, wie hoffnungslos seine Lage war, wurden Nancys Qual und Wut immer größer. Da mir die Situation schmerzlich bewusst war, bat ich Nancy und Susan in meine Praxis in Concord, Massachusetts, um darüber zu sprechen, was unternommen werden könnte.

Ich sagte ihnen, dass sich das Team der Intensivstation nach meinem Eindruck emotional so sehr in die Behandlung Stephens hineingesteigert hatte, dass es blind für die schlechten Erfolgsaussichten geworden war. Völlig darauf konzentriert, Stephen zu retten, war das Team unfähig, ihm zu erlauben, friedlich zu sterben. Nancy und Susan waren ganz meiner Meinung. Das war 1978, als nur wenige Ärzte anerkannten, dass in manchen Situationen dem Patienten besser damit gedient ist, heroische Anstrengungen zur Wiederherstellung seiner Gesundheit aufzugeben und stattdessen die eigenen Energien darauf zu richten, ihn mit ausschließlich lindernden Maßnahmen durch den Sterbeprozess zu begleiten.

Ich rief den verantwortlichen Oberarzt an und erläuterte ihm unsere Schlussfolgerung. »Der beste Weg aus dieser Situation«, sagte ich so taktvoll wie möglich, »könnte darin bestehen, Stephen zurück in meine Obhut in unser Stadtkrankenhaus zu geben, um ihm mit ausschließlich lindernden Begleitmaßnahmen einen friedlichen Tod zu gestatten.« Es folgte ein unbehaglich langes Schweigen. Es dauerte wahrscheinlich nur 10 oder 15 Sekunden, aber es erschien mir wie eine Ewigkeit.

Schließlich antwortete der Arzt am anderen Ende mit gedämpfter Stimme: »Ich glaube, Sie haben recht. Ich werde veranlassen, dass er verlegt wird.«

Am nächsten Tag wurde Stephen mit dem Krankenwagen in unser Krankenhaus in Concord gebracht. Jahre später, als Susan und ich daran zurückdachten, erzählte sie mir, wie er die Intensivstation für Verbrennungsopfer verließ. »Die Krankenschwestern bereiteten ihn auf die Verlegung vor. Eine von ihnen lehnte sich über ihn und gab ihm einen Kuss. Sie sagte: ›Stephen, Sie kommen jetzt heim nach Concord.‹ Er überraschte uns dann mit der klaren Antwort: ›Haben Sie vielen Dank.‹ Wir konnten es nicht glauben, aber drei Leute haben es gehört.« Stephen hatte monatelang nichts gesagt, aber er muss eindeutig ein gewisses Maß an Bewusstheit gehabt haben.

Ich informierte die Schwestern im Krankenhaus in Concord im Voraus, damit sie genau wussten, was der Wunsch der Familie war: Stephen zu erlauben, ohne weitere Qualen zu sterben. Alle Schläuche wurden entfernt, bis auf den Blasenkatheter (um ihm Erleichterung zu verschaffen), und abgesehen von Morphium, das wir in großzügigen Dosen verabreichten, um seine Ruhelosigkeit und den Schmerz zu kontrollieren, wurden alle Medikamente abgesetzt. Stephen war unansprechbar und blieb es, bis er zwei Tage später starb – sechs Monate nachdem er in die Intensivstation eingeliefert worden war. Seine Familie blieb an seinem Bett und war dankbar, dass die Qualen ausgestanden waren. Es war ein abruptes Ende nach Monaten aggressiver Behandlung, aber die Familie und ich waren sicher, dass wir das Richtige getan hatten. Wir waren alle sehr erleichtert.

Mein Telefonanruf bei Stephens behandelndem Arzt auf der Station für Verbrennungsopfer markierte den ersten Wendepunkt seines Sterbens, den Punkt, an dem das Behandlungsziel sich von dem heroischen Anstrengungen zur Wiederherstellung seiner Gesundheit hin zur sanften Begleitung seines Sterbeprozesses änderte. In diesem Fall erfolgte der Wechsel nach allzu langer Intensivbehandlung. Im Rückblick, mit dem Abstand von vielen Jahren, hätte der Wendepunkt viel früher kommen sollen. Doch das war vor drei Jahrzehnten, und erbarmungslose Intensivbehandlungen waren damals die Norm. Heute hätten wir uns zu einem weit früheren Zeitpunkt seiner tödlichen Krankheit in verbindlichen Gesprächen die Frage gestellt, ob Stephen den ersten Wendepunkt erreicht hatte. Wir hätten die Wahrscheinlichkeit, dass er von seinen Verletzungen wieder leidlich genesen würde, als zu gering betrachtet und die Entscheidung getroffen, die aggressive Behandlung schon Wochen früher abzubrechen, und dann hätten wir ihm eine neue Umgebung für die Betreuung gesucht.

Befragt, was sie anders gemacht hätte, wenn sie noch einmal in derselben Situation wäre, erwiderte Susan: »Ich hätte auf einer besseren Kommunikation mit den Ärzten bestanden, die ihn betreuten.« Damals, als sich die Begleitung Sterbender in vielfältiger Weise zu ändern begann, war Stephens Fall für uns alle eine lehrreiche Erfahrung, und für mich persönlich markierte er eindeutig einen Wendepunkt in meiner Einstellung zu den Problemen todkranker Patienten.

Der Ort, an dem die Sterbebegleitung stattfindet, beeinflusst nicht nur das Ausmaß, in dem der Patient und die Familie selbst über die Umstände bestimmen können, sondern auch die Qualität der Sterbebegleitung. Einer Studie der Brown Medical School von 2004 zufolge ist die Betreuung zu Hause oder in einem Hospiz im Hinblick auf die »Symptomverbesserung, Kommunikation mit dem Arzt, emotionale Unterstützung und würdevolle Behandlung« in der Regel besser. All diese Aspekte der lindernden Sterbebegleitung waren dagegen qualitativ schlechter, wenn die Patienten in Pflegeheimen und Krankenhäusern starben.[7]

Die Geschichte von Elizabeth dagegen illustriert eine Sterbebegleitung, die in der angemessenen Umgebung stattfand, nachdem der Wendepunkt richtig erkannt und die Umstellung auf eine lindernde Versorgung vollzogen worden war.

> Elizabeth, eine Patientin von mir, war eine angenehme, elegante Dame, die mit ihrem Ehemann Robert, einem Lehrer, zwei Töchter großgezogen hatte. Mit Anfang 50 war bei Elizabeth Eierstockkrebs diagnostiziert worden. Zuerst wurde sie operiert, um so viel von dem Tumor zu entfernen wie möglich, aber da sich der Krebs bereits auf das Becken und den Unterleib ausgebreitet hatte, konnte er nicht vollständig entfernt werden, ohne vitale Organe zu beschädigen. Im darauffolgenden Jahr erhielt sie im Abstand von einigen Wochen mehrere Chemotherapien. Nach jeder Behandlungsphase litt Elizabeth unter Übelkeit, musste sich übergeben und fühlte sich elend. Mit der Zeit hatte sie selbst zwischen den Chemotherapiephasen Unterleibsschmerzen und fühlte sich allgemein schwach.
>
> Elizabeth kämpfte tapfer gegen ihre Krankheit an. Als sich ihr Zustand aufgrund des fortschreitenden Krebsleidens und der Nebenwirkungen der Chemotherapie verschlechterte, blieb sie schließlich ans Haus gefesselt. Dennoch nahm sie die anstrengenden Fahrten zum Onkologen auf sich. Auch Robert und ihre Töchter machten ihr Mut, weiter gegen die Krankheit anzukämpfen: jeden Tag aufzustehen, zu essen und zu trin-

ken, um bei Kräften zu bleiben, und regelmäßig zu gehen, um den Tod von sich fernzuhalten.

Schließlich wurde es offenkundig, dass Elizabeth' aggressives Krebsleiden die Oberhand gewann, trotz allem, was sie und wir taten. Bei meinen regelmäßigen Hausbesuchen sah ich, wie erschöpft Elizabeth war. Sie hatte keine Kraft mehr, aufzustehen, zu essen oder zu gehen. Ihre aufopfernde Familie fürchtete, in ihren Bemühungen »zu versagen«, und drängte sie weiterhin zu Aktivitäten, für die sie keine Kraft mehr hatte.

Eines Tages beschloss ich einzuschreiten und sagte Elizabeth behutsam, aber geradeheraus: »Mir scheint, Sie, Ihre Familie und Ihr Onkologe unternehmen alles Menschenmögliche, aber der Krebs schreitet unaufhaltsam voran.«

»Ich bin erschöpft«, erwiderte Elizabeth. »Ich kann mich nicht weiter quälen. Ich kann nicht weitermachen.«

Nach meiner Erfahrung kann man in solchen Situationen auch Trost spenden: »Wir können Ihnen durchaus helfen. Wir können eine Hospizbetreuung bei Ihnen zu Hause arrangieren. Sie würden intravenös Morphium erhalten, das nach Belieben höher dosiert werden kann, um die Schmerzen zu stillen.«

»Das wäre gut«, antwortete Elizabeth mit offensichtlicher Erleichterung. »Das würde mir sehr gefallen. Ich will einfach in Frieden sterben.«

Im Verlauf der nächsten paar Tage hatte ich mehrere Gespräche mit Elizabeth, Robert und ihren beiden erwachsenen Töchtern an Elizabeth' Bett. (Es ist wichtig, solche Gespräche nicht »hinter dem Rücken des Patienten« zu führen, sondern mit allen Familienmitgliedern gemeinsam, einschließlich des Patienten, falls er in der Lage ist, sich an der Entscheidung über die Behandlung zu beteiligen.) Elizabeth machte deutlich, dass ihrem Gefühl nach weitere Bemühungen, den Krebs aufzuhalten, nicht aussichtsreich genug waren, um den Preis wert zu sein, den sie mit den schweren Nebenwirkungen dafür bezahlte. Nach dem anfänglichen Schock versöhnte sich die Familie mit der Idee, in der vertrautesten Umgebung – ihrem Zuhause – von der Krebsbekämpfung zur lindernden Sterbebegleitung überzugehen.

Elizabeth' und Roberts Töchter widmeten sich nun ganz der Aufgabe, sie zu Hause zu pflegen. Sie wandelten das Esszimmer im Erdgeschoss in ein Schlafzimmer für Elizabeth um und ließen ein Krankenhausbett und Elizabeth' persönliche Gegenstände und Lieblingsmöbel hineinstellen.

Zur Unterstützung der häuslichen Betreuung wurde das örtliche Hospiz gewonnen. Hospizmitarbeiter haben eine unschätzbare Erfahrung in der körperlichen Pflege und psychologischen Betreuung Sterbender und ihrer Familien, und die örtlichen Kräfte waren uns eine große Hilfe. Hospizen geht es weder um die Beschleunigung noch um die Verlängerung des Sterbens. Ihre Betreuer werden gerufen, wenn die Prognose hoffnungslos geworden ist und der Patient eindeutig im Sterben liegt. Sie haben eine enorme Fachkunde auf dem Gebiet der Schmerztherapie und kümmerten sich bei Elizabeth sogleich um die Überwachung der Morphiuminfusionen.

Als Elizabeth' Hausarzt übernahm ich ihre Betreuung vom Onkologen. Ich besuchte sie regelmäßig und arbeitete eng mit den Hospizbetreuern und den Schwestern zusammen, die sie täglich besuchten. Elizabeth und ihre Familie lernten, die stetige Morphiuminfusion zu überwachen und sie schmerzfrei zu halten. Robert und ihre Töchter hörten auf, Elizabeth zu etwas zu drängen, was sie nicht mehr wollte: sich zu bewegen, zu essen, zu trinken. Alle akzeptierten die Unausweichlichkeit von Elizabeth' nahendem Tod. Wir waren beruhigt, weil wir uns am Wendepunkt alle auf die Neudefinition ihrer Versorgung geeinigt hatten. Niemand strebte mehr nach dem Unwahrscheinlichen oder Unmöglichen.

Ich erklärte der Familie, dass Elizabeth' mangelnder Hunger und Durst ein normaler Teil des Sterbeprozesses war. Dies galt auch für ihre Somnolenz* und verminderte Ansprechbarkeit durch die steigenden Morphiumdosen. Wenn sie wach genug war, um sich zu unterhalten, kamen häufig angenehme Erinnerungen an vergangene Zeiten auf, und die Familie versicherte ihr, dass sie nach ihrem Tod schon zurechtkommen würde. Obwohl Robert und ihre Töchter maßlos traurig darüber waren, dass Elizabeth sie langsam verließ, schätzten sie die Friedlichkeit, die durch die Veränderung der Behandlung über sie gekommen war.

Zum Ende hin besuchte ich sie häufiger, um die Familie darin zu bestärken, das Richtige zu tun, und um Elizabeth zu versichern, dass ich an ihrer Seite stand, wann immer es erforderlich war. Was Familien in solchen Zeiten brauchen, ist Unterstützung und Zuspruch, und besonders wichtig ist es, ihr Leid und die Selbstlosigkeit ihrer Bemühungen für den geliebten Menschen anzuerkennen.

Elizabeth starb friedlich zu Hause, umgeben von ihrer Familie, drei Wochen nachdem sie sich zu der Wende entschlossen hatte. Ihr Tod war unter den gegebenen Umständen in vieler Hinsicht ein guter Tod. Ihre Familie war froh, das Richtige getan zu haben. Vor allem betrachteten wir alle ihren Tod nicht als Versagen, den Krebs zu besiegen, sondern als Erfolg, sie mit den geringstmöglichen Qualen so friedvoll wie möglich durch ihren Sterbeprozess begleitet zu haben. Die meisten von uns würden sicher gerne so friedlich zu Hause

* schläfriger Zustand mit leichter Bewusstseinstrübung (A.d.Ü.)

sterben wie Elizabeth, umgeben von ihrer Familie – statt so zu enden wie meine Mutter, wie Richard oder Stephen, die Opfer sinnloser medizinischer Behandlungsmaßnahmen wurden.

Morphium war für Elizabeth ein Geschenk des Himmels und ist ein uraltes Mittel, das Ärzte einsetzen, um das Sterben zu erleichtern. In ihrem Fall beschleunigte es ihr Sterben wahrscheinlich um Stunden oder Tage, aber diese Folge war für alle Beteiligten hinnehmbar, weil Elizabeth so die Schmerzlinderung bekam, die sie brauchte.

Kurz, die Betreuung am Ende des Lebens ist gewöhnlich besser, wenn sich der Patient in einer vertrauten und überschaubaren Umgebung befindet. Alle Betreuer – zu Hause, in einem Pflegeheim oder Krankenhaus – müssen dahin gehend instruiert werden, dass der Tod des Patienten in dieser Umgebung erwartet wird und eine Einweisung in ein Krankenhaus unbedingt vermieden werden sollte, es sei denn unter sehr besonderen Umständen, zum Beispiel, um unerträgliche Symptome zu lindern. Solche Ausnahmen sollte es nur geben, wenn in der überschaubaren vertrauten Umgebung keine angemessene Palliativversorgung möglich erscheint. In solchen Fällen wird die Wärme und Vertrautheit des Heims des Patienten für technische Expertise geopfert – ein Handel, der manchmal unvermeidlich ist. Es gibt Krankenhäuser und Pflegeheime mit eigens eingerichteten Sterbebereichen, die annähernd so friedlich wie ein wirkliches Zuhause sind, aber sie sind selten. Meist sind es Hospize, die solche technisch bestens ausgestatteten, aber friedlichen Umgebungen ermöglichen.

Sprechen Sie mit Ihrem Arzt, um die Umgebung zu finden, die Ihren Bedürfnissen am ehesten entspricht. Die meisten Menschen ziehen es vor, zu Hause zu bleiben, aber unter Umständen sind die Familienangehörigen nicht in der Lage zu helfen. In diesem Fall lässt sich meist eine ergänzende häusliche Pflege durch ambulante Pflegedienste oder ein Hospiz arrangieren. Um zu Hause sterben zu können, muss fast immer externe Hilfe in Anspruch genommen werden.

Einige Hospize unterhalten eigene Betreuungseinrichtungen, aber viele beschränken sich ausschließlich auf die ambulante Versorgung des Patienten. Sie beurteilen zunächst den Bedarf und stellen dann einen Plan mit den Diensten auf, die ihnen zu Gebote stehen: Pfleger, Helfer, in Schmerztherapie geschultes Personal, Ärzte, Sozialarbeiter. Wenn sie selbst nicht über genug eigene Expertise verfügen, können sie dabei helfen, diese anderweitig zu besorgen und die Betreuung des Patienten abzustimmen und zu beaufsichtigen.

Wenn Hospize um Hilfe gebeten werden, können sie eine ungeheuer große Hilfe leisten, ohne dass dadurch ein Konflikt mit anderen Betreuern entsteht, die eventuell bereits tätig sind. Wenn eine Pflegekraft rund um die Uhr im Haus erforderlich ist, kann das Hospiz ihre Dienste in die Gesamtversorgung integrieren. Wann immer ich mit Hospizbetreuern zusammenarbeitete, behielt ich als Arzt die Verantwortung, gewann aber wertvolle Helfer hinzu, die mit mir ein gemeinsames Ziel verfolgten.

Patienten und Familien äußern manchmal, dass schon alle Hoffnung verloren und das Ende nahe sein muss, bevor man sich an ein Hospiz wendet, und vor diesem Eingeständnis scheuen sie zurück. Wenn dann die Zusammenarbeit mit einem Hospiz beginnt, lässt die Angst von Patient und Familie meist nach, und sie sind erleichtert. Wenn der Tod voraussichtlich weniger als sechs Monate entfernt ist, aber weder der Arzt noch das Krankenhaus oder das Pflegeheim die Einschaltung eines Hospizes empfehlen, sollten Sie sich selbst über die Möglichkeiten einer Hospizbetreuung informieren.

Wo die Sterbebegleitung stattfinden soll, ist häufig keine einfache Entscheidung. Die Familie und der Patient müssen sorgfältig prüfen, welche Versorgung erforderlich ist und wer sie an welchem Ort bereitstellen kann, wo das größte Maß an Selbstbestimmung über die Art des Sterbens möglich ist, welche Umgebung am angenehmsten ist und dem Patienten oder der Patientin die größte emotionale Unterstützung bietet. Darüber sollte es ein verbindliches Gespräch mit dem betreuenden Arzt geben, das, wenn möglich, am besten lange vorher stattfinden sollte.

Wichtige Erwägungen bei der lindernden Sterbebegleitung

Die Geschichten, die ich in diesem Kapitel über Marie, meinen Bruder Bob und Stephen erzählt habe, schildern, wie es zu der Entscheidung kam, zu einer lindernden Sterbebegleitung überzugehen. Manchmal ist es offenkundig, dass jede Genesung ausgeschlossen ist, und dies hilft dem Patienten und der Familie, den Wendepunkt zu akzeptieren. In anderen Fällen besteht jedoch immer noch die Möglichkeit einer Besserung des Gesundheitszustandes.

Doch wie groß muss die Wahrscheinlichkeit einer Besserung sein, um zu handeln? Es gibt viele, die sagen würden, dass jede Chance auf Besserung den Versuch lohnt, während andere der Auffassung sind, dass es schon einer hohen Erfolgswahrscheinlichkeit bedarf, bevor sie bereit sind, die Nebenwirkungen weiterer Behandlungen auf sich zu nehmen. Und es gibt viele Positionen zwischen diesen beiden Extremen.

Wie viel neues Leiden eine neue Behandlung verursacht, ist zweifellos ein Hauptfaktor. Wenn die vorgeschlagene Therapie nur geringe Nebenwirkungen hat und relativ leicht zu beginnen ist, dann wird sich der Patient vielleicht dafür entscheiden, selbst wenn die Wahrscheinlichkeit, dass sie hilft, gering ist. Wenn eine Behandlung andererseits beträchtliche Nebenwirkungen hat, sträubt sich der Patient eher dagegen, selbst wenn es eine bescheidene Wahrscheinlichkeit gibt, dass sie sich positiv auswirken könnte.

In allen Fällen ist es das Wichtigste, die zur Verfügung stehenden Optionen in einem verbindlichen, offenen Gespräch mit allen Personen, die dem Patienten bei seiner Entscheidung helfen können, zu diskutieren. Sobald ein verbindlicher Entscheidungsprozess begonnen wird, kommt es gewöhnlich auch zu einer angemessenen Entscheidung. Diese Wahl sollte dann von allen anerkannt und die Behandlungsziele entsprechend modifiziert werden.

Der Arzt sollte die Wahrscheinlichkeit eines Behandlungserfolgs und die Schattenseiten unerwünschter Nebenwirkungen so gut wie möglich abschätzen. Wenn er sich dazu nicht äußert, sollten Sie ihn drängen, eine eindeutige Meinung abzugeben und diese zu begründen. Ärzte sollten sich immer die Mühe machen, ihren Rat für die beste Vorgehensweise zu erklären, dabei aber betonen, dass die endgültige Entscheidung beim Patienten liegt. Dem Patienten kann die ärztliche Meinung dann eine weitere Hilfestellung sein, seine eigene Wahl zu treffen.

Medizinische Entscheidungen basieren nur selten auf einer hundertprozentigen Gewissheit, auch wenn Patienten und Angehörige sich diese Sicherheit wünschen. Je mehr Gewissheit Sie verlangen, desto schwieriger wird sie oft zu erreichen sein. Um sehr sicher zu sein, benötigt man eine Vielzahl von Untersuchungen und Eingriffen, und dies hat seinen eigenen Preis. An irgendeinem Punkt wird man den Wunsch nach Gewissheit aufgeben und sich mit einer vernünftigen Wahrscheinlichkeit begnügen müssen.

Wenn Sie und Ihre Familie sorgfältig erwägen, welcher Grad der Wahrscheinlichkeit eines Behandlungserfolges Ihnen noch erträglich erscheint, wird es unwahrscheinlich, dass Sie sich einer sinnlosen Behandlung verschreiben. Die schlimmste Situation von allen ist, wenn ein Patient (oder seine Familie) auf Maßnahmen drängt, die kaum erfolgversprechend sind, jedoch weiteres Leiden verursachen. Ärzte weigern sich immer häufiger, wenn Patienten und Familien die Fortführung von Behandlungen fordern, die ihnen selbst fruchtlos erscheinen, und das mit Recht. Der Ethikkodex der American Medical Association von 1996/97 erklärt: »Ärzte sind ethisch nicht verpflichtet, Behandlungen durchzuführen, die nach ihrem besten fachlichen Urteil keine vernünftige Chance haben, ihren Patienten zu nützen. Patienten sollten nicht allein deshalb therapiert werden, weil sie es verlangen.«

Der sorgfältige und intensive Austausch zwischen Patient, Familie und Arzt wird den Betroffenen in den meisten Fällen davon abhalten, einen zerstörerischen, qualvollen Weg nutzloser Therapien zu verfolgen, und sicherstellen, dass die Entscheidungen am ersten Wendepunkt überlegt getroffen werden.

4

SCHMERZTHERAPIE

Einige Patienten sterben ohne Schmerzen, doch dort, wo starke Schmerzen auftreten, kann eine unzureichende palliative Versorgung einen Schwerstkranken enorm in Mitleidenschaft ziehen und demoralisieren. Besonders bei Krebspatienten mit Metastasen sind Schmerzen ein häufiges Symptom des Sterbeprozesses. Die Schmerztherapie ist daher ein entscheidendes Element eines friedlichen Todes.

In den letzten Jahrzehnten hat die Medizin große Fortschritte auf dem Gebiet der Schmerztherapie erzielt, sodass Patienten heute nur noch selten trotz Behandlung unter unzureichend kontrollierten Schmerzen zu leiden haben. Neue Medikamente, neue und bessere Wege der Verabreichung, chirurgische Eingriffe, die Schmerzbahnen unterbrechen oder die Schmerzursache direkt beseitigen können, Strahlentherapie gegen Schmerzen, die von Metastasen verursacht werden, und andere Maßnahmen werden eingesetzt, um dem Patienten Linderung zu verschaffen. Mit Schmerzkontrolle befasst sich heute ein eigenes medizinisches Fachgebiet, und es gibt Mediziner und Kliniken, die ihre gesamten Anstrengungen auf dieses Feld richten. Wenn der Hausarzt bei der Schmerzbekämpfung keinen ausreichenden Erfolg hat, kann er einen spezialisierten Schmerztherapeuten zurate ziehen.

Trotz dieser enormen Fortschritte kann es Patienten passieren, dass ihre Schmerzen nicht angemessen und ausreichend gelindert werden. Die Betroffenen und ihre Familien müssen mit ihrem Arzt über dieses Thema sprechen und sollten sich nicht auf eine nur partielle Schmerzlinderung einlassen – es muss eine *gute* Schmerztherapie sein.

Schmerzstillende Mittel in ausreichender Dosierung

Bei der Schmerztherapie ist als Erstes zu bestimmen, welche Kategorie von Schmerzmitteln benötigt wird. Geringfügige Schmerzen werden zumeist mit gewöhnlichen Medikamenten behandelt: Acetylsalicylsäure (z. B. Aspirin), Paracetamol (z. B. Perfalgan), Ibuprofen (z. B. Fibraflex) und andere ähnliche rezeptfrei erhältliche Arzneien. Wir alle sind damit vertraut, solche Mittel gegen leichte Schmerzen einzunehmen, und sie leisten gute Dienste. Mäßig starke Schmerzen lassen sich mit codeinhaltigen Arzneien behandeln, aber stärkere und hartnäckigere Schmerzen erfordern die Verwendung der stärksten Schmerzmittel.

Diamorphin (Diacetylmorphin/Heroin) als mögliche Alternative zu Morphium verdient gesondert Erwähnung, da es in der Krebsbehandlung eingesetzt werden kann. Diamorphin ist eindeutig ein wichtiges und höchst wirkungsvolles Schmerzmittel, aber aufgrund seines Missbrauchs und illegalen Verkaufs auf der Straße wird es bislang in vielen Ländern wie Deutschland und den USA als »nicht verkehrsfähiges Betäubungsmittel« behandelt. Es wird jedoch zum Beispiel in britischen Hospizen bei extremen Schmerzen als Analgetikum eingesetzt.* Ein Vorzug von

* Diamorphin ist auch in der Schweiz als Medikament zugelassen, in anderen Ländern wie den Niederlanden und Spanien ist die Zulassung beantragt. Vgl. Kristian Stemmler, »Leiter der Heroinstudie fordert Hamburg-Initiative im Bundesrat«, *Hamburger Abendblatt*, 4. Dezember 2006, unter: www.abendblatt.de/daten/2006/12/04/647802. html. (A. d. Ü.)

Diamorphin ist, dass es besser löslich ist als Morphium und die injizierte Menge daher geringer bleiben kann – das ist eine Überlegung wert, wenn hohe Dosen zur Schmerzlinderung nötig sind.[8] Trotz dieses Vorzugs gibt es jedoch keine Belege für eine überragende Überlegenheit des Diamorphins im Vergleich zu Morphium, und ich habe nicht den Eindruck, dass die Patienten aufgrund seiner mangelnden Verfügbarkeit insgesamt einen nennenswerten Nachteil hätten.[9]

Die richtige Dosis eines beliebigen Analgetikums ist die zur Schmerzstillung erforderliche Menge, und es gibt bei Sterbenden keine Höchstdosis, über die der Arzt oder die Ärztin nicht hinausgehen sollte. Wenn das Leben durch den notwendigen Einsatz von hohen Dosen von Arzneimitteln wie Morphium verkürzt wird, so ist dies rechtlich und ethisch vertretbar, da das Ziel in der Linderung des Leidens besteht. Dies ist in der Medizin als »Doppeleffektprinzip« bekannt.* Die Dosis und die Häufigkeit der Verabreichung sollten so lange gesteigert werden, bis der Patient schmerzfrei ist, und das heißt, falls nötig, zu kontinuierlicher intravenöser Verabreichung überzugehen.

Leider wird bei Sterbenskranken mit starken Schmerzen nicht immer die richtige Schmerzmedikation in der richtigen Dosis gewählt. Einige Ärzte halten an veralteten Vor-

---

* In Deutschland steht diese Auffassung im Einklang mit der höchstrichterlichen Rechtsprechung: »Der BGH hat bereits 1996 im sog. Dolantin-Fall folgenden Leitsatz formuliert: ›Eine ärztlich gebotene schmerzlindernde Medikation entsprechend dem erklärten oder mutmaßlichen Patientenwillen wird bei einem Sterbenden nicht dadurch unzulässig, dass sie als unbeabsichtigte, aber in Kauf genommene unvermeidbare Nebenfolge den Todeseintritt beschleunigen kann.‹« Heinrich Kintzi, »Ärztliche Indikation zum Töten?«, *Deutsche Richterzeitung*, Juli 2002, S. 256–263, unter: www.heymanns.com/servlet/PB/menu/1218331/index.html. (A.d.Ü.)

stellungen über die angemessene Stärke und Dosis fest. Manche befürchten, mit zu hohen Dosen eine gefährliche Atemdepression auszulösen; das Pflegepersonal sorgt sich um Suchtgefahren oder Dosierungshöhe, und Apotheker beraten übervorsichtig. Wenn Sie den Eindruck haben, dass etwas davon auf Ihre eigene Situation zutrifft, sollten Sie zuerst direkt mit Ihrem Arzt sprechen und, falls Ihre Sorgen und Bedürfnisse nicht ernst genommen werden, um Hinzuziehung eines Schmerztherapeuten bitten. Dies ist Ihr gutes Recht als Patient, Familienmitglied oder Vorsorgebevollmächtigter. Wird Ihnen dann noch immer nicht geholfen, können Sie sich an ein Hospiz oder einen Verein wenden, der sich für Patientenrechte starkmacht.

Dem Schmerz voraus sein

Patienten mit chronischen Schmerzen sollten am besten eine Medikation erhalten, die dem Schmerz zuvorkommt. Es ist wichtig, ausreichend und kontinuierlich Schmerzmittel zu verabreichen, damit die Schmerzen gar nicht erst zum Durchbruch kommen. (Schmerzen lassen sich schwerer in den Griff bekommen, wenn sie *nicht beständig* kontrolliert werden.) Starke Schwankungen zwischen hohen und niedrigen Dosen sollten vermieden werden; ein beschwerdefreier, stabiler Zustand ist das gewünschte Ziel, ganz gleich, wie stark die eingesetzten Mittel sind.

Bei starken Schmerzen und der Verwendung starker Opioide wie Morphium sollte dem Patienten und den Familienangehörigen die Möglichkeit gegeben werden, die Dosis und/oder die Häufigkeit der Verabreichung zu erhöhen. Sie sollten nicht auf den Arzt warten müssen, um seine »Genehmigung« einzuholen. Wenn der Arzt sich darauf beschränkt, Höchstmengen anzugeben, behält der Patient das Gefühl, selbst über die gewünschte Stärke bestimmen zu können.

Bitten Sie Ihren Arzt bei der Behandlung mit starken Narkotika um oral verabreichte Formen mit Langzeitwirkung. Wenn sie regelmäßig eingenommen werden, sind sie hervorragend geeignet, Höhen und Tiefen der Schmerzintensität zu vermeiden. Zudem sind heute Pumpen verfügbar, die Schmerzmittel mit einer voreingestellten Rate kontinuierlich unter die Haut spritzen, um Über- und Unterdosierungen zu vermeiden. Ambulante Pflegedienste und Hospizbetreuer können solche Pumpen anbringen und Patienten und ihre Familien in ihre Benutzung einweisen. Für die Bekämpfung wirklich massiver Schmerzen sind diese Pumpen hervorragend geeignet.

Sucht am Ende des Lebens: Kein Problem

Wo hohe und/oder wiederholte Dosen von Morphium und anderen starken Schmerzmitteln verabreicht werden, wird häufig vor der Suchtgefahr gewarnt. Bei Patienten mit starken Schmerzen ist diese Sorge kein triftiger Einwand, besonders nicht, wenn ein Sterbenskranker im Endstadium eine kontinuierliche Medikation bis zum Tod benötigt. Drogenabhängigkeit ist unter diesen Umständen schlicht kein Problem. Der sterbende Patient sollte weiterhin bis zum Ende seine Schmerzmedikation erhalten, und zwar in der nötigen Dosierungshöhe und Verabreichungsdauer. Unter Umständen sind sogar steigende Dosen erforderlich, um die gewünschte Linderung zu erzielen, da sich mit der Zeit erwartungsgemäß eine Toleranz gegenüber dem Mittel einstellt. Allzu häufig wird diese Situation mit den Problemen Drogensüchtiger verwechselt, die Straßendrogen nehmen, um high zu werden, nicht, um schwere Schmerzen zu lindern. Das ist Betäubungsmittelmissbrauch, doch der sterbende Mensch muss darauf keinen Gedanken verschwenden. Unglücklicherweise hat dieser Trugschluss dazu geführt, dass in den USA einige sehr gute Schmerzmittel für sterbende Patienten nicht mehr verfügbar sind.*

Nebenwirkungen von Schmerzmitteln

Die meisten Schmerzmittel haben Nebenwirkungen, und es ist wichtig, dass Patient und Familie darüber Bescheid wissen und mit ihnen umzugehen lernen. Schwache Schmerzmittel (rezeptfreie Arzneien wie Aspirin, Paracetamol und Ibuprofen) haben nur geringe Nebenwirkungen, allerdings können einige Magenentzündungen mit Symptomen wie Sodbrennen, Übelkeit und Bauchschmerzen einhergehen. Die fortgesetzte Einnahme dieser verbreiteten Schmerzmittel kann eine so starke Magenreizung verursachen, dass Blutungen die Folge sind – eine schwere Komplikation. Dagegen kann man in der Regel vorbeugen, wenn man diese Mittel einfach zusammen mit den Mahlzeiten einnimmt.

Codeinhaltige Schmerzmittel (Codein, Oxicodon/Paracetamol, Percodan und Ähnliches) können schon größere Probleme wie Übelkeit und Verstopfung verursachen. Die Übelkeit lässt sich ebenfalls meist vermeiden, wenn die Mittel mit dem Essen oder in geringerer Dosierung eingenommen werden, und eine Verstopfung lässt sich gewöhnlich mit einfachen Maßnahmen wie zum Beispiel Magnesiumhydroxid, Pflaumen oder balaststoffreichem Müsli beheben. Gelegentlich führen diese Schmerzmittel mittlerer Stärke zu Somnolenz oder einem unangenehmen Rauschgefühl.

* Zum Beispiel Oxycontin, das in Deutschland unter der Bezeichnung Oxicodon weiterhin verfügbar ist. (A.d.Ü.)

SCHMERZTHERAPIE

Morphiumpräparate (wie Dolantin, Dilaudid etc.) können sämtliche der eben erwähnten Nebenwirkungen verursachen und darüber hinaus zu Halluzinationen und psychischen Störungen führen. In hohen Dosen verursachen diese Drogen Somnolenz, und die Atmung kann so stark verlangsamt werden, dass der Tod vorzeitig eintritt. Es kommt also darauf an, dass der Arzt oder die Ärztin in der Lage ist, diese verschiedenen Nebenwirkungen durch Änderung der Dosis oder Variation von Art und Häufigkeit der Verabreichung zu lindern, weitere Medikamente zur Bekämpfung der Nebenwirkungen einzusetzen oder ein ganz anderes Schmerzmittel zu wählen, das dieselbe Wirkung ohne die unerwünschten Nebenwirkungen erzielt. Schmerztherapeuten und Hospizbetreuer sind in diesen Behandlungsmöglichkeiten besonders versiert.

Der Arzt oder der Apotheker sollte den Patienten über das jeweilige Medikament informieren. Doch nach meiner Erfahrung ist es immer ein großer Vorteil, wenn sich der Patient und die Familie auch selbst die Zeit nehmen, sich über die verwendeten Medikamente umfassend Klarheit zu veschaffen. Allzu oft kennen die Patienten nicht einmal den Namen des Mittels, das sie nehmen, geschweige denn seinen Zweck und seine Nebenwirkungen.

5

ÄRZTE UND PFLEGER

Die meisten Patienten und Familien möchten, dass der Arzt bei der Sterbebegleitung eine zentrale Rolle spielt. Dieses Kapitel soll Sie damit vertraut machen, was Sie von Ihrem Arzt in dieser Hinsicht erwarten können, und einige spezifische Fragen nahelegen, die Sie ihm stellen sollten.

Bevormundung und Lebenserhaltung um jeden Preis

Seien Sie sich bewusst, dass Sie eventuell Ärzten begegnen, die ein überkommenes Verständnis ihres Berufes haben, das modernen Ansätzen der Sterbebegleitung in die Quere kommen kann. Sie sollten daher im Hinblick auf Ihre Erwartungen an den Arzt das Folgende im Gedächtnis behalten.

Achten Sie zuallererst darauf, ob der Arzt zur Bevormundung seiner Patienten neigt, wie es früher häufig der Fall war. Damals war das Wort des Arztes Gesetz: Er ordnete an, was der Patient und die Familie zu tun und zu unterlassen hatten. Solche ärztlichen Anordnungen wurden häufig ohne Widerrede hingenommen, und so traten die Patienten ihre Rechte an die Ärzte und das Gesundheitssystem ab. In den letzten Jahrzehnten ist an die Stelle dieser bevormundenden Haltung eine gemeinschaftliche Entscheidungsfindung getreten. Die Vorstellungen und Wünsche der Patienten und ihrer Familien haben daher einen hohen Stellenwert. Das ist ein enormer Fortschritt, doch leider gibt es immer noch Fälle, bei denen der Patient und die Familie nicht angemessen an der Therapieplanung beteiligt werden – ein Relikt aus der Vergangenheit.

Zweitens hat der hippokratische Eid die Ärzte über Generationen hinweg dazu verleitet, einen der wichtigsten Aspekte der Patientenversorgung – die Schmerzbehandlung – zu vernachlässigen. Der Eid wurde als Ermahnung verstanden, nicht noch zusätzlichen Schaden durch die Verabreichung einer zu starken Schmerzmedikation anzurichten. Die Folge war, dass Patienten oft viel zu geringe Dosen an Schmerzmitteln bekamen. In einem schwierigen Lernprozess hat sich die Interpretation des hippokratischen Eides jedoch langsam gewandelt. Ärzte haben erkannt, dass die Dosis manchmal sehr hoch sein muss, um unerträgliche Schmerzen in den Griff zu bekommen – Dosierungen, die die Atmung so stark schwächen können, dass der Tod Stunden und sogar Tage früher eintritt.

> Vor Jahren hatte ich eine Patientin namens Flora, deren metastasierender Brustkrebs auf die Knochen übergegriffen hatte. Es waren die frühen Tage der Chemotherapie, als wir keine sonderlich guten Behandlungen hatten, um mit wiederkehrenden Ausbrüchen der Krankheit fertig zu werden. Operationen, Bestrahlung und chemotherapeutische Versuche waren gescheitert, und keine andere Therapie bot die Aussicht, den Krankheitsverlauf nennenswert zu beeinflussen. So blieb als einzige vernünftige Wahl die lindernde Sterbebegleitung.
>
> Die Morphiumdosis, die notwendig war, um die (mittlerweile extremen) Schmerzen in den Griff zu bekommen, hätte ständig gesteigert werden müssen, und ich wäre dazu auch bereit gewesen, aber meine Kolle-

gen, die Flora zusammen mit mir betreuten, hielten das
für zu gefährlich: »Wir könnten die Atmung der Patientin so schwächen, dass wir ihr Leben verkürzen, oder sie
könnte süchtig werden.« Ich gab nach und hielt mich
an »sichere« Morphiummengen. Ich war damals noch
nicht erfahren genug, um den Rat älterer Kollegen in
den Wind zu schlagen, aber ich erinnere mich, wie
sehr es mich belastete, dass wir Floras Schmerzen nicht
besser kontrollierten. Wir gaben ihr eindeutig zu wenig,
und es ist mir bis heute in Erinnerung geblieben, wie
quälend Floras Sterben für sie war. Die strenge Interpretation des hippokratischen Eides hatte obsiegt –
auf Kosten der Patientin. Glücklicherweise geschieht
dergleichen heute weit seltener; wir haben viel über
Schmerzmanagement dazugelernt. Das Richtmaß ist
heute die für das Wohlergehen des Patienten notwendige Dosis.

Das dritte überkommene Hindernis auf dem Weg zu
einer lindernden Sterbebegleitung ist, dass Medizinstuden-
ten und Ärzten im Praktikum noch bis vor wenigen Jahrzehnten beigebracht wurde, grundsätzlich eine Heilung
des Patienten anzustreben. Eine auf Linderung zielende
Sterbebegleitung galt nicht als zulässige ärztliche Vorgehensweise. Glücklicherweise hat sich auch dies geändert,
und den Studenten und Assistenzärzten wird heute die
Sterbebegleitung als klar definierte ärztliche Strategie beim
Umgang mit todkranken Patienten im Endstadium vermit-
telt.

Was können Sie, wenn Sie dies im Hinterkopf behalten,
vernünftigerweise von Ihrer Ärztin oder Ihrem Arzt erwarten?

Fragen an den Arzt

Wenn bei Ihnen eine ernste, lebensbedrohliche Krankheit diagnostiziert wurde, sollten Sie Ihrem Arzt gleich zu Beginn einige wichtige Fragen stellen. Diese können Ihnen dabei helfen, Ihre Gedanken zu ordnen und mit dem, was auf Sie zukommt, umzugehen, und sie können dazu dienen herauszufinden, wie offen Ihr Arzt mit den Themen Schmerztherapie und Sterbebegleitung umgeht.

»Welche Krankheit habe ich, wie lautet meine Prognose, wie ist meine Lebenserwartung?«

Ihr Arzt sollte von sich aus das Thema Sterben ansprechen und Sie darüber aufklären, was es für Sie bedeutet, damit Sie voll informiert sind und alle nötige Unterstützung erhalten. Tut er dies nicht, sollten Sie selbst darauf zu sprechen kommen. Gute Kommunikation liegt in der Verantwortung beider Seiten, und ist das Thema erst einmal angeschnitten, steht einem offenen Gespräch meist nichts mehr im Wege.

Sie sollten von Ihrem Arzt erwarten, dass er Sie mit den Fakten vertraut macht. Es gibt nur wenige Menschen, die es vorziehen, keine Einzelheiten über ihre Krankheit zu kennen, die meisten von uns wollen Bescheid wissen. Es ist viel leichter, mit der eigenen Lage zurechtzukommen, wenn man die Fakten kennt. Aus ärztlicher Sicht habe ich die Erfahrung gemacht, dass der Umgang mit informierten Patienten viel leichter ist und sie den Rat des Arztes besser annehmen. So schwer es am Anfang sein mag, wird es sich langfristig als hilfreich erweisen, die Fakten zu klären.

Lassen Sie sich alle Optionen der Behandlung und Symptomlinderung zusammen mit den Nebenwirkungen,

Risiken, etwaigen Kosten und Erfolgsaussichten erläutern und eine klare Prognose stellen. Dies sollte in einem sehr offenen Gespräch geklärt werden, in dem der Patient alle Einzelheiten *versteht*. Sie müssen Ihre Optionen wirklich begreifen, und der Arzt sollte sich davon überzeugen, dass er sich Ihnen gegenüber verständlich gemacht hat. Zwei Beispiele von Frauen, die auf den Tod ihres Ehemannes innerlich nicht vorbereitet waren, sollen verdeutlichen, wie quälend ein fehlendes Verständnis der Situation sein kann.

Das erste Beispiel ereignete sich in der Notaufnahme eines Stadtkrankenhauses. Ich war der Internist, der an jenem Wochenende Bereitschaft hatte, als ein älterer Mann mit seiner verzweifelten Frau hereinkam. Er stammte aus einer anderen Stadt der näheren Umgebung, und ich hatte ihn nie zuvor gesehen. Der Mann erbrach Blut, und auch ohne Konsultation seiner Ärzte war die Diagnose klar: Er hatte Speiseröhrenkrebs im Endstadium. Wir hatten keine Möglichkeit, seine akute starke Blutung zu stoppen. Es würde ein schneller und leichter Tod sein: Er stand bereits unter Schock und reagierte kaum noch, aber er litt nicht. Seine Frau war jedoch entsetzt und am Boden zerstört, als ich ihr mitteilte, dass ihr Mann in kürzester Zeit sterben würde. Es traf sie völlig unvorbereitet, und es war klar, dass auch er seine Lage nicht begriffen und seiner Frau nicht Lebewohl gesagt hatte. Ich gab ihm eine Bluttransfusion, um den beiden mehr Zeit zu verschaffen, sich auf die Situation einzustellen und mit ihr zurechtzukommen. Es war für beide unsäglich quälend.

Das zweite Beispiel fehlender Vorbereitung auf den nahen Tod erlebte ich bei einem Ehepaar. Es handelte sich um Patienten eines Kollegen von mir, der mich um Hilfe gebeten hatte, und ich kannte die Frau, deren Mann Krebs im Endstadium hatte, flüchtig. An einem Freitagnachmittag besprach ich mich mit dem Kollegen, da dieser vermutete, dass der Patient das Wochenende nicht überleben würde. Ich stattete ihm an jenem Abend einen Hausbesuch ab, um mich mit seiner Lage gründlich vertraut zu machen und sein Sterben besser begleiten zu können. Nachdem ich ihn untersucht hatte, bat ich die Ehefrau, mir zu erzählen, was ihr mein Kollege über den Zustand ihres Mannes gesagt hatte, doch es stellte sich heraus, dass ihr überhaupt nicht klar war, dass sein Tod unmittelbar bevorstand. Sie war entsetzt, als ich ihr sagte, dass er womöglich noch am selben Wochenende sterben würde. Ich musste an jenem Abend zwei Stunden bei ihr verbringen, um ihr den Ernst der Lage begreiflich zu machen. Ich bin überzeugt, dass ihr Arzt es ihr gesagt hatte, dass sie ihm aber, wie so viele andere Menschen in ähnlichen Situationen, nicht wirklich zugehört hatte. Es war ein Beispiel für eine gescheiterte Kommunikation.

»Würden Sie mir bitte den Rat der anderen Spezialisten erklären?«

Diese Frage müssen Sie Ihrem Arzt stellen, um umfassend über die Fakten informiert zu sein. Falls Sie mehr als einen Arzt haben, müssen Sie verstehen, was jeder einzelne von ihnen denkt und vorschlägt. Bitten Sie Ihren Hausarzt, den Rat der Fachkollegen in eine Sprache zu übersetzen, die Sie verstehen. Ihr Arzt muss das Verbindungsglied zwischen Ihnen und den verschiedenen Spezialisten sein, die an Ihrer Versorgung beteiligt sind. Alle Vorschläge für Ihre Behandlung sollte Ihnen Ihr Hausarzt mitteilen, damit Sie einen einzigen Ansprechpartner haben, an den Sie und Ihre Familie sich wenden können. Dies gilt für die Sterbebegleitung ebenso wie für die vorausgehenden Phasen aggressiver

Behandlungsversuche, wo es darum ging, Ihre Gesundheit wiederherzustellen.

Die Patienten sind häufig von der Komplexität des Gesundheitssystems verwirrt und brauchen jemanden, der sie bei der Hand nimmt. Ein Arzt, der seine Patienten in dieser Weise »führt«, fällt nicht in den alten Paternalismus zurück. In einem Buch über seine bewegte Assistenzzeit plädiert der Bostoner Publizist und Facharzt für Chirurgie Atul Gawande dafür, dass Ärzte ihre Patienten zuweilen energischer zu einer Behandlung drängen sollten:

> Auch bei Patienten, die sich sicher sind, ihre Entscheidung allein fällen zu wollen, kann es der richtige Beistand sein, sie zu drängen: sie dahin zu bringen, eine gefürchtete Operation oder Behandlung durchzustehen oder eine Therapie abzulehnen, an die sie all ihre Hoffnungen hängen. Viele Ethiker empfinden diese Art des Argumentierens als problematisch, und die Medizin wird immer weiter mit der Frage kämpfen, wie Patienten und Ärzte ihre Entscheidungen zu fällen haben. Doch je komplexer, technisierter und unüberschaubarer das Gebiet wird, umso weniger wird die dringlichste Aufgabe lauten, jede fürsorgliche Vormundschaft zu verbannen. Die vornehmste Aufgabe wird vielmehr darin bestehen, die freundliche Zugewandtheit zu wahren.[10]

»Werden Sie für mich da sein? Werden Sie sich weiterhin um meine Versorgung kümmern, ganz gleich, an welchem Ort sie stattfindet?«

Es ist wichtig, dass Sie von Ihrem Arzt die Versicherung erhalten, dass er für Sie da sein wird. Sie sollten diese Frage daher so früh wie möglich ansprechen. Die Angst, im Stich gelassen zu werden, ist bei Sterbenden sehr verbreitet. Für einen Sterbenden ist die Gegenwart des Arztes psychologisch von großer Bedeutung. Selbst wenn sich an dem, was der Patient braucht, nichts mehr wirklich verändert, wirkt der regelmäßige Besuch des Arztes beruhigend.

Die Angst, verlassen zu werden, kann sehr stark sein, wenn Patienten von ihrem behandelnden Arzt an andere Ärzte überwiesen werden, die dann vielleicht einen Großteil der Versorgung des Patienten übernehmen, weil sie fachlich dafür qualifizierter sind (wie zum Beispiel ein Onkologe), oder wenn Patienten in die ambulante Pflege, in ein Pflegeheim, ein Hospiz oder eine andere Einrichtung kommen. Egal wie gut Hospizbetreuer und andere Spezialisten sind, zunächst erscheinen sie als Fremde, und das kann beim Patienten den Eindruck erwecken, dass man ihn im Stich gelassen hat. Patient und Arzt sollten darüber sehr frühzeitig bei der Behandlung der Krankheit sprechen und die Rolle des Arztes im weiteren Verlauf klarstellen.[11]

Der Arzt sollte sich nicht zurückziehen, wenn der Tod naht. Leider geschieht dies manchmal, weil der Arzt die Verantwortung an Pfleger, Hospize oder andere Betreuer übergibt, wenn es nicht mehr darum geht, die Krankheit zu besiegen. Doch seine Gegenwart ist weiterhin von unschätzbarem Wert, um dem Patienten den größtmöglichen Frieden zu geben. Dass der Arzt dem Patienten weiter verständnisvoll Beistand leistet, ist ein wesentlicher Bestandteil einer gelungenen Sterbebegleitung.

> Ich hatte einen wunderbaren Freund, der nicht weit von mir wohnte und niemals zum Arzt ging. Mit Anfang 70 bekam er aufgrund von Prostatakrebs eine Blasenauslass-Obstruktion. Er hatte immer größere Schwierigkeiten, Wasser zu lassen, und ihm wurde klar, dass er einen Arzt aufsuchen musste. Daher bat er mich, ihn als Patienten anzunehmen. Ich stimmte bereitwillig zu.

ÄRZTE UND PFLEGER

Leider war sein Krebs schon weit fortgeschritten, und es gab nur wenige Behandlungsmöglichkeiten.

John war immer fasziniert davon, wie etwas funktionierte, und als ich ihm eine Hormonbehandlung gegen seinen Prostatakrebs verschrieb, war er zutiefst dankbar. Einige Monate lang schrumpfte der Krebs, und er konnte wieder fast normal urinieren.

Leider blieb uns keine weitere Behandlungsmöglichkeit, als die temporäre Wirkung der Hormontherapie nachließ. Gerade zu dieser Zeit gab ich meine Praxis nach 30 Jahren auf, um als Mediziner in einer anderen Position zu arbeiten. Es war schrecklich für mich, John sterbenskrank zurückzulassen, aber ich sorgte dafür, dass ein Kollege die Betreuung übernahm, jemand, der, wie ich glaubte, gute Arbeit leisten würde, und ich versicherte John, dass ich ihn weiterhin als Freund begleiten würde. Wie sich jedoch herausstellte, machte der neue Arzt keine Hausbesuche und neigte außerdem dazu, seine Verantwortung an die ambulanten Pflegekräfte zu delegieren.

So wendete sich John, wenn er ärztliche Betreuung brauchte, weiterhin an mich. Ich fuhr dann zu ihm, stellte meine Diagnose und rief den neuen Arzt an, um ihm eine Behandlung vorzuschlagen. Dieser schloss sich fast immer meiner Meinung an – aber er kam nie selbst an Johns Bett, um ihm das Gefühl zu geben, dass er, der Arzt, für ihn, den Patienten, da war. Das belastete mich sehr, und so fuhr ich fort, John bis zu seinem Tod daheim zu betreuen. Ich verschrieb ihm nichts, aber ich gab ihm die Gewissheit, dass ein Arzt sich um ihn kümmerte und sich bemühte, es ihm angenehmer zu machen. Dies allein reichte aus, damit er etwas friedlicher sterben konnte.

Ärzte tragen eine große Verantwortung dafür, ihren Patienten das Gefühl zu geben, dass man sich in der besten Weise um sie kümmert. Für die Sterbebegleitung bedeutet dies, die Situation für die Patienten psychologisch so angenehm wie möglich zu gestalten, sich sorgfältig um ihr körperliches Wohlbefinden und die Schmerzlinderung zu kümmern und sie insgesamt mitfühlend, eng und persönlich zu betreuen.

Sie brauchen einen Arzt, der diese Verantwortung wahrnimmt. Mangelt es Ihnen an einem solchen, sollten Sie etwas unternehmen. Entweder sollten Sie Ihrem Arzt Ihre Bedürfnisse in einem direkten Gespräch nahebringen oder um die Überweisung an einen anderen Mediziner bitten. Sie können auch einen Arzt aus Ihrem Bekanntenkreis fragen, mit anderen Spezialisten reden, denen Sie während Ihrer Krankheit vielleicht begegnet sind, oder mit Betreuern eines Hospizes; Sie können sich bei örtlichen Beratungsdiensten informieren oder sich an einen medizinischen Sozialarbeiter wenden.

»Werden Sie meine Patientenverfügung respektieren und andere dazu auffordern, dasselbe zu tun?«

Im Fall meiner Mutter war es mein großer Fehler gewesen, beim behandelnden Arzt nicht ausdrücklich nachgefragt zu haben, ob er ihre Patientenverfügung respektierte, was dazu führte, dass er ihr einen Herzschrittmacher einsetzte. Versäumen Sie nicht, klipp und klar danach zu fragen, ob Ihr Arzt mit Ihren Wünschen einverstanden ist.

Der Arzt muss jede vernünftige Anstrengung unternehmen, um die Patientenverfügung zu erfüllen (oder die Wünsche eines ordnungsgemäß bestellten Vorsorgebevollmächtigten, falls der Patient nicht mehr an der Entscheidung über seine Behandlung mitwirken kann). Wenn er sich dazu außerstande sieht, weil es gegen seine persönlichen Überzeugungen verstößt, hat er die Pflicht, der Patientin oder dem Patienten bei der Suche nach einem Arzt zu helfen, der seine Bedenken nicht teilt.

»Werden Sie mit mir und meiner Familie offen über meine Probleme sprechen?«

Manchmal möchten Patienten, dass niemand von ihrer Krankheit erfährt, nicht einmal die Familie, doch die meisten wollen, dass ihre Familienmitglieder Bescheid wissen. Es ist ratsam, Ihren Arzt darum zu bitten und ihm zu erlauben, vertrauliche Informationen an die von Ihnen ausgewählten Personen weiterzugeben. Wenn es nur eine Person gibt, die für Sie sprechen soll, lassen Sie es den Arzt wissen. So wird Ihre Privatsphäre geschützt und der Arzt davor bewahrt, von immer wieder anderen Familienmitgliedern mit Anfragen bestürmt zu werden.

Wenn der Patient noch ansprechbar ist und Unterhaltungen verfolgen kann, sollten Gespräche zwischen dem Arzt und der Familie im Allgemeinen in seiner Gegenwart stattfinden, damit er sich nicht ausgeschlossen fühlt. Das ist nicht in jedem Fall ratsam, aber meistens.

»Was sollte Ihrer Meinung nach unternommen werden?«

Ärzte sollten dem Patienten sagen, was ihrer Meinung nach die beste Behandlung oder Versorgung ist. Allzu oft präsentiert der Arzt alle Optionen, enthält sich aber einer klaren Aussage, was denn unter den gegebenen Umständen seiner Ansicht nach das Beste wäre. Es ist gegenüber den Patienten nicht fair, all die verschiedenen Möglichkeiten darzulegen und dann zu sagen: »Jetzt entscheiden Sie.« Die

Patienten treffen zwar die letzte Entscheidung, aber dazu müssen sie wissen, was der Arzt für die beste Behandlung hält. Manchmal erscheint eine Möglichkeit so gut wie die andere, und auch das sollte der Arzt deutlich machen.

*»Werden Sie vermitteln, wenn Familienmitglieder
oder Betreuer über meine Versorgung streiten?«*

Dem Arzt kommt eine besonders wichtige (und schwere) Rolle zu, wenn es in der Familie oder unter anderen Betreuern Meinungsverschiedenheiten über die beste Versorgung eines Sterbenden gibt. Wofür sie sich im Einzelnen entscheiden, kann von religiösen, finanziellen, sozialen, medizinischen und psychologischen Faktoren und von Wahrscheinlichkeitsannahmen beeinflusst sein – und jeder dieser Faktoren kann in eine Sackgasse führen. Manchmal gelingt es dem Arzt nicht, in solchen Situationen zu vermitteln, und der Streitfall endet vor Gericht. Nach meiner Erfahrung kann der Arzt jedoch fast immer eine Einigung zwischen den Parteien herbeiführen, wenn genug Zeit für sorgfältige und eingehende Gespräche aufgewendet wird, und es liegt in der Verantwortung des Arztes, eine solche Lösung anzustreben. Kommt es zu einem Konflikt zwischen dem Patienten und seiner Familie, kann der Arzt die Position des Patienten erläutern und unterstützen. Der Patient sollte, falls nötig, um diese Hilfe bitten.

»Welche Rechte habe ich?«

Der Arzt hat die Verpflichtung, mit Ihnen über alle Patientenrechte zu sprechen, die ich in Kapitel 2 aufgelistet habe. Allzu oft kennen Patienten ihre Rechte nicht, weil sie ungenügend aufgeklärt wurden oder zögern, danach zu fragen.

Patienten sollten den Arzt offen zu ihren Optionen und Rechten befragen.

»Werden Sie mir im Falle schwerster Schmerzen einen Rat geben, wie sich mein Sterben beschleunigen lässt?«

Fragen Sie Ihren Arzt ganz gezielt danach, was er bereit ist zu tun, falls Sie Ihr Sterben aufgrund unerträglicher Leiden beschleunigen wollen. Ihr Arzt sollte in der Lage sein, solche Fragen mit Ihnen zu besprechen. Falls Sie mit der Antwort nicht zufrieden sind, haben Sie immer die Möglichkeit, sich an einen anderen Arzt zu wenden, der Ihren Wünschen gegenüber aufgeschlossener ist. Viele Patienten zögern aus Angst vor Zurückweisung oder Missbilligung, solche Fragen anzuschneiden, doch häufig werden sie mit verständnisvollen Antworten belohnt. Sie werden es nie erfahren, wenn Sie nicht danach fragen.

Die große Bedeutung der Pflegekräfte

Krankenpfleger sind kompetente Helfer bei der Versorgung Sterbender und ihrer Familien. In den letzten Jahrzehnten wurden sie immer besser darin ausgebildet, ärztlich verordnete Behandlungen durchzuführen und zu überwachen und dem Arzt bei seinen Aufgaben zur Seite zu stehen. Pflegekräfte haben noch häufigeren und längeren Kontakt zum Patienten als der Arzt, weshalb Patienten ihre Ängste und Fragen oft zuerst ihnen anvertrauen. Sie sind somit in der Lage, die Begleitung des Sterbenden maßgeblich mitzubestimmen.

Arzt und Pfleger sollten sehr eng zusammenarbeiten, damit ihre jeweiligen Fähigkeiten den Sterbenden wirklich zugutekommen. Ich hatte das große Glück, einige Jahre lang mit der selbständigen Krankenschwester Ruth Porter zusammenzuarbeiten, die sich sehr um die Betreuung der Patienten unserer Praxis verdient gemacht hat. Wir besprachen viele Male am Tag die Bedürfnisse unserer Patienten und ihre optimale Erfüllung, und die Patienten betrachteten uns bald als eine Einheit, an die sie sich wenden konnten. Wir kümmerten uns oft abwechselnd um die Patienten, insbesondere jene, die chronisch oder sterbenskrank waren. Ruth brachte eher als ich die erforderliche Zeit auf, um auf die unzähligen Einzelheiten, die eine wirkungsvolle Sterbebegleitung ausmachen, zu achten, und so war sie für mich bei der Versorgung Sterbenskranker eine wichtige Partnerin. Gemeinsam konnten wir in vielen Fällen dafür sorgen, dass die Patienten bei sich zu Hause betreut wurden.

Nicht nur an der Seite eines Hausarztes, auch bei ambulanten Pflegediensten, in Pflegeheimen, Hospizen, Krankenhäusern und auf Intensivstationen kommt Krankenschwestern und -pflegern diese wichtige Rolle bei der Versorgung der Patienten zu. In all diesen Umgebungen haben sie die besondere Fähigkeit, dem Patienten das am Lebensende so wichtige Gefühl zu geben, in guten, fürsorglichen Händen zu sein.

Von Krankenpflegern und -schwestern können Sie erfahren, welche Art der Sterbebetreuung in diesen verschiedenen Umgebungen für Sie möglich ist, und Sie sollten sie gleichzeitig danach fragen, ob sie bereit sind, eine Beschleunigung des Sterbeprozesses zu unterstützen, falls Sie diesen Wunsch haben sollten.

Im gesamten Spektrum der Gesundheitsfürsorge und erst recht bei der Sterbebegleitung leisten integrierte Teams aus Ärzten und Pflegern die beste Arbeit. Ob auf allgemeine Krankenpflege oder auf Hospizpflege spezialisiert, können Pflegerinnen und Pfleger Ihnen und Ihrer Familie eine große Erleichterung bei der Sterbebegleitung sein, und sie sollten auch in der Lage sein, die Fragen dieses Kapitels mit Ihnen zu klären.

6

FAMILIE UND FREUNDE

Oft habe ich von Patienten, die dringend Hilfe benötigten, den Satz gehört: »Darum könnte ich meinen Nachbarn/ meinen Freund/meine Familie niemals bitten!« Andere Menschen um Hilfe zu bitten ist in unserer Gesellschaft nicht mehr selbstverständlich. Doch Freunde und Familienangehörige sind oft froh, wenn man sie in schwierigen Situationen um Beistand bittet, da sie dadurch das Gefühl erhalten, nützlich zu sein. Andernfalls fühlen sie sich womöglich ausgeschlossen und haben größere Schwierigkeiten, mit den Folgen des Verlusts fertig zu werden. Wenn das Ende naht, ist der Zeitpunkt gekommen, Freunden und Familienangehörigen zu sagen, wie sie Ihnen helfen können. Sie sollten nicht das Gefühl haben, ihnen nur »zur Last zu fallen«. Tatsächlich spenden Sie dadurch Ihren Lieben und sich selbst Trost, und nicht nur Sie selbst werden sich weniger isoliert und hilflos fühlen, sondern auch Ihre Freunde und Familienmitglieder.

Der Wert der Hilfe am Lebensende

Das Lebensende eines geliebten Menschen ist für Familie und Freunde oft sehr bewegend. Manchmal wünschen sich Patienten, die letzten Wochen zu überspringen und das Sterben zu beschleunigen, doch meist werden die letzten Tage und Stunden als eine ungeheuer wichtige und intensive Erfahrung erlebt. Mein Freund Charles Baron, Jura-professor am Boston College und Experte für rechtliche Fragen der Sterbebegleitung, erzählte mir vom Lebensende seiner Frau diese Geschichte:

> Ihr Name war Irma. Wir kannten uns seit der fünften Klasse. Mit 15 hatten wir unser erstes Rendezvous. Sie wuchs in den 50er Jahren auf und machte ihren College-Abschluss, aber sie gehörte noch zu jener Übergangs-generation von Frauen, die kaum weiter gehende Kar-rierepläne entwickelte. Als unsere Kinder älter wurden, begann sie erst Teilzeit und dann Vollzeit zu arbeiten, aber sie sah sich immer in erster Linie als Ehefrau und Mutter. Irma war kompetent und klug, und sie inves-tierte ihre Fähigkeiten in die Sorge um uns – und darin war sie fantastisch.
>
> Irma war seit acht Jahren krank. Nach der Brustkrebs-diagnose hatte sie eine Brustamputation und bekam eine prophylaktische Chemotherapie. Vier Jahre später kehrte der Krebs zurück, und sie entwickelte Metastasen in an-deren Körperteilen. Wir wussten, dass sie bald sterben würde, falls es nicht eine wundersame Wendung gäbe, aber Irma kämpfte sich unermüdlich und tapfer durch jede weitere Etappe – und wir versuchten alles.
>
> Wir machten unsere letzte Familienreise nach West-massachusetts. Dann wurde sie bettlägerig. Sie hatte die ganze Zeit dagegen angekämpft, aber nun war sie ein kranker Mensch, auch in ihren eigenen Augen. Irma hatte das Gefühl, dass sie von einer fürsorglichen, ge-sunden Mutter, die gegen den Krebs ankämpfte, zu einem kranken Menschen geworden war, der im Sterben lag und von den anderen abhängig war. Meine Kinder und ich mussten uns wirklich ins Zeug legen, um sie davon zu überzeugen, dass sie überhaupt keine Bürde für uns war. Sie war das Gegenteil davon. Auf eine furcht-

bare Weise war es ein Geschenk, und wir fühlten uns geehrt, diese kleine Gelegenheit zu bekommen, ihr zurückzugeben, was sie für uns getan hatte. Die verbleibenden Monate waren eine intime Zeit, die Rückkehr einer Vertrautheit und eines innigen Umgangs, die wir lange Zeit nicht gehabt hatten. Wir fünf rückten eng zusammen und waren glücklich, sie zu Hause zu pflegen.

Neben den Hospizbetreuern kümmerten sich auch Freunde und Nachbarn um sie. Eine Reihe von Menschen übernahm die Pflege, wenn ich im Büro war. Ich denke da besonders an eine Nachbarin um die Ecke. Wir hatten keinen so engen Kontakt gehabt, und das erste Mal zu uns nach Hause kam sie erst, als sie ihre Hilfe anbot. Ich erinnere mich, wie sie im Wohnzimmer saß und Angst hatte, nach oben zu gehen, wo Irma lag. Wir unterhielten uns, und dann ging sie zu meiner Frau – und kam wunderbar mit ihr klar. Wann immer wir uns seither sehen, begegnen wir uns wie alte Leidensgefährten. Wir fühlen uns sehr nahe.

Es kam der Zeitpunkt, an dem Irma sich hätte weigern können, eine weitere Behandlung über sich ergehen zu lassen, um sich stattdessen für einen früheren Tod zu entscheiden, aber sie tat es nicht. Ihr Blutbild verschlechterte sich sehr, ein Lungenflügel kollabierte, und sie kam für ein, zwei Tage ins Krankenhaus. Zu Hause bekam sie dann Sauerstoff. Nur dadurch wurden diese letzten Lebenswochen möglich, und wir waren alle froh darüber. Daher bin ich sehr vorsichtig, wenn ich mit anderen über Sterbehilfe spreche, denn wir hätten all das, wovon ich gerade erzählt habe, vermisst.

Irma lernte, unsere Betreuung anzunehmen, und ermöglichte uns damit eine Zeit großer Vertrautheit. Sie wollte zwar nicht, dass die Kinder sie so im Gedächtnis behielten, aber wir sagten ihr, dass wir uns an ihre Schönheit erinnern würden. Uns das tun wir.

Diese bewegende Geschichte illustriert für mich, wie wichtig es für einen sterbenden Menschen ist, der Familie und den Freunden zu erlauben, in sinnvoller Weise an der Sterbebegleitung mitzuwirken. Im Gegensatz dazu steht die Geschichte einer Bekannten, die an einem fortgeschrittenen Krebsleiden starb.

> Sie war eine gute Bekannte von uns, auch wenn wir keinen sehr vertrauten Umgang mit ihr hatten. Sie war Mitte 50, eine sehr aktive, quirlige Person. Dann bekam sie Krebs, der sehr schnell unheilbar wurde, als er sich in verschiedene Körperteile ausbreitete. Als ihr Tod immer näher rückte – es war ihr anzusehen –, fragten wir, wie sie sich fühle und wie es um sie stünde. Ihre Antwort war »Gut!«, dann wechselte sie das Thema. Sie wollte uns keine Einzelheiten ihrer Krankheit preisgeben und starb, ohne unsere Anteilnahme an ihrem Leid zulassen zu können. Aber so wünschte sie es sich.

Eine andere Freundin erlaubte uns unter ähnlichen Umständen, an ihrem Schicksal teilzunehmen. Dabei war es ihr wichtig, dass sie bestimmte, wie weit sie uns an sich heranließ.

> Diese Freundin war chronisch krank, was sie mit eiserner Selbstbeherrschung erfolgreich überging. Als ich mich zu Beginn ihrer Krankheit darüber beklagte, dass sie nie offen über ihr Leiden sprach, war sie einverstanden, über Einzelheiten zu reden, aber nur sehr gelegentlich – sie tat es schließlich genau ein Mal alle sechs Monate. Dann sprach sie offen darüber, wie sie sich fühlte, und es war hilfreich für sie und für uns. Auf diese und andere Weise erlaubte sie uns, ihr als Freunde zu helfen. Es war ein ausgehandelter, aber ein guter Kompromiss.

Wie diese Geschichten zeigen, unterscheiden sich die Menschen darin, wie sie sterben möchten, so wie sie sich in ihrer Lebensführung unterscheiden. Familie und Freunde mögen sich zwar wünschen, helfen zu dürfen, und sie werden sich später besser fühlen, wenn sie sich an der Sterbebegleitung beteiligt haben, aber dies muss nach den Bedingungen des Sterbenden geschehen. Es ist der Patient, der stirbt, und er ist es, der den meisten Trost braucht, daher sollte er auch entscheiden, wen er sehen möchte, wann und für wie lange. Manche wünschen sich Besuche von möglichst vielen Familienangehörigen. Andere möchten über alles rückhaltlos sprechen: Vergangenheit, Gegenwart und Zukunft, persönliche Gefühle, schwierige Beziehungen oder einfach praktische Dinge, wie zum Beispiel, was mit einem Bankkonto geschehen soll. Wieder andere wollen weit weniger von der Krankheit, ihren Gefühlen und persönlichen Angelegenheiten preisgeben.

Ich bin überzeugt, dass ein Freund oder Familienmitglied mit Einfühlungsvermögen spürt, wie viel Gesellschaft der Sterbende wünscht, worüber er sprechen und was er vermeiden möchte. Und danach sollten sich die Helfer richten.

Die besondere Rolle
des Vorsorgebevollmächtigten

Die Person, die zum Vorsorgebevollmächtigten bestimmt ist und Sie bei Entscheidungen über Ihre Behandlung vertritt, falls Sie dazu selbst nicht mehr in der Lage sind, kann jeder sein: ein Fachmann oder eine Fachfrau (die Rechtsanwältin der Familie), ein enger Freund oder ein Familienmitglied. Es ist allerdings ein echter Vorteil, wenn die oder

der Bevollmächtigte ein Familienmitglied, ein Freund oder eine Freundin ist, da diese Person Sie in der Regel gut kennt und besser weiß, was Sie sich gewünscht hätten, wenn Sie es noch äußern könnten. Wenn möglich, sollten Sie einen solchen Menschen als Bevollmächtigten auswählen, da Sie dann ein tiefes Vertrauen haben können, dass er die richtigen Entscheidungen für Sie trifft. Im Anhang 4 finden Sie ein Muster für eine Vorsorgevollmacht.

Emotionale, soziale und spirituelle Bedürfnisse

Über dieses Thema ließe sich ein ganzes Buch schreiben, aber ich will mich hier darauf beschränken, darauf hinzuweisen, wie wichtig nicht nur die physische, sondern auch die emotionale und psychologische Begleitung eines sterbenden Menschen ist. Familienmitglieder und Freunde sollten ermutigt werden, mit ihm über das Sterben zu sprechen, und darüber, was es für alle, die es betrifft, bedeutet – wobei allerdings, wie oben gesagt, die Wünsche und Empfindlichkeiten des Patienten zu respektieren sind. Oft wechseln sich Erinnerungen an schöne Zeiten mit Gesprächen über das Sterben selbst und seine Begleiterscheinungen ab. Kurz vor dem Tod entsteht oft das Bedürfnis, Dinge anzusprechen, über die zu reden der Sterbende und seine Familie bis dahin vermieden haben. Ein tiefes Gespräch kann allen Beteiligten helfen, ein Gefühl der Vollendung zu erlangen und den Tod friedlicher und versöhnter hinzunehmen. Solche Gespräche sind ein entscheidender Teil der Sterbegleitung.

Meinungsverschiedenheiten

Die Entscheidung über die Wende von der Heilbehandlung hin zur lindernden Sterbebegleitung liegt beim Patienten, solange er dazu noch in der Lage ist. Freunde und Familienmitglieder unterstützen in der Regel den Wunsch des Patienten, doch ist dies nicht immer so. Es kann beträchtliche Meinungsverschiedenheiten geben. In diesem Fall muss der Arzt oder ein anderer Berater zwischen den Parteien vermitteln. Letztlich sind es jedoch immer die Wünsche des Todkranken, die an oberster Stelle stehen, sofern er noch bei klarem Verstand ist. Dieses verbürgte Recht, Entscheidungen über die eigene Versorgung selbst oder über einen Bevollmächtigten zu treffen, muss über allen Zweifeln und Meinungsverschiedenheiten von Familienmitgliedern und Freunden stehen.

Aus meiner Erfahrung als Arzt weiß ich, dass solche Meinungsverschiedenheiten nicht in einer Konfrontation enden müssen. Es ist viel besser, einen Kompromiss zu suchen, und das gelingt gewöhnlich durch vom Arzt geführte, offene und respektvolle Gespräche. Ich habe an einem Sterbebett nie eine Meinungsverschiedenheit erlebt, die nicht durch ein Gespräch zwischen Patient, Familie und Freunden bereinigt werden konnte.

7

DER ZWEITE WENDEPUNKT: DAS STERBEN BESCHLEUNIGEN

Wenn Sie am Ende des Lebens unerträgliche Schmerzen erdulden müssen, obwohl alle lindernden Maßnahmen ergriffen wurden, kann es sein, dass Sie gemeinsam mit Ihrer Familie zu der Überzeugung gelangen, dass der Tod dem Leben vorzuziehen ist. Wenn dies der Fall ist, haben Sie den zweiten Wendepunkt erreicht: den Wunsch, das Sterben zu beschleunigen. Es kann schwerfallen, diese Entscheidung zu treffen, aber es gibt Wege, sich ihr systematisch zu nähern.

Zungenkrebs – ein qualvoller Tod

Vor etlichen Jahren bekam David Krebs in der hinteren Zunge. Er war ein Mann Anfang 60 und seit langem mein Patient. Das Krebsgeschwür war zwar behandelt worden, doch nun war es zurückgekehrt, und Davids Lage war ernst. Er war ein umgänglicher Mann, der immer Freude am Leben hatte, doch als er nun mit seiner Frau Abigail in meiner Praxis saß, waren wir alle niedergeschlagen.

Die neue Wucherung hinderte ihn am Schlucken, und bald würde sie auch seine Luftwege verschließen. Eine erneute Operation wurde in Erwägung gezogen, jedoch verworfen. Er hatte die maximale Bestrahlungsdosis erhalten, die dieser Bereich tolerierte, und eine

Chemotherapie war damals für ein solches Zungenkarzinom noch nicht geeignet. Da es keine Behandlungsmöglichkeit gab, die David heilen oder die Krankheit verlangsamen konnte, war Linderung alles, was wir anbieten konnten, und sein Sterben würde nicht ohne Qualen verlaufen. Er würde seine Fähigkeit zu schlucken verlieren, an seinem Speichel würgen und immer weniger Luft bekommen. Hauptsächlich fürchtete ich, dass seine Atmung durch das wachsende Geschwür schwer beeinträchtigt werden würde, da es langsam den Zugang zu seiner Luftröhre verschließen und ihm die Fähigkeit nehmen würde, mit seinen normalen Atemwegssekreten fertig zu werden. Dies würde ihn in einen Zustand großer Erregtheit und Angst versetzen. Es war keine Frage des Schmerzes – der war mit den damals verfügbaren Mitteln in den Griff zu bekommen. Das Problem war die Qual, die David würde durchmachen müssen, wenn das wachsende Geschwür die Luftwege und den Rachen versperrte.

David würde einer jener sehr seltenen Patienten sein, die trotz der bestmöglichen Betreuung und Linderungsmaßnahmen immer noch unerträgliche Qualen leiden mussten. Ich war überzeugt, dass David ein schlimmes Ende bevorstand. Er hatte bis zu diesem Zeitpunkt noch nichts darüber gesagt, sein Sterben beschleunigen zu wollen, aber er hatte unzweideutig Angst vor dem, was auf ihn zukam.

Wir saßen eine Weile da, ohne etwas zu sagen. David brach das sorgenvolle Schweigen und sprach das Thema schließlich an. »Diese ganze Sache ist so hoffnungslos«, sagte er. »Ich möchte mein Leben rasch beenden und nicht all das durchmachen müssen, was auf mich zukommt. Ich hatte Angst, das anzusprechen.«

Er hatte sich über die verschiedenen Möglichkeiten informiert und teilte seiner Frau und mir nun mit, dass er sein Leben mit einer Überdosis Secobarbital beenden wollte (ein Barbiturat, das damals vor allem als Schlafmittel verschrieben wurde). Es entstand ein neuerliches Schweigen, während er zuerst mich und dann seine Frau anblickte. Mir war klar, wovon er sprach, und ich wusste, dass ich an seiner Stelle dasselbe gedacht hätte. Er hatte eine ausreichende Dosis des Medikaments gesammelt, und wenn er alle Kapseln einnahm, würde er binnen Minuten einschlafen und in wenigen Stunden aufhören zu atmen.

Abigail fühlte sich durch Davids Erklärung verletzt. Sie wollte ihn in jeder Weise unterstützen, aber sie war nie auf den Gedanken gekommen, dass er darüber nachdachte, sich das Leben zu nehmen. Ich sah mich außerstande, ihm einen Rat zu erteilen (ich stand noch am Anfang meiner Laufbahn und musste meine eigene Position in solchen Fragen erst noch finden). Ich versicherte ihm aber, dass ich versuchen würde, seine Qualen in den kommenden Wochen mit hohen Morphiumdosen zu lindern, um seine Symptome und sein Bewusstsein zu betäuben. Falls sehr hohe Dosen zur Behandlung seiner schweren Symptome erforderlich würden, so erklärte ich ihm, könne dies sein Leben um einige Stunden oder Tage verkürzen, ich würde ihm aber verabreichen, was immer nötig sei, damit er nicht leiden müsse. Wenn er selbst Secobarbital nehmen wolle, um seine Qualen schneller zu beenden, so sei das seine eigene Entscheidung, die er selbst in die Tat umsetzen müsse.

Davids Berater und Betreuer hatten bis zu diesem Zeitpunkt alles richtig gemacht. In den vorausgehenden Jahren war er bei vielen Fachärzten in einem der besten Krebszentren Bostons gewesen. Er war durch aggressive Therapien zweimal wieder leidlich gesund geworden, aber jetzt, wo keine Heilung mehr möglich schien, hatte er den ersten Wendepunkt erkannt, sich damit ausein-

andergesetzt und sich für eine rein lindernde Sterbebegleitung entschieden. Er, Abigail, seine Krebsspezia-
listen und ich definierten das Behandlungsziel neu: Wir
würden ihn so friedlich wie möglich durch den Sterbeprozess geleiten.

Alle seine Betreuer kümmerten sich weiterhin gewissenhaft um ihn, und als Hausarzt der Familie zog auch
ich mich selbstverständlich nicht zurück, nur weil wir
den Versuch aufgegeben hatten, David zu heilen. Er
brauchte jetzt noch mehr psychologische Betreuung,
und sein ganzes Umfeld gab sich nach Kräften Mühe,
sie ihm zu geben. Seine Schmerzen wurden mit ausreichend hohen und häufigen Dosen betäubt. David hatte
eine künstliche Ernährung mittels einer Sonde durch
die Bauchwand und Infusionen abgelehnt, und die Verabreichung aller Medikamente bis auf die schmerzlindernden wurde eingestellt.

Wir hatten uns allen großen und kleinen Problemen
einer sanften Sterbebegleitung so gut wie möglich zuge-
wandt, doch immer noch zeichnete sich bedrohlich ein
qualvoller Tod ab.

Ich war dankbar, dass David das Wissen und die Mittel hatte, um selbst die Secobarbital-Lösung ins Auge zu
fassen, zu der er nun greifen konnte, falls die Lage so
schlimm würde, wie ich es erwartete.

In den folgenden Wochen besuchte ich David und
Abigail häufig, und jedes Mal wiederholte David seinen
Wunsch, sein Sterben zu beschleunigen. Er war sich absolut sicher, dass er den Zeitpunkt seines Todes selbst
wählen wollte, und seine Hartnäckigkeit überzeugte
Abigail, seinen Wunsch zu unterstützen. Sie stellte nur
eine Bedingung: »Ich will nicht wissen, David, wann
du das Medikament nimmst. Ich liebe dich, und ich will
für dich, was du für dich selbst willst, aber *du* musst das
tun.« David hatte Verständnis für seine Frau und ver-

DER ZWEITE WENDEPUNKT

sicherte ihr, dass er ihren Wunsch respektieren würde. Ich hörte mir all dies an, ohne zu dieser oder jener Lösung zu raten. Sie kamen selbst darauf.

Ein paar Tage danach rief mich Abigail um sechs Uhr morgens an, um mir mitzuteilen, dass David gestorben war. Ich fuhr sofort zu ihrem Haus und fand ihn vollständig angezogen auf seiner Seite des Bettes liegen. Die Hände unter dem Kinn gefaltet, den Kopf zur Seite geneigt, wirkte er vollkommen friedlich, so als wäre er einfach eingeschlafen. Er war still von eigener Hand aus dem Leben geschieden.

Ich war erleichtert, ebenso wie Abigail. Davids Leiden hatte ein Ende, zu einer Zeit und auf eine Weise, die er selbst gewählt hatte. Das Einzige, was ich nach all den Jahren an seinem Tod bereue, ist, dass er alleine starb. Obwohl Abigail es nicht im Voraus wissen und nicht dabei sein wollte, würden viele Ärzte sie heute dazu ermutigen, zumindest einer Vertrauensperson zu erlauben, bei ihrem Ehemann zu sein, wenn er seinem Leben ein Ende setzte.

Wie David geht es vielen Menschen am Ende ihres Lebens. Nachdem der erste Wendepunkt erreicht und akzeptiert war, hatte er zu große Scheu gehabt, seinen Arzt darüber zu befragen, welche Möglichkeiten ihm offenstanden, um seine Qualen zu verkürzen. Heute sind sich Ärzte dieses Problems vielleicht bewusster, als ich es damals war. Und es ist gut, solche Fragen von sich aus anzusprechen.[12]

Dennoch werden einige Ärzte das Thema nach wie vor vermeiden. Wenn Patienten selbst eine Verkürzung des Sterbens durch eine Überdosis Barbiturate, den Einsatz von Helium oder andere Methoden ansprechen, wird der Arzt dem Thema womöglich ausweichen oder erklären, dass er nicht helfen könne. Mit der Zeit, mit weiterer Aufklärung und einem großzügigeren rechtlichen Rahmen wird sich dies jedoch ändern, sodass in solch schrecklichen Situationen immer häufiger und leichter über die Möglichkeit gesprochen werden kann, das Sterben zu beschleunigen.

Mit einer guten, auf Linderung abzielenden Sterbebegleitung wird sich die überwältigende Mehrzahl der Patienten keinen früheren Tod wünschen. Es ist wichtig, dies zu betonen. Sterbende werden erst dann die Möglichkeit eines geplanten Todes in Erwägung ziehen, wenn die lindernden Maßnahmen der Sterbebegleitung nicht länger wirken. Obwohl eine rigoros angewendete Schmerztherapie ausreichen sollte, um einen friedlichen Tod zu garantieren, müssen Patienten und Familien auf den seltenen Fall vorbereitet sein, dass – wie bei David – trotz aller üblichen Maßnahmen unerträgliche Qualen auf den Patienten zukommen können. Unter solchen Umständen ist die offenkundige Lösung nicht von der Hand zu weisen. Die Verkürzung des Sterbeprozesses ermöglicht diesen Menschen ein selbstbestimmtes Ende und wahrt ihr Recht, selbst zu entscheiden, wann und unter welchen Umständen sie ihre unerträglichen Qualen beenden möchten, nachdem alle anderen Möglichkeiten ausgeschöpft sind.

Das Sterben zu beschleunigen ist Teil der Möglichkeiten der Sterbebegleitung. Es ist kein »Selbstmord« im üblichen Sinne, da die Hauptursache des Todes der Krankheitsprozess ist, der den Patienten an den Rand des Todes geführt hat. Wenn ein sterbenskranker Mensch den Tod nach seinen eigenen Bedingungen plant, bleibt als eigentlicher Grund seines Sterbens immer noch seine todbringende Krankheit.

Fragen, die vorher gestellt werden müssen

Im folgenden Kapitel werden wir Möglichkeiten besprechen, wie das Sterben unter solchen Umständen beschleunigt werden kann, doch bevor wir dies tun, müssen wir uns
mit den Fragen beschäftigen, die sich Patienten und ihre
Familien stellen müssen, bevor sie sich für eine bestimmte
Vorgehensweise entscheiden.

Zusammen mit Kollegen habe ich einige Fragen erarbei-
tet, die dem Betroffenen gestellt werden sollten, bevor eine
Beschleunigung des Sterbens in Betracht gezogen wird.[13]
Sie folgen den Wünschen von Patienten, die sichergehen
wollten, eine rationale Entscheidung zu fällen. Wenn alle
der folgenden Fragen mit Ja beantwortet werden konnten,
waren sie und ihre Familien einigermaßen sicher und beruhigt, dass ein geplanter Tod die richtige Lösung war. Es
sind entscheidende und zwingende Fragen, und sie kamen
nicht nur von Patienten, die eine Behandlung abbrechen
wollten (um nur noch Linderungsmaßnahmen zu erhalten),
sondern auch von jenen, die ganz aktiv ihr Sterben beschleunigen wollten. (Im US-Bundesstaat Oregon, wo ärztliche Sterbehilfe erlaubt ist, sind viele dieser Fragen gesetzlich vorgeschrieben; vgl. Anhang 1.)

Die ersten acht Fragen beziehen sich darauf, ob zuvor
alle anderen Möglichkeiten zur Linderung des Leidens
sorgfältig erwogen wurden.

1. *Sind alle akzeptablen Behandlungsmöglichkeiten der Grunderkrankung ausgeschöpft? Wurden im Falle bösartiger
   Erkrankungen weitere Operationen, Strahlenbehandlung,
   Chemotherapie, Hormonbehandlung und andere Therapien,
   die auf Heilung oder zumindest eine Verbesserung des Zustands des Patienten abzielen, in Erwägung gezogen?*

Das bedeutet nicht, dass jede mögliche Behandlung angeboten oder unternommen werden sollte, sondern nur solche Therapien, die eine vernünftige Erfolgschance haben.

2. *Wurden im Falle schwer erträglicher Schmerzen moderne Techniken der Schmerzkontrolle angewandt?*
Es gibt heute nur sehr wenige Fälle, in denen man den Schmerz mit aggressiven und neuesten Methoden der Schmerzbehandlung nicht befriedigend in den Griff bekommt. Schmerzspezialisten können den Hausarzt beraten und sollten hinzugezogen werden, falls gewöhnliche Schmerztherapien nicht ausreichen. Nur selten – in einigen wenigen Fällen – sollte sich ein Patient aufgrund unkontrollierbarer Schmerzen einen schnelleren Tod wünschen. Meistens sind Schmerzen kontrollierbar.

3. *Abgesehen von Schmerzen als solchen gibt es Qualen, die Patienten dazu bringen können, sich ihr Ende herbeizuwünschen. Wurden auch in einem solchen Fall wirklich alle möglichen Linderungsmaßnahmen getroffen? Wurden aggressive Maßnahmen ergriffen, um dem Patienten jede erdenkliche Erleichterung zu verschaffen?*

4. *Wurden alle Fachärzte zurate gezogen, die den unerträglichen Schmerzen und Qualen abhelfen könnten? Wurde im Zweifelsfall eine Zweitmeinung eingeholt?*

5. *Konnte eine klinische Depression des Patienten ausgeschlossen werden?*
Die meisten Menschen empfinden an ihrem Lebensende eine tiefe Traurigkeit, die jedoch etwas ganz anderes ist als eine klinische Depression. Ist der Kranke depressiv, sollte eine geeignete fachärztliche Betreuung und Behandlung angestrebt werden, da Depressionen das Gefühl unerträglicher Qualen verstärken.

DER ZWEITE WENDEPUNKT

6. *Wurden alle von Hospizen, ambulanten und sozialen Pflege-
und Beratungseinrichtungen und anderen Organisationen
angebotenen Dienste voll ausgeschöpft?*
Patienten ertragen ihre verzweifelte Situation gewöhnlich besser, wenn sie ausreichende psychologische und
physische Hilfe erhalten.
7. *Wurde dem Patienten eine intensive und gewissenhafte Versorgung mit umfassenden Linderungsmaßnahmen zuteil?*
8. *Ist der leidende Patient über alle Alternativen vollständig informiert?*
9. *Hat ein zweiter Arzt bestätigt, dass der Patient in absehbarer
Zeit sterben wird, das heißt eine prognostizierte Lebenserwartung von höchstens sechs Monaten hat?**

Vielfach wird gefordert, das Recht, das Sterben zu beschleunigen, nicht allein auf Sterbenskranke zu beschränken, sondern auf Patienten auszudehnen, die eine unerträgliche unheilbare Krankheit wie Tetraplegie (Läh-
mung aller vier Extremitäten) haben oder denen eine
(nicht tödlich verlaufende) Demenz droht. Auch ihnen
sollte danach zugestanden werden, Art und Ort ihres
Sterbens selbst zu wählen. Es wird jedoch noch einige
Zeit dauern, bis dieser Vorschlag ernstlich erwogen wird;
gegenwärtig lehnen ihn die meisten Ethiker und Gesetzgeber ab. Deshalb halte ich mich an das Kriterium einer
tödlichen Krankheit im Endstadium als Vorbedingung
eines verkürzten Sterbens, auch wenn sich hoffentlich in
naher Zukunft eine breitere Definition und eine groß-
zügigere Haltung durchsetzen werden – ein Wandel, den
ich begrüßen würde.
10. *Ist der Patient entscheidungsfähig?*

---

* Davon ist die Terminal- oder Finalphase des unmittelbaren Sterbeprozesses zu unterscheiden, das heißt die letzten Lebenstage, in denen sich
häufig eine charakteristische Abfolge von Symptomen einstellt. (A.d.Ü.)

Ich habe gegenwärtig keine gute Antwort auf die Frage, ob bei Demenz eine Beschleunigung des Sterbens infrage kommt, da die willentliche Verkürzung des eigenen Sterbens voraussetzt, dass der Patient oder die Patientin die mentale Fähigkeit hat, eine informierte Entscheidung zu fällen, und die Handlung selbst ausführen kann, was gewöhnlich bei Alzheimer per definitionem ausgeschlossen ist. Es ist schwierig, für einen solchen Patienten eine Zeit festzusetzen, um den Tod herbeizuführen, da er in dem Moment, wo seine Lage offenkundig ist, die Handlung schon nicht mehr selbst ausführen kann. Im Jahr 2005 habe ich mich an einem Gesprächskreis von Ärzten, Rechtsanwälten und Laien beteiligt, um Richtlinien für dieses besonders schwierige Problem – die Möglichkeit eines selbstbestimmten Sterbens Demenzkranker – auszuarbeiten.[14] Eine wesentliche Frage ist dabei, welcher Stellenwert einer »Vorabfestlegung«[15] zukommen kann. Kann ein gegenwärtig urteilsfähiges Selbst die Befugnis haben, ein künftiges, nicht mehr urteilsfähiges Selbst mit einer vorsorglichen Direktive zu binden? Was, wenn das nicht mehr urteilsfähige Selbst weiterleben möchte? Auf welche Seite sollten sich Familie und Arzt stellen, auf jene des urteilsfähigen früheren oder des nicht mehr urteilsfähigen jetzigen Selbst? Es gibt darauf keine leichten Antworten. In Kapitel 10 werden wir eine besondere Direktive für den Fall von Alzheimer-Krankheit und andere Demenzformen erörtern, die das Problem lösen könnte, falls sie gesetzlich verankert würde.

11. *Ist der Patient, der eine Beschleunigung des Sterbens erwägt, voll darüber informiert, und versteht er, was dabei geschehen wird? Ist die Entscheidung eindeutig, und erfolgte sie aus freien Stücken?*

12. *Rechtfertigt das Maß des Leidens eine Beendigung des Lebens? Sind die Qualen unerträglich?*

Was als »unerträgliches Leiden« angesehen wird, ist subjektiv und von Mensch zu Mensch verschieden. Manche Menschen ertragen mehr als andere, und die Beurteilung, was unerträgliches Leiden ist, sollte daher dem Einzelnen überlassen bleiben. Es muss sich dabei nicht um unerträgliche Schmerzen handeln, da auch andere Probleme Qualen verursachen können: die Angst vor Schmerzen, die Angst vor Kontrollverlust, der Verlust der Würde, allgemeine Beschwerden und Qualen, eine tiefe Erschöpfung, beharrliche und schwere Übelkeit und andere Symptome, die dem Patienten jegliche Lebensqualität rauben. Worauf es ankommt, ist das Maß des vom Patienten *wahrgenommenen* Leidens.

13. *Ist der Sterbende sicher, dass sein selbst herbeigeführter Tod keine übermäßig verstörende Wirkung auf die Zurückgebliebenen haben wird?*

Die Antwort auf diese Frage hängt in den meisten Fällen davon ab, wie gut die Familie und die Freunde auf den Wunsch des Schwerstkranken nach einer Verkürzung seines Sterbens vorbereitet wurden. Ein willentlich herbeigeführter Tod kann bei den Zurückgebliebenen – zuweilen starke – Gefühle der Wut, Schuld oder Reue auslösen. Wenn die Zurückgebliebenen jedoch beizeiten die Gründe dafür verstehen, werden sie in erster Linie Erleichterung darüber empfinden, dass der geliebte Mensch seine Qualen ausgestanden hat. Manchmal gehen Patienten, die den Verdacht hegen, dass ihre Familie ihre Absicht missbilligt, heimlich vor; es ist jedoch immer besser, sich möglichst im Vorhinein darüber auszusprechen, damit die Angehörigen Verständnis haben und Beistand leisten.

14. *Ist jede Anstrengung unternommen worden, um die Ärztin oder den Arzt eng in jeden Schritt zur Vorbereitung eines geplanten Todes einzubeziehen?*

Obwohl einige Ärzte diesen Wunsch nicht unterstützen werden, weil sie glauben, aus rechtlichen, ethischen oder religiösen Gründen nicht zu einer Verkürzung des Lebens raten zu dürfen, sind Patienten häufig von der mitfühlenden Reaktion ihres Arztes überrascht, wenn das Thema angesprochen wird. Die Beteiligung des Vertrauensarztes ist für den Patienten enorm beruhigend, aber leider fallen rechtliche Erwägungen schwer ins Gewicht, wenn der Arzt glaubt, Anteil an einem Tod zu haben, der durch mehr als nur den Abbruch der Behandlung verursacht wird – zum Beispiel durch die Gabe hoher Morphiumdosen, um schwere Qualen oder Schmerzen zu stillen, oder die Behandlung von Symptomen bei einem Patienten, der keine Flüssigkeit mehr zu sich nehmen will. In vielen Rechtssystemen, so auch in Deutschland, macht sich der Arzt strafbar, wenn er tatsächlich direkt und aktiv Sterbehilfe leistet oder die Selbsttötungsoptionen des Patienten in einer Weise mit diesem bespricht, die eher auf ein Zuraten als auf bloße Information hinausläuft. Viele Ärzte *glauben* jedoch nur, widerrechtlich zu handeln, selbst in Situationen, die eindeutig noch im rechtlichen Rahmen liegen. Sie sträuben sich daher dagegen, die Angelegenheit zu erörtern. Wenn Sie keine angemessenen Informationen bekommen, haben Sie das Recht, zu einem Arzt zu wechseln, der Ihre Wünsche innerhalb des gesetzlichen Rahmens in jeder Weise unterstützt. Es ist daher immer ratsam, zu einem möglichst frühen Zeitpunkt in Ihrer Beziehung zu Ihrem Arzt seine allgemeine Haltung zu dieser Frage zu klären.

15. Kann der Patient es moralisch und ethisch verantworten, seinen Tod selbst herbeizuführen?

Es gibt Menschen, die aus religiösen oder ethischen Erwägungen heraus das Gefühl haben, dass sie ihr eigenes Leben niemals absichtlich beenden dürfen. Viele glauben, dass niemand außer Gott das Recht hat, über Anfang und Ende des Lebens zu bestimmen. Eine Entscheidung, das Sterben zu beschleunigen, wäre für einen solchen Menschen sehr schwierig. Jeder sollte das Recht haben, eine Entscheidung zu treffen, die mit dem eigenen Gewissen in Einklang steht, und keine religiöse Organisation sollte darüber das letzte Wort haben.

Wer im Hinblick auf den letzten Punkt unschlüssig ist, dem seien die Bemerkungen von Bischof John Shelby Spong, dem Episkopalbischof der Diözese von Newark, ans Herz gelegt:

> Ich glaube, wenn und falls jemand an diesen Punkt der menschlichen Existenz gelangt, wo der Tod zu einer freundlicheren Alternative zu hoffnungslosen Schmerzen wird und eine chronische Abhängigkeit von Medikamenten ihm die Würde zu rauben beginnt, dann sollte das grundlegende menschliche Recht zu wählen, wie und wann man sterben will, vom Gesetz garantiert und von unseren Glaubensgemeinschaften respektiert werden. […]
>
> Im Verlauf unserer Geschichte haben wir Christen die Macht über Leben und Tod nie ausschließlich in Gottes Hand gelegt. Vielmehr haben wir religiöse Kriege geführt, in denen Menschen ganz absichtsvoll getötet wurden … Die Geschichtsbücher belegen, dass christliche Fürsten vorgeblich christlicher Nationen, unterstützt und angestiftet vom herrschenden Klerus der christlichen Kirchen, nicht im Mindesten zögerten, die Macht

über Leben und Tod aus der Hand Gottes zu nehmen und sie direkt in die eigenen, sehr menschlichen Hände zu nehmen. […]

Wenn sich die medizinische Wissenschaft von der Verlängerung des Lebens und der Vermehrung der Lebensqualität darauf verlegt, schlicht die Realität des Todes hinauszuschieben, warum sind wir da nicht fähig zu sagen, dass auf diese Weise der Heiligkeit des Lebens nicht länger gedient ist und Christen daher lernen müssen, in den letzten Augenblicken des Lebens eigenverantwortlich zu handeln? […] Haben wir Menschen, einschließlich jener, die Christen zu sein beanspruchen, nicht das Recht zu sagen: »Auf diese Weise möchte ich nicht sterben«? Ich meine, wir haben dieses Recht! […]

Ich glaube, diese Entscheidung sollte legal sein. Ich werde mich daher im politischen Prozess dafür einsetzen, eine Welt zu schaffen, in der Patientenverfügungen befolgt werden und die Ärzte denjenigen, die sich dafür entscheiden, dabei helfen, zur angemessenen Zeit zu sterben. Ich glaube ferner, dass diese Wahlmöglichkeit sowohl als moralisches wie ethisches Recht, als Menschenrecht, wenn Sie so wollen, begrüßt werden sollte.[16]

Wenn Sie als Christ erwägen, Ihr Sterben zu verkürzen, mögen Ihnen diese Worte als Zuspruch dienen. Religiös zu sein und zugleich am Recht auf Selbstbestimmung am Lebensende festzuhalten schließt sich nicht wechselseitig aus.

Die Erfahrung hat gezeigt, dass dort, wo jede der oben aufgeführten Fragen mit einem Ja beantwortet werden konnte, unerträglich leidenden Patienten die Entscheidung, ob sie ihr Sterben beschleunigen sollten oder nicht, leichter fiel.

Argumente für eine Beschleunigung des Sterbens bei unerträglichen Leiden

Immer wieder gerät die Sterbehilfebewegung unter Beschuss. Die Argumente, die ihre Gegner zum Beispiel gegen ärztliche Sterbehilfe anführen, fußen dabei häufig auf einer fragwürdigen Logik. Die folgenden Punkte lassen sich als Replik auf diese Kritik verstehen.

1. Jeder hat das Recht, die Zeit und die Art und Weise seines Todes selbst zu wählen; das ist eine Frage der verfassungsmäßig garantierten persönlichen Selbstbestimmung.

2. Wenn Sie als Sterbenskranker im Endstadium Ihr Sterben verkürzen, ist dies Ihre freie Entscheidung. Nichts daran ist aufgenötigt. Menschen, die ihr Sterben nicht beschleunigen wollen, stehen unter keinerlei Druck, es dennoch zu tun. Das Sterbehilfegesetz im amerikanischen Bundesstaat Oregon, das ärztlich assistierten Suizid erlaubt, sieht ausdrücklich wirksame Vorkehrungen dagegen vor, und es ist dort bislang zu keinerlei Missbräuchen gekommen. So wie die Befürworter einer Lebensverkürzung im Falle unerträglicher Leiden anderen nicht ihre Anschauungen aufzwingen, sollten die Gegner anderen dieses Recht nicht verwehren.

3. Das Sterben zu verkürzen sollte nur dann in Erwägung gezogen werden, wenn das Leiden unerträglich ist und nicht durch übliche Therapien gelindert werden kann, also alle anderen Optionen gescheitert sind. Diese Notwendigkeit tritt äußerst selten auf, weil die lindernde Sterbebetreuung heute sehr weit fortgeschritten ist. Es gibt jedoch einige wenige Fälle, in denen der leidende Patient mit Recht Beistand verlangen kann, um sein Leben zu beenden.

4. Die Erfahrungen mit dem Sterbehilfegesetz in Oregon belegen, dass Patienten sich nicht auf diese Lösung stürzen. Die Zahl derer, die von diesem Recht Gebrauch machen, ist im Vergleich zur allgemeinen Sterberate verschwindend klein geblieben, und es gibt nicht die geringsten Anzeichen dafür, dass die Legalisierung der ärztlichen Sterbehilfe eine Lawine des Missbrauchs losgetreten hätte.

5. Die Erfahrung in Oregon hat gezeigt, dass sich durch die Legalisierung der ärztlichen Sterbehilfe die Betreuung Sterbender insgesamt verbessert hat.[17]

6. Einem schwerstleidenden Sterbenden zu helfen, sein Leben zu beenden, sollte als Teil des ärztlichen Behandlungsspektrums betrachtet werden. Für diejenigen, deren unerträgliche Leiden nicht gelindert werden können, kann die Beendigung des Lebens die humanste und mitfühlendste Behandlung sein.

7. Religiosität und das Eintreten für eine legalisierte Sterbehilfe stehen nicht im Widerspruch zueinander.

8

METHODEN
DER LEBENSVERKÜRZUNG

Nun, da wir gesehen haben, wie ein unerträglich leidender Patient zu der Entscheidung gelangen kann, das Sterben zu beschleunigen, müssen wir die Methoden untersuchen, die bislang dafür angewandt wurden. Einige davon sind eher problematisch, andere ermöglichen einen relativ friedvollen und sicheren Tod.

Problematische Methoden

1. *Sich erschießen.* Allzu häufig scheitern solche oder andere gewalttätige Versuche, und sie sind in jedem Fall eine schwere emotionale Belastung für die Zurückgebliebenen.
2. *Sich vergiften.* Die Versuche, sich mit Auspuffgasen zu vergiften, sind ebenfalls oft zum Scheitern verurteilt. Das Kohlenmonoxid von Autoabgasen ist zwar in hoher Dosierung tödlich, aus einer Vielzahl von technischen Gründen ist die Dosis jedoch oft zu niedrig. Die Folge ist oft nur Übelkeit, in schlimmeren Fällen kann es jedoch zu Gehirnschäden kommen.*

---

* Da Katalysatoren den Kohlenmonoxidausstoß drastisch vermindern, ist es nach ihrer Einführung noch deutlich schwieriger geworden, sich auf diese Weise das Leben zu nehmen. (A.d.Ü.)

3. *Nahrungsverweigerung*. Verhungern ist eine sehr langsame Methode, das Leben zu beenden. Sterbenskranke, die es mit dieser Methode versuchten, verloren zwar an Gewicht, mussten jedoch einen langwierigen, für sie selbst und ihre Familien äußerst belastenden Sterbeprozess in Kauf nehmen. Der völlige Verzicht auf Flüssigkeitszufuhr und die dadurch verursachte tödliche Dehydrierung ist allerdings, wie wir weiter unten noch sehen werden, eine praktikable Methode.

4. *Direkte Sterbehilfe*. Aktive Sterbehilfe ist in den meisten Ländern so eindeutig illegal, dass sie hier nicht als Möglichkeit in Betracht gezogen wird – auch wenn Ärzte und Pfleger, die großes Leid mit ansehen müssen, sie gelegentlich heimlich praktizieren und auch verzweifelte Familienmitglieder zuweilen zu dieser oder jener Form von Sterbehilfe greifen. Die direkte Sterbehilfe ist eine aktive Handlung, wie zum Beispiel die Verabreichung einer Giftspritze durch den Arzt, die das Leben des Patienten augenblicklich beendet. Aktive Sterbehilfe unterscheidet sich von dem im US-Bundesstaat Oregon erlaubten ärztlich assistierten Suizid, da der Arzt oder die Ärztin im letzteren Fall nichts unternehmen darf, was den unmittelbaren Tod des Patienten zur Folge hat; dieser muss die Handlung vielmehr selbst vornehmen (z. B. Einnahme einer tödlichen Dosis bestimmter Medikamente). Meiner Meinung nach sollte die aktive Sterbehilfe, wie sie in den Niederlanden praktiziert wird (siehe Anhang 2), auch bei uns gesetzlich erlaubt werden, doch dies wird wohl nicht in naher Zukunft geschehen.

Erfolgreiche Methoden

1. *Abbruch unerwünschter Medikation und Therapie und Verzicht auf Ultima-Ratio-Operationen.* Der Abbruch jeglicher lebensverlängernden Behandlung und der Verzicht auf Operationen ist Teil des grundlegenden Wechsels der Behandlungsziele am ersten Wendepunkt – die Folge der Entscheidung, nur noch eine lindernde Sterbebegleitung zuzulassen. In dieser Phase wird der Patient nicht mehr künstlich ernährt oder beatmet. Es ist rechtlich und ethisch unbedenklich, wenn ein urteilsfähiger Patient oder ein ordnungsgemäß bestellter Bevollmächtigter eines nicht mehr entscheidungsfähigen Patienten eine weitere Behandlung ablehnt.

2. *Die Gabe von Morphium und sedierenden Medikamenten in ausreichenden Dosen, um die unerträglichen Schmerzen des Patienten zu stillen.* Wenn die zur Linderung erforderlichen Dosen sehr hoch sind, kann dies einen früheren Tod nach sich ziehen.

3. *Ablehnung aller Flüssigkeit mit der Folge von Dehydrierung und vorzeitigem Tod.* Diese wirksame Methode sollte von einem Arzt überwacht werden, der bei Bedarf Medikamente gegen Angstzustände und auftretende Schmerzen verabreichen kann.

4. *Ärztliche Sterbehilfe durch Verschreibung von Barbituraten, die der Patient selbst einnehmen kann.* Diese Methode wurde im US-Bundesstaat Oregon legalisiert.

5. *Verwendung von Helium.* Dabei handelt es sich um eine Suizidmethode, bei der nicht notwendigerweise ein Arzt anwesend sein muss.

Die meisten dieser Optionen sind fast überall legal, die vierte allerdings, der ärztlich assistierte Suizid, ist in

Deutschland und in den meisten anderen Ländern verboten. Im Folgenden werden wir diese Möglichkeiten eingehender beschreiben, bis auf den Abbruch unerwünschter
Behandlungen, der bereits im dritten Kapitel besprochen
wurde.

Die Steigerung der Morphiumdosis

In einem früheren Kapitel haben wir die Geschichte von
Maries Sterben erzählt, die am ersten Wendepunkt eine
unerwünschte Behandlung abbrach und die weitere künstliche Ernährung über einen Schlauch ablehnte. Ihr Fall
verdeutlicht, wie wichtig es ist, mit steigenden Morphiumdosen nicht nur die Schmerzen zu lindern, sondern auch
allgemeine Unruhe- und Angstzustände und ein etwaiges
Durstgefühl zu dämpfen. In Maries Fall waren die notwendigen hohen Dosen (wahrscheinlich) die Ursache eines
früheren Todes, aber sie ermöglichten ihr relativ friedliche
letzte Tage, da das Morphium sie in einen schläfrigen Zustand versetzte, in dem sie ihre qualvolle Lage kaum noch
wahrnahm.

Morphium ist ein altes, immer noch häufig verwendetes
Medikament. Viele Ärzte würden Morphium wählen, wenn
sie nur ein einziges Arzneimittel zur Linderung der Qualen
eines Sterbenden verwenden dürften. Generationen von
Ärzten haben es erfolgreich in steigenden Dosen verabreicht, wenn die üblichen Mengen nicht ausreichten, um
die Schmerzen oder Qualen schwerstkranker Patienten im
Endstadium zu lindern. Die ärztliche Verabreichung von
Morphium wurde in den USA rechtlich so weit freigege-
ben, dass es in der erforderlichen Menge gegeben werden
kann, um Qualen zu lindern, selbst wenn das Leben durch

METHODEN DER LEBENSVERKÜRZUNG

die Atemdepression, die von Opiaten verursacht werden kann, um Stunden oder Tage verkürzt wird.*

Bei Patienten, die unter chronischen Schmerzen leiden und bereits hohe, stetige Morphiumdosen erhalten, kann die zur Linderung ihrer Leiden zusätzlich erforderliche Menge hoch sein. Bei fortgesetzter Gabe kann der Patient eine Toleranz nicht nur gegen die schmerzlindernden Eigenschaften des Morphiums, sondern auch gegen seine Nebenwirkungen, wie zum Beispiel die Dämpfung der Atmung, entwickeln.

Das Doppeleffektprinzip

Wenn Morphium in hoher Dosis mit der Absicht gegeben wird, bei einem Sterbenden schwere Symptome zu lindern, und wenn der Tod dadurch Stunden oder Tage früher eintritt, wurde dies in der Vergangenheit zumeist mit dem Prinzip des »Doppeleffekts« gerechtfertigt. Dem Doppeleffektprinzip zufolge ist es ethisch vertretbar, hohe Dosen eines Medikaments zu verabreichen, das sehr wahrschein-

---

* In Deutschland stößt der Einsatz von Morphium in der Schmerztherapie bis heute auf starke Vorbehalte. Deutsche Ärzte verschreiben erheblich weniger Morphium zur Schmerztherapie als ihre Kollegen im benachbarten europäischen Ausland. Laut dem Geschäftsführenden Vorstand der Deutsche Hospiz Stiftung, Eugen Brysch, befinden sie sich in Bezug auf den Umgang mit Opiaten bei Schwerstkranken und Sterbenden noch immer »in einer medizinischen und juristischen Grauzone«. »Krebsärztin wegen Sterbehilfe vor Gericht«, Welt Online, 28. Februar 2008, unter: www.welt.de/vermischtes/article1734695/Krebsaerz tin_ wegen_Sterbehilfe_vor_Gericht.html; vgl. Heinrich Kintzi, »Ärztliche Indikation zum Töten?«, a.a.O.; »Umstrittener Einsatz von Morphium«, *Süddeutsche Zeitung*, 1. Oktober 2003; Monika Wendel, Cornelia Werner, »Sterbehilfe-Verdacht: Patienten in Sorge«, *Hamburger Abendblatt*, 2. Oktober 2003; »Dogmenstreit um indirekte Sterbehilfe und Morphingabe«, Patientenverfuegung.de, 1. Oktober 2003, unter: www. patientenverfuegung.de/pv/detail.php?uid=98. (A.d.Ü.)

lich das Leben verkürzt, wenn die Absicht allein in der Linderung schwerer Symptome besteht. Einige Ärzte und Ethiker halten diese Argumentation für Heuchelei, weil sie zu verdecken versuche, dass es hier um ärztliche Sterbehilfe gehe.

Charles Baron zum Beispiel, Juraprofessor am Boston College und Experte für rechtliche Fragen der Patientenversorgung am Lebensende, wendet sich gegen das Doppeleffektprinzip, da es unter dem Deckmantel der Symptombekämpfung eine Beschleunigung des Sterbens ermögliche.[18] Würden wir Sterbehilfe wirklich ablehnen, so argumentiert er, würden wir Ärzten nicht erlauben, den Tod mit hohen Medikationen »zufällig« herbeizuführen – eine Argumentation, so findet er, mit der man dem Rechtssystem, der Gesellschaft, dem Ärztestand und den Patienten keinen Gefallen tue. Baron ist nicht gegen die Gabe hoher Morphiummengen zur Linderung des Leidens, aber er möchte, dass wir uns klar vor Augen führen, was bei hoher Dosierung geschehen kann, und uns nicht hinter der – aus seiner Sicht verdrehten – Rechtfertigung des Doppeleffektprinzips verstecken.[19]

Auch der Bostoner Rechtsanwalt Garrick F. Cole wendet sich gegen das Doppeleffektprinzip.[20] Er hält es für überflüssig, weil schon heute die Verabreichung potenziell riskanter Arzneien zur Symptomlinderung erlaubt sei, sofern der Patient über die Gefahren informiert wird. Wenn der Arzt also das Risiko der Nebenwirkungen eines Medikaments wie Morphium eingehen will und muss, weil dies für das Wohlergehen des Patienten erforderlich ist, stehe seiner Verabreichung nichts im Wege. Dies geschehe schließlich ständig, indem die Nebenwirkungen einer Behandlung als ethisch und rechtlich vertretbar gelten, sofern ihre Risiken bekannt sind und akzeptiert werden. Cole hält den

Rückgriff auf das Doppeleffektprinzip daher für unnötig: Wenn der Arzt sehr hohe Morphiumdosen gebe, um schwere Symptome bei einem Sterbenden zu lindern, und der Patient gleichzeitig einen schnelleren Eintritt des Todes begrüßen würde, gibt es seiner Meinung nach kein rechtliches oder ethisches Problem damit, dieses Ziel auch offen einzuräumen. Das findet er ehrlicher, als das Argument des Doppeleffekts anzuführen, ohne zuzugeben, dass ein früherer Tod willkommen wäre.

Das offene Eingeständnis, Morphium auf Bitte des Patienten in so hoher Dosis zu verabreichen, dass dadurch das Sterben wahrscheinlich beschleunigt wird, bringt Ärzte jedoch leicht in eine rechtliche Grauzone zur aktiven Sterbehilfe, und daher scheuen die meisten davor zurück. Trotz der Zweifel am Doppeleffektprinzip sind die meisten Ärzte, mich eingeschlossen, daher in der Praxis damit zufrieden. Das Dilemma, mit dem Doppeleffektprinzip eine beabsichtigte Verkürzung des Lebens rechtfertigen zu müssen, ließe sich lösen, wenn man im Falle unerträglicher Leiden ohne Linderungsmöglichkeit Patienten die Möglichkeit einräumen würde, das Leben mit ärztlicher Sterbehilfe offen zu verkürzen – mit den nötigen rechtlichen Schutzmechanismen etwa nach Art des Sterbehilfegesetzes im US-Bundesstaat Oregon (siehe Anhang 1).

Rod McStay vom Methodist Hospital in Houston weist in einem ausführlichen und fundierten Aufsatz darauf hin, dass »die gegenwärtige Alternative zum Doppeleffektprinzip als legaler Rechtfertigung […] die ungenügende Behandlung von Schmerzen bei Patienten wäre, die auf übliche Medikationsniveaus nicht ansprechen. Es wäre eine unglückliche Konsequenz, wenn die eingehende Durchleuchtung […] ärztlicher Behandlungsintentionen zu einer inadäquaten Palliativversorgung der Patienten führte.«[21]

McStays Artikel befasst sich hauptsächlich mit der sogenannten terminalen Sedierung, aber dieselben Überlegungen gelten auch für die Verabreichung hoher Morphiumdosen gegen unerträgliche Symptome.

Ähnlich argumentiert Timothy Quill über das Doppeleffektprinzip in seinem Buch über Sterbebegleitung, wo es von der Behandlung eines Patienten heißt: »Unsere primäre Absicht war es, sein Leiden zu mindern, nicht seinen Tod zu verursachen, daher bewegten wir uns immer noch im Rahmen des ›Doppeleffekts‹. Doch in Wirklichkeit waren die Linderung seines Leidens und die Erleichterung seines Todes eins geworden.«[22]

Ärzte gehen in den USA ein sehr geringes Risiko ein, wegen Totschlags oder gar Mordes angeklagt zu werden, wenn sie sich auf das Doppeleffektprinzip berufen, doch ist das Risiko nicht gleich null. Ann Alpers, eine Rechtsmedizinerin von der Universität von Kalifornien, hat akribisch dargelegt, welche Risiken Ärzte eingehen, wenn sie versuchen, das Leiden am Ende des Lebens mit hohen Arzneigaben zu lindern, besonders wenn die Medikamente unter die strengen Betäubungsmittelgesetze fallen.[23]

Alpers durchforstete die Rechtsliteratur nach allen Fällen von Ermittlungen und Prozessen im Zusammenhang mit der ärztlichen Betreuung Sterbender. Sie ließ Fälle von grober Fahrlässigkeit außer Acht und konzentrierte sich auf solche, wo es um Schmerzlinderung ging und das Doppeleffektprinzip relevant sein konnte. Dabei fand sie heraus, dass »die Strafverfolgung von Ärzten [die so hohe Arzneimitteldosen verabreichten, dass dadurch das Leben der Patienten verkürzt wurde] zwar noch selten ist, in den letzten zehn Jahren in den Vereinigten Staaten jedoch zugenommen hat«.[24]

Nach Alpers' Beobachtung fielen die Strafverfahren ge-

METHODEN DER LEBENSVERKÜRZUNG

gen Sterbebetreuer in drei große Kategorien: Entzug der lebenserhaltenden Behandlung und etwaige begleitende Schmerzbehandlung; Verabreichung von Morphium oder anderen Analgetika und Sedativa; sowie die Verabreichung eines potenziell tödlichen Mittels wie Kaliumchlorid, Insulin oder Chloroform. Als ich mir diese Fälle genauer ansah, schälten sich einige gemeinsame Züge heraus. Sie erlauben den Schluss, dass Ärzte kaum ernste rechtliche Konsequenzen zu fürchten haben, wenn sie die folgenden Kriterien beachten:

1. Der Patient ist urteilsfähig und befürwortet aus freien Stücken die Entscheidung, unerwünschte Behandlungen im Endstadium abzubrechen und jede erforderliche Dosis von Mitteln gegen Schmerzen und/oder andere Qualen zu verabreichen.

2. Der Patient hat um diese Maßnahmen in einer im Voraus verfassten Patientenverfügung gebeten und einen Vorsorgebevollmächtigten bestellt, der im Falle späterer Entscheidungsunfähigkeit in der Lage ist, im besten Interesse des Patienten in diesem Sinne zu entscheiden.

3. Die Gabe von Morphium und anderer starker Mittel in jeder erforderlichen Dosis zur Symptomkontrolle erfolgt, wenn dies zur Linderung von Schmerzen, Qualen oder Erregungszuständen klinisch zwingend erforderlich ist und andere Maßnahmen unwirksam wären.

4. Der Arzt führt über sein Vorgehen und dessen medizinische Begründung peinlich genau Buch und schildert detailliert, wie der Patient aus freien Stücken um die Behandlung gebeten hat (entweder selbst oder durch einen Bevollmächtigten), warum sie im besten Interesse des Patienten ist, warum es keine anderen Optionen gibt und warum der eingeschlagene Weg der einzig humane ist.

5. Die Familie ist über das Vorgehen des Arztes vollständig informiert, versteht seine Begründung und ist damit einverstanden.

Auffällig war ferner, dass Ärzte, die Konflikte mit der Staatsanwaltschaft und Klagen vermeiden konnten, übliche schmerzstillende und sedierende Mittel wählten und keine Medikamente einsetzten, die zu Muskellähmung oder direktem Herzstillstand führen. Solche Mittel sind nach meiner Auffassung zur Linderung der Schmerzen und Qualen eines Sterbenden auch nicht erforderlich.

Dennoch scheuen Ärzte vor dem Risiko strafrechtlicher Konsequenzen zurück und setzen in der Sterbebegleitung zu geringe Dosen zur Schmerzbekämpfung ein. Das Damoklesschwert der Strafverfolgung schwebt über dem Kopf eines jedes Arztes, der hochdosierte Schmerzmittel verabreicht, selbst wenn die statistische Wahrscheinlichkeit von Sanktionen nicht der Rede wert ist.

Freiwilliger Verzicht auf Flüssigkeitsaufnahme mit bedarfsweiser Sedierung

Die bewusste Verweigerung der Flüssigkeitsaufnahme ist eine wirksame Methode, von der immer wieder Gebrauch gemacht wird. Der freiwillige Verzicht auf Flüssigkeit führt zu einer Dehydrierung, die ihrerseits Somnolenz verursacht. Diese kann vom Arzt bei Bedarf mit sedierenden Mitteln noch verstärkt werden. Falls erforderlich, erhält die Patientin oder der Patient ein Schlafmittel, um sie oder ihn bis zum Tod, der gewöhnlich binnen weniger Tage eintritt, in diesem friedlichen Zustand zu halten. All dies ist völlig legal, wenn der Zweck in der Linderung unerträglicher Leiden besteht.

Besonders bei Patienten, deren Biochemie aufgrund ihrer tödlichen Krankheit bereits beträchtlich gestört ist, führt die Einstellung der Flüssigkeitsaufnahme eindeutig zu einem früheren Tod, manchmal binnen weniger und fast nie nach mehr als zehn Tagen (je nach Verfassung des Patienten). Im Gegensatz zu dieser recht sicheren Methode geht das Verhungern sehr langsam vonstatten und ist daher kein guter Weg, das Sterben zu beschleunigen.

Viele Menschen sterben aufgrund von Dehydrierung als Teil des normalen Sterbeprozesses bei einer tödlichen Krankheit, die eine Nahrungs- und Flüssigkeitsaufnahme verhindert.[25] In solchen Fällen wird eine Dehydrierung als Teil des natürlichen Sterbeverlaufs hingenommen. Es gibt keine ärztliche Pflicht, bei Sterbenden im Endstadium eine Flüssigkeitszufuhr sicherzustellen, da diese schlicht das Sterben in die Länge ziehen kann.

Patienten haben das Recht, die Flüssigkeitsaufnahme zu verweigern, genau wie sie das Recht haben, unerwünschte Medikamente abzulehnen. Einem urteilsfähigen Patienten trotz dessen Ablehnung Flüssigkeit zuzuführen könnte sogar als Körperverletzung ausgelegt werden. Arzt und Familie sollten eine solche Entscheidung des Patienten unterstützen und allen Betreuern erklären, dass dies sein verbürgtes Recht ist.

Wenn ein gesunder Mensch keine Flüssigkeit zu sich nimmt, stellt sich bald ein quälender Durst ein. Dies gilt nicht für Sterbende, die eine Dehydrierung ganz anders erleben. Kurz vor dem Tod führen die Krankheit und der Sterbeprozess zu einer Art Selbstsedierung, bei der alle Sinne betäubt werden, darunter auch das Durstgefühl. Ein ungenügendes Verständnis dieses Phänomens kann dazu führen, dass Patienten und ihre Familien gegen diese Möglichkeit, das Sterben zu beschleunigen, unnötige Vorbehalte hegen. Dehydrierung als solche muss kein qualvoller Zustand sein. Sie führt zu Lethargie und Somnolenz, und letztere kann hilfreich sein, da sie die Wahrnehmung des Leidens vermindert. Dehydrierung kann außerdem zu einer vermehrten Bildung von Endorphinen führen, das sind körpereigene chemische Stoffe mit einer opioidähnlichen Wirkung, die Glücksgefühle auslösen. Was die Trockenheit des Mundes angeht, kann sorgfältige Mundpflege Abhilfe schaffen, und andere Symptome, die von der tödlichen Grunderkrankung herrühren, lassen sich wirkungsvoll mit einer ausreichend dosierten Medikation behandeln.

Dennoch wurde in den letzten 20 Jahren in der medizinischen Literatur viel darüber diskutiert, wie Patienten auf Dehydrierung reagieren: Schadet sie ihrem Wohlbefinden oder fördert sie es?[26] Heute überwiegt deutlich die Auffassung, dass die mit Dehydrierung einhergehende Somnolenz und Lethargie dem sterbenden Patienten wohltun, ja tatsächlich den Sterbeprozess erleichtern. Immer mehr Hospizbetreuer und Palliativexperten sind zu dieser Überzeugung gelangt, und dieser Meinungsumschwung deckt sich entschieden mit meiner eigenen Erfahrung.[27] Ich habe in vier Jahrzehnten als Internist viele Sterbende begleitet und nie die schlimmen Folgen der Dehydrierung gesehen, die von ihren Kritikern heraufbeschworen werden – solange eine angemessene Mundpflege, andere angezeigte Linderungsmaßnahmen und eine Sedierung vorgenommen werden.

Wenn Sterbende ihrem Leiden durch Einstellung der Flüssigkeitsaufnahme ein Ende setzen möchten, müssen sie noch entscheidungsfähig sein. Sie müssen auf jede Form oraler oder intravenöser Flüssigkeitsaufnahme verzichten, bis auf die winzigen Mengen, die zur Medikamentengabe notwendig sind, und sie müssen diesen Verzicht bis zum

METHODEN DER LEBENSVERKÜRZUNG

Tod durchhalten, falls sie es sich nicht in der Anfangsphase, solange sie dazu noch in der Lage sind, anders überlegen. Patient und Arzt sollten die Entscheidung über die Einstellung der Flüssigkeitszufuhr gemeinsam treffen und in der Krankenakte dokumentieren.

Es ist unerlässlich, dass der Arzt und das Pflegepersonal an der Befolgung dieses Wunsches einhellig mitwirken und eventuell auftretende Leidenssymptome des Patienten lindern. Gegen Symptome der tödlichen Grunderkrankung selbst gibt es ein ganzes Spektrum von Medikamenten, die angemessen sein können. Schmerzmittel werden, soweit nötig, weiter verabreicht, und gegen Erregungs- und/oder Angstzustände lassen sich wirkungsvoll angstlösende Mittel einsetzen.

Terminale Sedierung

Wenn eine starke Sedierung vonnöten ist, um einen friedlichen Zustand herbeizuführen, können Barbiturate gegeben werden. Sie lassen sich kontinuierlich in konzentrierter Form als langsame Infusion verabreichen, um den erwünschten Benommenheitszustand zu erzielen. Dies geschieht mit einer ausreichenden Menge, um alle Leiden zu betäuben, wobei die Dosis so lange erhöht wird, bis der Patient zur Ruhe kommt und schläft – eine Prozedur, die als »terminale Sedierung« (Ruhigstellung eines Patienten in der Endphase einer tödlichen Erkrankung) bezeichnet wird. In dieser Situation kann der Arzt Barbiturate bei Bedarf in steigenden Dosen einsetzen, bis der Patient schläft und vollständig ohne Bewusstsein ist. Die notwendige Menge wird stetig verabreicht, bis der Patient stirbt.

Bei der terminalen Sedierung verpflichtet sich der Arzt oder die Ärztin dem Patienten und seinen Angehörigen gegenüber zur Gabe ausreichender Dosen. Diese Zusicherung, die die meisten Ärzte prinzipiell bejahen, wird in der Praxis häufig nicht eingehalten. Trotz der Tatsache, dass heute aus ethischer und rechtlicher Sicht allgemein eine Dosierung der Medikation, die hoch genug ist, um Schmerzen oder Qualen wirkungsvoll zu beseitigen, bei sterbenden Patienten als angemessen gilt, wird allzu häufig noch immer unterdosiert, entweder aufgrund veralteter Prinzipien der Schmerztherapie, die sich beim Arzt eingeschliffen haben, oder einfach aufgrund mangelnden Wissens, wie extreme Leiden zu behandeln sind.

Rob McStay veröffentlichte 2003 einen wichtigen Artikel über die Sedierung Sterbender, der detailliert die vielen rechtlichen und ethischen Aspekte dieses Bereichs der Palliativmedizin beleuchtet. Darin definiert er die terminale Sedierung als

> die Herbeiführung eines Zustands der Bewusstlosigkeit, um Qualen zu lindern, denen anders nicht beizukommen ist [...], häufig begleitet vom Abbruch lebenserhaltender Maßnahmen wie Flüssigkeits- und Nahrungszufuhr. Diese Praxis ist eine klinische Ultima-Ratio-Maßnahme, wenn weniger aggressive Palliativbehandlungen gescheitert sind. Die terminale Sedierung wurde dabei für drei unterschiedliche, jedoch ähnliche Zwecke eingesetzt: zur Linderung körperlicher Schmerzen, zur Narkose vor Beendigung künstlicher lebenserhaltender Maßnahmen und zur Linderung nichtkörperlicher Qualen.[28]

Wir können noch einen vierten Zweck anführen: zur Begleitung der willentlichen Beendigung jeder Flüssigkeitsaufnahme in Situationen, in denen Opioide und Medikamente gegen Erregungszustände nicht ausreichen, um die Qualen des Patienten zu kontrollieren.

Die terminale Sedierung führt nach mehreren Studien gewöhnlich innerhalb von zwei bis vier Tagen zum Tod und ist, so folgert McStay, »eine rechtlich begründbare, von den Gesetzen und der Rechtsprechung gedeckte Praxis. Ihre stillschweigende Billigung durch den Obersten Gerichtshof der USA gründet auf lange etablierten Rechtsprinzipien und den Standards der klinischen Versorgung.« McStay hält daher straf-, zivil- oder disziplinarrechtliche Sanktionen, ob sie sich auf den Tod des Patienten oder auf die Verschreibung von Betäubungsmitteln beziehen, für ungerechtfertigt: »Solange ein behandelnder Arzt [...] den Tod nicht vorsätzlich verursacht oder das Sterben beschleunigt, ist das bloße Risiko des Todes als vorhersehbare Folge kein ungerechtfertigtes Risiko, besonders nicht im Hinblick auf die Sterbebegleitung.«

Die rechtliche Grundlage

Beim freiwilligen Verzicht auf Flüssigkeitsaufnahme geht es aus juristischer Sicht im Wesentlichen um das Recht des sterbenden Patienten, sein Leiden zu beenden, und um sein Recht, die erforderliche Medikation zu erhalten, um keine Schmerzen zu erleiden. Was den ersten Punkt betrifft, so erkennt praktisch jedes Rechtssystem das Recht urteilsfähiger Erwachsener an, künstliche Ernährung und Flüssigkeitszufuhr abzulehnen, sowie darüber hinaus, *jedwede* unerwünschte Behandlung zu verweigern, ungeachtet der Diagnose und Prognose, die dem Patienten gestellt wurden, oder ob er im Sterben liegt oder nicht. In den vor dem Obersten Gerichtshof der USA verhandelten Fällen urteilte das Gericht, dass die Ausübung dieses Rechtes kein Suizid und die Entfernung eines Schlauches, der Nahrung und Flüssigkeit zuführt, weder Totschlag noch ärztliche Beihilfe zum Selbstmord ist.[29]

Im Hinblick auf das zweite Recht, jede erforderliche Medikation zu erhalten, um nicht leiden zu müssen, ist es mittlerweile allgemein anerkannt, dass es weder Totschlag noch Beihilfe zum Selbstmord ist, wenn sich als Nebenfolge eines im Übrigen angemessenen palliativmedizinischen Behandlungsplans die Dauer des Sterbeprozesses verkürzt.

Oft ist Patienten die volle Tragweite ihres Rechts, jede unerwünschte Behandlung abzulehnen – darunter auch die Zufuhr von Flüssigkeit in jeder Form –, gar nicht bewusst. Gewissenhafte Ärzte sollten auch diese Möglichkeit ansprechen, wenn sie ihre Patienten über die verschiedenen Optionen aufklären. Die Verkürzung des Lebens durch Ablehnung jeder Flüssigkeitszufuhr, begleitet von ärztlicher Symptombehandlung (einschließlich, wo notwendig, terminaler Sedierung), ist eine Möglichkeit, von der zu wenig Gebrauch gemacht wird, da Patienten und Ärzte ihre rechtlichen Grundlagen nicht ausreichend verstehen. Wenn eine Patientin oder ein Patient gerne davon Gebrauch machen würde, aber das Gefühl hat, dass der Arzt keine Erfahrung damit hat (oder Einwände dagegen vorbringt), kann er beziehungsweise sie um die Hinzuziehung eines anderen Arztes bitten oder den Arzt wechseln. Erwachsene entscheidungsfähige Patienten haben einen Anspruch darauf, ihr Selbstbestimmungsrecht wahrzunehmen. Ihr Arzt folgt den Standards guter medizinischer Versorgung, wenn er Ihnen zur Seite steht, falls Sie sich entschlossen haben, freiwillig auf jede Flüssigkeitsaufnahme zu verzichten. Wenn Sie selbst keine Entscheidung mehr treffen können und einen Vorsorgebevollmächtigten eingesetzt haben, so hat auch dieser das Recht, in Ihrem Namen die Flüssigkeitszufuhr zu verweigern. Hier gelten dieselben Richtlinien der Entscheidungsfindung, wie ich sie im vorherigen Kapitel geschildert habe.

Ärztliche Sterbehilfe mit einer
tödlichen Dosis Barbiturate

Die Einnahme einer tödlichen Dosis Barbiturate ist eine weitere Möglichkeit, den Sterbeprozess zu verkürzen. Der folgende Bericht eines Freundes von mir illustriert einige der Gründe, warum manche Patienten diese Methode wählten:

> Ich war nicht Jims Arzt, sondern mit ihm und seiner Frau Diane befreundet. Ich besuchte sie im Sommer vor einigen Jahren, etwa ein Jahr nachdem bei Jim Prostatakrebs diagnostiziert und er operiert worden war. Als mich Diane in ihren Wintergarten führte, erhob sich Jim mit beträchtlicher Mühe aus seinem Sessel und begrüßte mich. Er bewegte sich sehr langsam und stöhnte von Zeit zu Zeit unter offensichtlichen Rückenschmerzen auf. Jim brachte das Gespräch sofort auf das große Problem, das ihm die Schmerzen und seine Schwäche bereiteten – er dachte daran, seinem Leben ein Ende zu setzen. »Vor mir liegen endlose weitere Schmerzen, und ich werde eine Menge Medikamente brauchen, um sie erträglich zu machen. Ich werde zum Zombie.« Jim befürchtete, die Kontrolle über sein Leben zu verlieren. Sein Bewegungsradius war bereits auf den Wintergarten und das angrenzende Wohnzimmer beschränkt, wo ein Krankenhausbett aufgestellt worden war.
>
> Jahre später kam ich mit Diane, Jims Witwe, auf seinen Tod zu sprechen. »Jim sprach so offen und freimütig davon, was er wollte. Wir beide hatten dasselbe Verständnis vom Leben und seinen Problemen, und keiner von uns wollte damit vor dem anderen hinter dem Berg halten.« Das galt auch, fügte sie hinzu, als das letzte Problem auftauchte: Jims Prostatakrebs.
>
> Wie es häufig geschieht, wenn ein relativ junger Mann Prostatakrebs bekommt (er war damals Mitte 50), war

der Tumor von aggressiver Bösartigkeit. Er hatte eine Prostatektomie gehabt und eine Hormonbehandlung bekommen, aber nur fünf Monate nach seiner ersten Operation gab es entmutigende Anzeichen, dass der Tumor sich ausgebreitet hatte. »Zur Zeit seiner Operation«, erinnert sich Diane, »war er hoffnungsfroh, aber bald war klar, dass er es nicht schaffen würde. Der Krebs war zu weit in seinen Körper vorgedrungen und saß in seinen Knochen. Er fing an, ihm große Schmerzen zu bereiten.«

Jims Reaktion auf seine Lage entsprach ganz seinem Charakter. »Er hatte das Leben gehabt, das er wollte«, erzählte Diane, »und er nahm die Dinge gerne selbst in die Hand. Er musste nicht immer alles unter Kontrolle haben, aber er wusste sehr genau, was er an seinem Lebensende wollte und was nicht. Er wollte nicht hilflos sein.« Jim wollte sterben, solange er noch relativ zufrieden war und selbstbestimmt handeln konnte. Er und Diane hatten alles eingehend besprochen. Er unterschrieb eine Patientenverfügung und gab seiner Frau mit einer Vorsorgevollmacht das Recht, für ihn zu sprechen, falls er selbst nicht mehr dazu in der Lage wäre.

Jims Wunsch, sein Leben zu beenden, zielte laut Diane nicht nur auf die Beendigung seiner Schmerzen. Die Schmerzen ließen sich ziemlich gut in den Griff bekommen. Jim bekam regelmäßig Besuch von Hospizbetreuern, und es gab verschiedene Maßnahmen, um ihm seine Lage erträglicher zu machen – er bekam Unterstützung von seiner Familie, und seine Schmerzmedikation wurde laufend angepasst. Er erhielt großzügige Mengen starker Narkotika, um seine Schmerzen zu lindern, und nicht lange nach meinem Besuch bekam er eine kontinuierliche Morphiuminfusion, die fast alle seine Schmerzen stillte. Doch die starke Medikation raubte ihm jede Energie und machte ihn schläfrig, und er schaffte es fast nicht mehr, aus dem Bett zu kommen. Das war es, was er befürchtet hatte – die Kontrolle zu verlieren und zu einem würdelosen Leben gezwungen zu sein. Er wollte selbst wählen, wie er starb, und nicht zuletzt wollte er auch seiner Frau und seiner Familie eine sich in die Länge ziehende Tortur ersparen.

Diane sagte, dass er sich einige Wochen nachdem ich Jim in jenem letzten Sommer seines Lebens besucht hatte, einen Vorrat an Secobarbital beschafft hatte, der ausreichte, um damit sein Leben zu beenden, und er hatte ein Datum gewählt, an dem er die Kapseln nehmen würde. Seine erwachsenen Kinder und ein Neffe, der Arzt war, kamen, um Jim in seinen letzten Stunden zu begleiten. Die letzten Wochen waren für sie alle schmerzlich gewesen, aber sie hatten Verständnis für seinen Wunsch und stellten sich nicht dagegen.

Diane beschrieb den letzten Tag: »Jim nahm das Medikament am frühen Abend. Wir waren alle da. Er fing an, die Pillen zu schlucken, so schnell er konnte, aber es ging nur zäh, und nach wenigen Minuten sagte er: ›Ich kann nicht mehr.‹ Ich weiß nicht genau, wie viele er genommen hat, aber innerhalb von fünf Minuten ist er eingeschlafen. Nach etwa einer Stunde dachte ich, dass es nicht wirken würde und er nicht genug von den Tabletten genommen hatte, und bin ins Zimmer nebenan gegangen.«

Sein Neffe wachte weiter an seinem Bett. Jim blieb bewusstlos. Diane erinnert sich, dass Jims Atmung nach etwa einer Stunde etwas lauter wurde, vielleicht, weil seine Nase verstopft war, aber er litt in keiner Weise; er bekam überhaupt nichts mit. In den frühen Morgenstunden hörte seine Atmung auf, und sein Herz blieb stehen, und die ganze Familie versammelte sich um sein Bett. Man beschloss, Jims Arzt nicht um zwei Uhr aus dem Bett zu holen, und alle gingen schlafen, außer dem

Neffen, der bis zum Morgen bei ihm wachte. Diane schlief nicht, aber sie fühlte sich, wie sie sagte, erleichtert. »Wir alle waren es.«

Als der Morgen kam, rief man den Arzt. Er traf um sieben Uhr ein und stellte den Totenschein aus, der bestätigte, dass Jim an den Metastasen eines Prostatakrebsleidens gestorben war – was stimmte. Diane erzählte, dass die Kinder später am Tag Familienfotos anschauten und eine Collage von Jims Leben zusammenstellten. Sie hatten ihren Frieden mit Jims Abschied gemacht. Es hatte zwar recht lange gedauert, und kurzzeitig hatten Diane und der Neffe nicht mehr geglaubt, dass die Tabletten wirken würden, doch war Jims Tod letztlich so verlaufen, wie er es sich gewünscht hatte. Für ihn waren die Qualen und Schmerzen nach den ersten fünf Minuten vorüber.

»Gab es etwas, was du heute anders machen würdest?«, fragte ich Diane.

»Nein. Es war Jims Entscheidung, und ich habe sie respektiert. Er war es, um den es ging.«

Merkmale von Secobarbital und Pentobarbital

Vor 10 bis 20 Jahren hätten Ärzte, die Jim in seiner Situation Secobarbital oder Pentobarbital verschrieben, eine Höchstdosis von sechs Gramm empfohlen, gewöhnlich verschrieben in sukzessive ausgestellten Rezepten, mit denen der Patient dann nach und nach die erforderliche Gesamtmenge anhäufte. Heute hätte Jim eine höhere Dosis bekommen (neun oder zehn Gramm), und sein Tod wäre viel schneller eingetreten. Man hat festgestellt, dass niemand, der eine solche Dosis nimmt und bei sich behält, länger als 24 Stunden überlebt – die meisten sterben in der ersten Stunde daran. Man würde heute außerdem die Kapseln öffnen und das in ihnen enthaltene Pulver mit ein paar Löffel Apfelmus oder Fruchtsaft mischen. Ärzte, die Patienten dabei begleiteten, stellten fest, dass sich das Medikament auf diese Weise leichter einnehmen lässt. Das Barbiturat könnte auch in flüssiger Form beschafft und getrunken werden (es schmeckt allerdings bitter).

Im Jahr 1991 veröffentlichte Derek Humphry sein bahnbrechendes Buch *In Würde sterben*[30], das detailliert auf die Möglichkeiten Sterbenskranker eingeht, ihr Leben zu beenden. Das Buch wurde ein Bestseller und leistete einen enormen Beitrag dazu, dieses Problem ins öffentliche Bewusstsein zu rücken. Die Verwendung von Barbituraten zu diesem Zweck wird in der dritten englischen Ausgabe des Buches aus dem Jahr 2002[31] dargelegt. Auch die Ärzte in Oregon, wo diese Praxis legal ist, verwenden gewöhnlich Secobarbital und Pentobarbital. Die Kapseln werden in 50- und 100-Milligramm-Größe angeboten, die das Arzneimittel in Pulverform enthalten, was einer normalen Dosis gegen Schlaflosigkeit entspricht (wogegen die beiden Mittel heute praktisch nicht mehr verschrieben werden). Pentobarbital ist in Oregon auch in flüssiger Form erhältlich.

Neun Gramm dieser beiden Barbiturate liefern eine tödliche Dosis (90 Kapseln zu je 100 Milligramm), die durchschnittliche Zeit bis zum Eintritt des Todes liegt bei 30 bis 60 Minuten. Doch in den letzten Jahren haben viele Ärzte zehn Gramm vorgezogen. Laut dem fünften Jahresbericht zum Sterbehilfegesetz in Oregon (Death with Dignity Act) verstarb bei Verabreichung von zehn Gramm Pentobarbital die Hälfte aller Patienten innerhalb von 15 Minuten.[32] Ärzte raten dazu, die gesamte Dosis binnen ein oder zwei Minuten einzunehmen, da der Patient alles rechtzeitig hinunterschlucken muss, bevor er einschläft, was sehr rasch geschieht. Wie bereits erwähnt, lässt sich das Pulver besser schlucken, wenn man es mit Apfelmus mischt. Neben dem Barbiturat werden bestimmte Hilfsmedikamente eingenommen, um die Wirkung des Mittels zu verbessern.[33]

Neun bis zehn Gramm Secobarbital oder Pentobarbital gelten zwar in allen Fällen als definitiv tödlich, es gab jedoch Anfang 2005 einen Patienten, der eine solche Dosis überlebte. Es ist der einzige Fehlschlag, der bislang in den USA und Europa bekannt geworden ist. Der Selbsttötungsversuch wurde von kompetenten Helfern begleitet, die sich sicher sind, dass der Patient die ganze Dosis nahm und nicht erbrach. Der Grund für diese Ausnahme ist nicht sicher, aber man glaubt, dass die Wechselwirkung mit einem anderen Medikament die Absorption des Barbiturats im Darmtrakt verhinderte.

Die Frage der Haltbarkeit ist schwer zu beantworten, da das Verfallsdatum der meisten Medikamente (zu Recht) vom Hersteller sehr konservativ angegeben wird. Viele Medikamente bewahren ihre Wirksamkeit weit über das Verfallsdatum hinaus. Falls sich ihre Wirksamkeit abschwächt, so geschieht dies wahrscheinlich graduell. Doch sicher sein kann man sich nicht. Hinweisen meiner Kollegen zufolge behält ein Barbiturat, das in einer trockenen Umgebung bei Zimmertemperatur (nicht im Kühlschrank) gelagert wird, seine Wirksamkeit einige Jahre (vielleicht fünf oder sieben). Ich lege mich absichtlich nicht genauer fest, weil es unmöglich ist. Im Allgemeinen sind Barbiturate aber recht stabile Verbindungen, deren Wirksamkeit nur sehr langsam nachlässt.

Ist der Einsatz von Barbituraten legal?

Selbstmord gilt gemeinhin nicht als Verbrechen, aber die Beihilfe dazu kann je nach den Landesgesetzen rechtliche

METHODEN DER LEBENSVERKÜRZUNG

Konsequenzen haben. Gegenwärtig ist es im US-Bundesstaat Oregon unter sorgfältig definierten Umständen legal, wenn ein Arzt ein Medikament zum Zweck der Selbsttötung verschreibt, doch in den anderen Bundesstaaten ist die Lage schwierig. In einigen Staaten gibt es schlicht keine gesetzliche Regelung für diese Situation; in anderen bewegen sich die Ärzte in einer rechtlichen Grauzone. Ärzte und andere, die Hilfe zu einem Selbstmord leisten, gehen hier also das Risiko strafrechtlicher Konsequenzen ein, falls sie entdeckt werden. Wie gravierend dieses Risiko ist, hängt von den Gesetzen des jeweiligen Bundesstaates und Landes ab, von der Haltung der örtlichen Staatsanwälte und der Verschwiegenheit der Eingeweihten aus der Familie oder dem Freundeskreis. Aus diesem Grund sind die meisten Ärzte, die Rezepte für diesen Zweck ausstellen, darauf bedacht, dass möglichst wenige Menschen eingeweiht werden – und nur solche, die den geplanten Selbstmord vollauf akzeptieren. Zum Glück wollen Ehepartner, erwachsene Kinder oder Freunde zum Schutz der Privatsphäre der Familie und der Würde des Sterbenskranken zumeist nicht, dass andere davon erfahren. Dies wird sich in Zukunft hoffentlich einmal ändern, wenn ein solcher Beistand als eine Form der Behandlung Schwerstleidender im Endstadium legalisiert wird und es keinen Grund mehr gibt zu befürchten, dass es an die Öffentlichkeit gelangt.

Die schlichte Anwesenheit beim Selbstmord eines Angehörigen oder Freundes wurde in den USA zumeist nicht als »Beihilfe zum Selbstmord« angesehen, doch ist Vorsicht geboten, da dieser Begriff ungenau definiert ist. Gegenwärtig muss der Patient das Arzneimittel ohne jede Hilfe selbst einnehmen. Derek Humphrys Buch *In Würde sterben* geht näher auf diese Fragen ein und erläutert detailliert die nötigen Vorkehrungen für einen geplanten Tod.

Die Verfügbarkeit von Barbituraten

Die Beschaffung von Barbituraten ist (außerhalb von Oregon) alles andere als einfach. Selbst mit einem Rezept sind die Medikamente extrem schwer zu bekommen. Viele Drugstores und Apotheken führen sie nicht, da sie heute hauptsächlich eingesetzt werden, um bei sterbenskranken Menschen im Endstadium das Sterben zu beschleunigen, und die Händler werden immer stärkeren Kontrollen der Regulierungsbehörden zur Bekämpfung des Arzneimittelmissbrauchs unterworfen. Eine der großen Arzneimittelfirmen, die Secobarbital herstellten, Eli Lilly, hat die Produktion mit der Begründung eingestellt, es gebe dafür keinen ausreichend großen Markt.[34] Das Mittel wird seit 2004 jedoch von einer anderen Firma (Ranbaxy) produziert und geliefert.

Eine weitere Schwierigkeit, Barbiturate zu erhalten, brachte die Direktive des früheren Generalbundesanwaltes John Ashcroft von 2001 an die US-Drogenbehörde mit sich, die Verschreibung von Barbituraten zum Zweck der Herbeiführung des Todes sterbenskranker Menschen nach den Bundesgesetzen als illegal einzustufen. Erst im Januar 2006 gebot der Oberste Gerichtshof dieser Praxis mit der Begründung Einhalt, dass der Generalbundesanwalt damit seine Kompetenzen überschritten hatte.

Einige Jahre lang, jedoch heute zunehmend weniger, waren Veterinäre eine mögliche Quelle. Auch im Ausland konnten Barbiturate erfolgreich beschafft werden, aber es ist für den Einzelnen schwer, in Erfahrung zu bringen, wohin er sich wenden soll. Der illegale Kauf auf der Straße ist gefährlich, weil man nie weiß, aus welcher Quelle die Ware stammt. Es gibt eine Menge Internetanbieter von Arzneimitteln, aber auch hier weiß man nie genau, mit wem man es zu tun hat. Die meisten Patienten beschaffen sich die Mittel über ihren eigenen Arzt oder andere im Gesundheitswesen tätige Personen oder indem sie Kontakt zu Sterbehilfeorganisationen aufnehmen (siehe Anhang 3).

Angesichts der schwierigen Beschaffung ziehen es manche Menschen vor, ein leichter erhältliches Medikament zu benutzen. Es gibt jedoch keine andere Klasse von Arzneien, die mit der gleichen Sicherheit und Schnelligkeit wirken wie Barbiturate, wenn sie in einer tödlichen Dosis eingenommen werden. Die Versuche, sich mit anderen Substanzen das Leben zu nehmen, führen zu sehr unterschiedlichen Ergebnissen. Und es gibt wohl nur wenige Menschen, die solch einen unsicheren Ausgang riskieren wollen.

Die Schattenseiten der Heimlichkeit

Wer in den USA nicht in Oregon lebt, kann einen Arzt nicht legal um die Verschreibung von Barbituraten bitten, um sein Sterben zu verkürzen. Die Ärzte werden hier entweder die Hilfe verweigern oder auf Geheimhaltung bestehen, in der Hoffnung, damit ihr Risiko strafrechtlicher Konsequenzen so gering wie möglich zu halten. Obwohl dies zumeist klappt, hat die Heimlichkeit auch einige beträchtliche Schattenseiten:

1. Es gibt weniger Konsultationen mit anderen Ärzten; die möglichen Nachteile liegen auf der Hand.
2. Alles, was im Zusammenhang mit dem Kauf, der Zubereitung und Verabreichung des Barbiturats steht – oder mit der Rechtfertigung seiner Verwendung –, ist unter den Bedingungen der Geheimhaltung notwendigerweise schwieriger.
3. Es entsteht ein Klima der Angst, wenn Arzt, Patient oder

Familienmitglieder befürchten müssen, dass es aufgrund ihrer Handlungen zu einer Anklage wegen Beihilfe zum Selbstmord oder Tötung auf Verlangen kommen kann. Wenn der Kreis jener, die vom Einsatz des Barbiturats wissen, klein gehalten wird und sich allein auf jene Personen beschränkt, die bereit sind, dem Patienten beim Sterben zu helfen, dürfte die Geheimhaltung zumeist gelingen, sodass es nicht zu unerwünschten Konsequenzen kommt. Dies ist jedoch schwer zu garantieren.

4. Falls es zu einem Gerichtsverfahren kommt, kann die bloße Tatsache, dass die Beteiligten Geheimhaltung vereinbart hatten, der Staatsanwaltschaft in die Hände spielen. Sie könnte die Frage stellen: »Wenn Sie Ihr Tun als untadelig verteidigen, warum haben Sie dann versucht, es zu verheimlichen?«

Die meisten meiner Kollegen, die in solchen Situationen den Totenschein ausstellen, geben die Grunderkrankung als Todesursache an, nicht die absichtlich eingenommene Überdosis eines Barbiturats. Es gibt zumeist keine Leichenschau, da der Patient sterbenskrank war, sein baldiger Tod zu erwarten stand und der behandelnde Arzt folglich keine Veranlassung dazu sieht. Obwohl die Einnahme tödlicher Dosen häufig geschieht, wird hier ein Tatbestand verheimlicht, und es ist alles andere als wünschenswert, dass der Arzt nicht völlig offen sagen darf, was geschehen ist. Selbst ohne gesetzlichen Schutz für ein solches ärztliches Handeln ist das rechtliche Risiko gering, aber es ist nicht völlig von der Hand zu weisen. Ärzte werden daher eine unterschiedliche Bereitwilligkeit zeigen, einem Patienten zu helfen, sein Sterben zu beschleunigen, solange sie keinen gesetzlichen Schutz genießen.

Helium:
Eine neue Methode zur Beendigung
unerträglicher Leiden

Bis vor einigen Jahren waren Barbiturate das bevorzugte Mittel eines geplanten Todes, doch ist ihre Beschaffung in letzter Zeit so schwierig geworden, dass Helium zu einer echten Alternative geworden ist.

Im Folgenden schildere ich einige Fälle, in denen Helium eingesetzt wurde, um dort, wo alle anderen Methoden gescheitert waren, unerträgliche Qualen zu beenden. Ich betone, dass ich lediglich darüber berichte, welcher Gebrauch in diesen Fällen von dieser Möglichkeit gemacht wurde, und nicht beabsichtige, damit eine Empfehlung abzugeben. Es geht mir allein darum zu zeigen, wozu sich einige Patienten, die einen schlimmen Tod vor Augen hatten, gedrängt sahen, als sie vor der Entscheidung standen, wie sie damit fertig werden sollten.

Mit Helium, einem geruchlosen, nichtentflammbaren, nichtexplosiven Gas, können sterbenskranke Patienten, die an unerträglichen Schmerzen leiden und ihre Qualen verkürzen möchten, einen raschen, leichten und beinahe sicheren Tod erlangen. In meinen Gesprächen mit Befürwortern der Sterbehilfe, die mit dieser Methode gut vertraut sind, hörte ich von extrem wenigen Fehlschlägen, unangenehmen Symptomen oder unerwarteten Resultaten. Binnen 45 bis 60 Sekunden tritt Bewusstlosigkeit ein, und der Herzschlag aller Patienten stoppte gewöhnlich nach 15 Minuten, meistens früher.[35]

Es gibt bisher nur wenige Berichte über die Verwendung von Helium zur Selbsttötung. Der erste Fallbericht über einen Tod durch Helium stammt von Russel Ogden vom Fachbereich Kriminologie des Kwantlen University College im kanadischen New Westminster (British Columbia).[36] Seither ist eine Handvoll weiterer Berichte erschienen, doch ich habe keinen Artikel in einer großen medizinischen Fachzeitschrift gefunden, der sich mit dem Thema befasst und alle bekannten Todesfälle mit dieser Ursache aufgearbeitet hätte. Derek Humphry hat jedoch den Einsatz von Helium detailliert in der dritten Ausgabe seines bekannten Buches *Final Exit* beschrieben und 2006 ein Video mit demselben Titel veröffentlicht (die deutsche Übersetzung der Erstausgabe des Buches *In Würde sterben* von 1992 enthält diesen Abschnitt noch nicht; A.d.Ü.).[37] Eine Internetsuche erbringt eine erkleckliche Zahl von Websites, die sich mit dem Thema befassen, aber sie beziehen sich zumeist auf Einzelerfahrungen und haben nicht die Qualität der von Fachkollegen überprüften Artikel renommierter medizinischer Zeitschriften. Allerdings hat Faye Girsh eine sehr gute Website über Selbstmordmethoden veröffentlicht – auf Englisch –, darunter auch Helium (»The Many Ways to Hasten Death«).[38]

Ich bin mir der Kontroverse zu diesem Thema, besonders in Deutschland, bewusst.[39] Es gibt jedoch in den Vereinigten Staaten bisher keine alarmierenden Nachrichten über Komplikationen bei Selbsttötungen mit Helium. Wann immer das Gas hierzulande zu diesem Zweck benutzt wurde, trat allen Berichten zufolge der Tod extrem schnell, sicher und schmerzlos ein, frei von jeglichen Qualen.

Wie Helium auf den Körper wirkt

Um seine Wirkungsweise zu veranschaulichen, sollen die zugrunde liegenden physiologischen Prozesse beim Einsatz von Helium kurz erklärt werden. Wird hundertprozentig reines Helium eingeatmet, führt dies durch Sauerstoff-

METHODEN DER LEBENSVERKÜRZUNG

mangel im Gehirn zum Tod. Bei der normalen Atmung gelangt mit der Luft ein Anteil von 20,9 Prozent Sauerstoff in die Lunge, dessen Aufnahme die grundlegenden Funktionen des Körpers sicherstellt. (Außer Sauerstoff besteht gewöhnliche Luft aus 78,1 Prozent Stickstoff, 0,036 Prozent Kohlendioxid und Spuren einiger anderer Gase.) Ohne Sauerstoff verliert ein Mensch in weniger als einer Minute das Bewusstsein. Dieser Sauerstoffmangel ist mit keinerlei unangenehmen Empfindungen verbunden.

Würde man erwürgt oder auf andere Weise erstickt, wäre die Reaktion Todesangst und eine verzweifelte Atemnot. Solche Qualen beruhen jedoch nicht auf Sauerstoffmangel, sondern auf der Ansammlung von Kohlendioxid im Körper, dessen Ausatmung durch das Abschnüren der Atemwege verhindert wird. (Kohlendioxid ist ein normales Abfallprodukt, das mit jedem Atemzug von den Lungen ausgestoßen wird.) Überschüssiges Kohlendioxid löst das Gefühl aus, schneller und tiefer atmen zu müssen (Atemnot oder Dyspnoe). Liegt dagegen nur ein akuter Sauerstoffmangel vor, wird man aufgrund des verminderten Sauerstoffgehalts des Blutes einfach bewusstlos. Man verspürt keine Atemnot, da sich durch fortgesetztes Ausatmen kein Kohlendioxid im Körper stauen kann.

Ich habe Sauerstoffmangel erlebt und kann bezeugen, dass damit keine Qualen verbunden sind. Als ich in den 50er Jahren als Sanitätsarzt der Luftwaffe diente, nahm ich auf der Randolph Air Force Base in Texas an einer Übung in einer Unterdruckkammer teil. Eine Gruppe von uns kam in die Kammer, die eine Höhe von circa 13 000 Metern simulierte, wo der atmosphärische Druck extrem niedrig ist. Man bleibt nur bei Bewusstsein, wenn man Sauerstoff aus einer Überdruckmaske einatmet. (In einem Flugzeug, das in dieser Höhe fliegt, steht die ganze Kabine unter Über-

druck, sodass man dort auch ohne spezielle Überdruck-
masken ausreichend Sauerstoff einatmet.)

Unser Ausbilder erklärte uns, dass die Entfernung der
Atemmaske in einer solchen Höhe binnen Sekunden zur
Ohnmacht durch Sauerstoffmangel führt. Er bat um einen
Freiwilligen, der diese Wirkung demonstrieren sollte. Das
Versuchskaninchen sollte seine Maske abnehmen und seinen Namen auf einen Block schreiben, während er be-
reitstand, um ihm die Maske rechtzeitig wieder aufzusetzen.
Aus irgendeinem Grund meldete ich mich freiwillig. Ich
schrieb meinen Namen einmal auf, aber schon beim zweiten
Mal war meine Schrift aufgrund des Sauerstoffmangels nur
noch ein Gekritzel, woraufhin der Ausbilder mir die Maske
schleunigst wieder aufsetzte. Ich verspürte nicht das ge-
ringste unangenehme Gefühl, da ich weiterhin das Kohlendioxid ausatmete – mir fehlte beim Einatmen in der dünnen
Luft der Unterdruckkammer nur eine ausreichende Menge
Sauerstoff. Ganz sicher verspürte ich keine Atemnot oder
Erstickungsgefühle.

Das Gleiche, was mir in der Druckkammer passierte,
geschieht, wenn jemand mit einem kleinen Plastikzelt über
dem Kopf hundertprozentig reines Helium oder ein anderes Edelgas einatmet (z. B. reinen Stickstoff).

Die Selbsttötung mit Helium[40]

Helium ist frei verkäuflich und zum Beispiel in Gasflaschen
zum Aufblasen von Luftballons in Spielzeuggeschäften erhältlich. Sterbewillige, die mit Helium ihr Leben beendeten, nahmen häufig zwei Ein-Liter-Flaschen, um sicherzugehen, dass ihnen eine ausreichende Menge des Gases zur
Verfügung stand. Ein T-Schlauch sorgt dann dafür, dass das
Helium gleichzeitig aus den beiden Flaschen von unten in

das Plastikzelt einströmen kann, das dann wie eine Haube über den Kopf gezogen wird. Viele begnügten sich aber auch mit einer einzigen Flasche und hielten eine zweite für den Bedarfsfall bereit. Die Plastikschläuche, durch die das Helium unter die Haube strömt, finden sich in Baumärkten, aber es gibt auch fertige Sätze, bei denen sichergestellt ist, dass die Verbindungen genau passen.

Strömt das Helium in den kleinen Plastiksack, bläht er sich auf und fängt an zu schweben, da das Gas die Luft darin – und mit ihr den Sauerstoff – verdrängt. Zieht der Patient das nun wie ein Luftballon aufgeblähte Zelt über seinen Kopf und befestigt es mit einem Gummiband oder einem Riemen mit Klettverschluss locker um seinen Hals, atmet er pures Helium ein. Durch den Sauerstoffmangel verliert er rasch das Bewusstsein, binnen weniger Minuten kommt es zum Herzstillstand, und die Atmung setzt aus. Dabei kann es zu Zuckungen der Extremitäten kommen, die der Patient aber nicht erlebt, da er bewusstlos ist. Er leidet nicht unter Erstickungs- oder Angstzuständen, da die Bewusstlosigkeit bereits nach 30 bis 60 Sekunden eintritt. Bei den mir beschriebenen Fällen wurden die verwendeten benötigten Utensilien danach gewöhnlich von einem Helfer entfernt.

Ein Stau von Kohlendioxid im Körper (und eine damit verbundene Atemnot) tritt bei dieser Methode nicht auf, da die Zeit nicht ausreicht, damit sich Kohlendioxid ansammeln könnte, weder unter der Haube noch im Blutkreislauf. (Immer wieder haben Menschen ihr Leben durch Ersticken auch allein mit einer über den Kopf gestülpten Plastiktüte ohne Helium beendet, doch in solchen Fällen kommt es zwangläufig zu einer qualvollen Atemnot, weil der Erstickungsprozess nicht annähernd so schnell wirkt wie hundertprozentig reines Helium.)

In den USA haben mittlerweile weit über 200 schwerstleidende Patienten Helium benutzt, um ihr Leben zu beenden. Dabei kam es nur selten zu Komplikationen. Offenbar waren die einzigen Ausnahmen eine Handvoll Fälle, bei denen die Schläuche nicht gut auf den Flaschen befestigt waren, sodass Raumluft in das Zelt gelangte und das Helium nicht seine volle Wirkung entfalten konnte.

Die Familien von Menschen, die ihre Leiden auf diese Weise beendeten, riefen danach gewöhnlich den Hausarzt an, um ihm mitzuteilen, dass der Patient nicht mehr atmete. Viele Familien warteten damit ein oder zwei Stunden, um für den Fall, dass ein Rettungswagen verständigt würde, absolut sicherzugehen, dass der Betroffene gestorben war. Der Hausarzt erklärte den Patienten dann für tot und vermerkte auf dem Totenschein als Todesursache die jeweilige tödliche Grunderkrankung.

Helium als letzte Wahl

Ethel, eine über 50-jährige Patientin eines Kollegen, beendete mit Helium ihr Leben. Sie litt an amyotrophischer Lateralsklerose (ALS), einer meist tödlich verlaufenden Erkrankung des motorischen Nervensystems mit fortschreitenden Lähmungserscheinungen bis hin zur Atemlähmung. Ethel und Ron waren seit längerem geschieden, aber gute Freunde geblieben. Ihr Exmann und ihre vier Kinder gaben sich alle Mühe, Ethel in ihrem Kampf gegen diese Krankheit zu unterstützen, und sie standen auch hinter ihrer schließlich getroffenen Entscheidung, ihren Sterbeprozess abzukürzen.

Mit fortschreitender Krankheit konnte Ethel nicht mehr gehen, sie war an den Rollstuhl gefesselt. Ihre Arme wurden stetig schwächer, und bald würde sie völlig hilflos sein. Ihr Tod würde vermutlich durch eine

Atemlähmung aufgrund der immer schwächer werdenden Atemmuskulatur eintreten. Mit einem derart schlimmen Tod vor Augen zog Ethel es vor, ihrem Leben selbst ein Ende zu setzen.

Sie hatte gehört, dass die Einatmung von hundertprozentig reinem Helium einen sehr raschen, leichten und sicheren Tod bewirkt. Ethel entschloss sich zu dieser Methode und kaufte in einem nahe gelegenen Geschäft eine kleine Flasche Helium zum Aufblasen von Partyballons. Sie besorgte sich auch einen Satz mit passenden Schläuchen, ein Plastikzelt und Riemen mit Klettverschlüssen, um das Helium einatmen zu können. Sie übte die Anwendung, jedoch ohne das Ventil der Flasche zu öffnen. Sie war sich sicher, dass ihr das Einatmen des Heliums die großen Qualen ersparen würde, die ihr andernfalls bevorstanden.

Ethel wohnte in einem großen Haus. Zwei ihrer Kinder lebten in der Nähe und pflegten sie aufopferungsvoll. Einen Tag bevor sie ihr Leben beenden wollte, waren alle ihre Kinder und ihr ehemaliger Ehemann anwesend. An diesem Tag erhielt sie auch abermals Besuch von einem freiwilligen Helfer, und am Abend sprach sie mit einem Arzt noch einmal durch, was geschehen und wie der Tod eintreten würde, falls sie an ihrem Plan festhielt. Die Anwesenheit des Arztes war sowohl für Ethel als auch für ihre Familie beruhigend, sodass sie dem weiteren Ablauf relativ gefasst entgegensahen.

Am nächsten Tag, den sie zu ihrem Todestag gewählt hatte, lag Ethel, umgeben von ihrer Familie, in ihrem Schlafzimmer halb aufrecht im Bett. Zwei der Kinder saßen zu beiden Seiten neben ihr. Obwohl sie sehr schwach war, konnte sie selbst das Ventil öffnen und das Zelt mit Helium füllen. Dann zog sie es über ihren Kopf. Ethel starb schnell – ihr Tod war friedlich.

Die Familie wollte noch etwas Zeit für sich haben und wartete zwei Stunden, dann verständigte sie das örtliche Hospiz. Eine Hospizärztin erklärte Ethel für tot. Die Verwendung von Helium wurde ihr gegenüber nicht erwähnt, und sie nahm an, dass die Patientin schlicht an ihrer Krankheit gestorben war. (Die Familie hatte das Plastikzelt und die Gasflasche entfernt, sodass es keine sichtbaren Hinweise auf ihre Verwendung gab.) Die Hospizärztin stellte den Totenschein aus, dann wurde das Bestattungsunternehmen verständigt. Ethels Tod war genau so verlaufen, wie es sich die Familie gewünscht hatte – schnell, sicher und frei von Qualen –, und es war für Ethel ein selbstbestimmtes Ende gewesen.

Vorteile des Heliums

Nach Ansicht vieler Ärzte ist die Verwendung von Helium heute die schnellste und am leichtesten verfügbare Selbstmordmethode für einen sterbenskranken Patienten mit unerträglichen Qualen. Helium hat einige Vorteile gegenüber Barbituraten, weil es viel schneller wirkt, leicht anzuwenden und – zumindest heute noch – leicht verfügbar ist. Wie Barbiturate in tödlich hohen Dosen ist Helium eine sichere Methode.

Was die rechtliche Situation betrifft, wurde meines Wissens bislang kein Familienmitglied oder ein anderer Sterbebegleiter in den USA für seine Anwesenheit beim Selbstmord eines Patienten mit dieser Methode belangt. Der Patient führt sie ohne physische Hilfe der Anwesenden aus, indem er die Gasflasche aufdreht, das Zelt mit Helium füllt und es sich dann ohne fremde Hilfe über den Kopf zieht.

Helium kann ohne die Hilfe und sogar ohne das Wissen des Arztes benutzt werden. Es erfordert kein ärztliches Rezept – ein großer Vorteil, weil viele Ärzte dort, wo Sterbehilfe unter Strafe steht, vor möglichen rechtlichen Konsequenzen zurückscheuen und lieber keine Barbiturate verschreiben. Andererseits beraubt der Verzicht auf Einschaltung eines Vertrauensarztes den Patienten und die Familie der wichtigen emotionalen und psychologischen Unterstützung, die der moralische Beistand eines Arztes bietet.

Wo die Gesetzeslage oder die Strafverfolgungsbehörden die Verwendung von Barbituraten verhindern oder die nötige Dosis schwer zu beschaffen ist, hat sich Helium als mögliche Alternative erwiesen. Es wird darüber hinaus auch noch an anderen Wegen des Sauerstoffentzugs zur Selbsttötung geforscht.

9

TRAURIGKEIT AM LEBENSENDE
VERSUS DEPRESSION

Wenn ein Sterbenskranker beschließt, sein Sterben zu beschleunigen, weil er trotz gewissenhafter Versorgung unerträglich leidet, ist das etwas anderes als die Selbstmordgedanken eines depressiven Menschen. Das Wort »suizidgefährdet« wird für Menschen benutzt, deren *psychischer* Zustand zeitweilig in ihnen den irrationalen Wunsch weckt, ihr Leben zu beenden, um ihren akuten Seelenqualen zu entrinnen. Im Gegensatz dazu sollte man bei sterbenskranken Patienten im Endstadium, die die rationale Entscheidung treffen, ihr Leben um Tage oder Wochen zu verkürzen, weil ihnen ihr *medizinischer* Zustand unerträgliche Leiden aufbürdet, von einer Verkürzung oder einer Beschleunigung des Sterbens sprechen.

Der Unterschied zwischen suizidaler Depression und der schnelleren Herbeiführung eines unmittelbar bevorstehenden Todes ist von entscheidender Bedeutung, um einerseits das Recht Sterbenskranker auf eine selbstbestimmte Wahl des Zeitpunkts ihres Todes und andererseits psychisch instabile Menschen vor sich selbst zu schützen. Wenn Sie oder ein Familienmitglied sterbenskrank sind, liefert das Verständnis dieses Unterschieds auch ein wichtiges Argument, um sich gegen die Behauptung zur Wehr zu setzen, die Verweigerung einer medizinischen Behandlung oder der Wunsch, das Sterben zu beschleunigen, sei auf eine suizidale Depression zurückzuführen, wo es doch in Wahrheit schlicht um eine rationale Entscheidung am Lebensende geht.

In Kapitel 7 habe ich den Fall Davids angeführt, der mit Anfang 60 einen unheilbaren Krebs im hinteren Teil seiner Zunge bekam. Davids Entschluss, sein Sterben zu beschleunigen, war für ihn eine große Erleichterung. Natürlich war er traurig, ans Ende seines Lebens gelangt zu sein, aber er war dankbar für die zusätzlichen Jahre, die er hatte erleben dürfen, nachdem die aggressive medizinische Behandlung seines Krebsleidens ihn zweimal leidlich wiederhergestellt hatte. Natürlich hätte er gerne noch einmal eine solche Chance gehabt, aber er akzeptierte, dass dies nicht mehr möglich war.

Als bei David erneut ein Krebsleiden diagnostiziert worden war, hatte er Angst und litt unter Schlaflosigkeit, bis er seiner Frau Abigail und mir eröffnete, sein Sterben mit einer Überdosis Barbiturate beschleunigen zu wollen. Nachdem er seinen Plan einmal offenbart hatte, war er sehr erleichtert. David wusste, dass er für sich die richtige Wahl getroffen hatte.

Suizidale Depression

Im Gegensatz zu David war Mark ein junger Mann Mitte 30, der eine schwere Depression entwickelte, als seine Verlobte Carolyn bei einem tragischen Autounfall nur wenige Monate vor ihrer Hochzeit ums Leben kam. Mark und Carolyn waren seit fünf Jahren zusammen und seit zwei Jahren verlobt gewesen. Er konnte sich ein Leben ohne sie einfach nicht vorstellen. Die Sinnlosigkeit ihres Todes empfand er als überwältigenden Schmerz.

Mark versank in einer Depression, konnte nicht mehr richtig schlafen, verlor seinen Appetit und sieben Kilo Gewicht und spielte schließlich mit dem Gedanken an Selbstmord. Als sein geplanter Hochzeitstag näher rückte, wuchs bei seiner Familie und seinen Freunden die Sorge, denn er sprach nun offen davon, sich durch Selbstmord mit Carolyn zu vereinen. Schließlich brachte Marks Familie ihn in die Notaufnahme eines Krankenhauses, wo er gegen seinen Willen in eine psychiatrische Station eingewiesen wurde, um ihn vor sich selbst zu schützen.

Glücklicherweise sprach Mark gut auf die Kombination von Psychotherapie und Antidepressiva an. Bald fand er seine Selbstmordgedanken »unbegreiflich« und war überzeugt, dass sie eine »irrationale Reaktion auf Carolyns Tod« waren. Mark setzte seine Laufbahn als Computerprogrammierer fort und lernte schließlich eine andere Frau kennen, die er später heiratete. Nach alledem hatte er das Gefühl, dass es dies war, was Carolyn für ihn gewollt hätte.

Davids und Marks Fall könnten unterschiedlicher kaum sein. David war sterbenskrank, sein Zungenkrebs war zurückgekehrt, eine Therapie zur Wiederherstellung seiner Gesundheit nicht mehr möglich. Er sah einem grauenhaften Ende entgegen. David hatte kein Leben mehr vor sich, er lag im Sterben. Unter diesen Umständen traf er die rationale Entscheidung, seinen Tod selbst herbeizuführen.

Im Gegensatz dazu war Mark bei bester körperlicher Gesundheit. Sein Leben lag noch vor ihm, sofern er die Depression überwand, in die er nach Carolyns Tod gestürzt war. Seine Selbstmordgedanken waren eine irrationale Flucht vor seinen akuten seelischen Qualen. Während David den Rückhalt seiner Familie und seines Arztes benötigte, um aus dem Leben zu scheiden, brauchte Mark seine Familie und Ärzte, um für seine Sicherheit zu sorgen, als er es nicht mehr selbst vermochte.

Eine Depression kann sowohl psychische als auch physische Symptome haben. Psychisch kann sie sich in Gefühlen der Hilflosigkeit, Hoffnungslosigkeit und Wertlosigkeit äußern. Zu den körperlichen Symptomen gehören Schlaflosigkeit, Lethargie, Appetitlosigkeit, Gewichtsverlust. Im Allgemeinen entwickeln die Patienten mit fortschreitender Depression gravierendere körperliche Symptome, und es fällt ihnen immer schwerer, ein geregeltes Leben zu führen. Ein nur leicht depressiver Mensch fühlt sich niedergedrückt, zeigt aber nur geringe physische Symptome und ist in der Lage, ein geregeltes Leben zu führen, während ein schwer depressiver Patient wie Mark auch starke körperliche Symptome entwickeln kann, die ein normales Leben unmöglich machen.

Die American Psychiatric Association hat neun Symptome identifiziert, an denen sich eine Depression erkennen lässt:

1. eine depressive Stimmung für mindestens zwei Wochen
2. stark vermindertes Interesse oder Freude an Aktivitäten
3. beträchtlicher Gewichtsverlust oder erhebliche Gewichtszunahme
4. Schlaflosigkeit oder zu viel Schlaf
5. Ruhelosigkeit oder Lustlosigkeit
6. Erschöpfung oder Antriebslosigkeit
7. Gefühle der Wertlosigkeit oder exzessive, unangemessene Schuldgefühle
8. verminderte Denk- oder Konzentrationsfähigkeit sowie Unentschlossenheit
9. wiederkehrende Gedanken an Tod oder Selbstmord.[41]

Die körperlichen Depressionssymptome können auch bei Sterbenskranken auftreten. So sind Erschöpfung, Schlafstörungen, Appetitlosigkeit und Gewichtsverlust Symptome vieler Krebserkrankungen. Wenn die physischen Symptome eines Sterbenskranken durch seine Grunderkrankung erklärt werden können, sollten sie nicht auf eine Depression zurückgeführt werden. Der Kern der Depression sind ihre psychischen Symptome: Lethargie und Selbstvorwürfe treten an die Stelle der Traurigkeit. Echte Traurigkeit hat eine kathartische Wirkung und kann auch Kraft spenden, im Gegensatz zur Depression, die den Menschen schwächt. In seiner suizidalen Depression fühlte sich Mark hilf- und wertlos und war verzweifelt. Ganz anders David, der eine verständliche Traurigkeit empfand und daraus Kraft für seine Entscheidung schöpfte, sein Sterben zu beschleunigen.

Kriterien einer rationalen Entscheidung, das Leben zu beenden

Wenn sterbenskranke Menschen nicht selbstmordgefährdet sind, sondern die rationale Entscheidung treffen, ihr Sterben zu beschleunigen, müssten alle folgenden Kriterien erfüllt sein. Der Patient oder die Patientin

- hat eine tödliche Krankheit im Endstadium,
- wird voraussichtlich innerhalb der nächsten sechs Monate sterben,
- leidet trotz sorgfältigster Versorgung unerträglich an den Symptomen der Krankheit und
- trifft unter diesen ungewöhnlichen Umständen die rationale Entscheidung, den Sterbeprozess zu verkürzen.

Wenn es Ihnen oder einem Familienmitglied schwerfällt, zwischen dem Wunsch nach Sterbehilfe am Lebensende und suizidaler Depression zu unterscheiden, können Sie einen Psychiater konsultieren. Sie sollten jedoch darauf achten, dass dieser Sterbenskranken grundsätzlich das Recht zubilligt, ihr Sterben zu beschleunigen. Treffen die oben genannten (und die in Kapitel 7 aufgeführten) Kriterien zu, sollten dem Patienten keine psychotherapeutischen Therapien oder Psychopharmaka aufgezwungen werden.

Bei schweren und qualvollen, jedoch nicht unmittelbar tödlich verlaufenden Erkrankungen kann eine rationale Entscheidung zur Lebensverkürzung schwerer fallen – etwa bei beginnender Demenz, Gebrechlichkeit und Abhängigkeit von Dialyse, bestimmten Fällen von Tetraplegie, schwerster Parkinson-Erkrankung und anderen ähnlichen fortschreitenden oder chronischen Krankheiten. Für diese Betroffenen gibt es keine einfachen Antworten oder Richtlinien, doch auch sie können in Einzelfällen triftige Gründe für den Wunsch haben, ihr Leiden zu beenden.

10

IRREVERSIBLE DEMENZ: EIN SONDERFALL

Die meisten von uns haben Angst davor, am Ende des Lebens durch eine fortschreitende Demenz geistig zu degenerieren, während unser Körper weiterhin leidlich seinen Dienst tut. Bei der Alzheimer-Krankheit und anderen Demenzformen kann sich dieser Prozess über Jahre hinziehen. Einer meiner Kollegen berichtete mir von einer Alzheimer-Erkrankung in seiner Familie:

Meine Schwiegermutter Susan kam in einem recht jungen Alter, Mitte 60, glaube ich, deswegen in ein Pflegeheim. Sie hatte den Ausbruch der Krankheit ihr Leben lang befürchtet, da schon ihre Mutter demenzkrank gewesen war. Susan war eine hoch kultivierte Frau und sehr auf die Wahrung des äußeren Anscheins bedacht. Jedes Mal, wenn sie Schwierigkeiten hatte, sich an ein Wort zu erinnern, oder wenn sie vergessen hatte, etwas zu erledigen, machte sie sich Sorgen, dass auch bei ihr die Alzheimerkrankheit ausgebrochen war.

Tragischerweise verlor sie tatsächlich nach und nach ihr Gedächtnis und wusste bald nicht mehr, was um sie herum vor sich ging. Schließlich gab ihr Ehemann sie in ein Pflegeheim. Wann immer meine Frau und ich Susan dort über die Jahre besuchten, war es für uns beide entsetzlich.

Am Ende war sie wie ein ruheloses, gequältes Tier – sie saß in einem Stuhl und zerrte an ihren Gurten. Ich hoffte die ganze Zeit, dass sie ihren Zustand nicht wirk-

lich mitbekam, und musste immer denken, wie schrecklich es für sie gewesen wäre, hätte sie sich in ihren letzten Lebensjahren so sehen können!

Wohl kaum ein Mensch wird sich mit dem Gedanken
anfreunden, in geistiger Umnachtung dahinzudämmern,
keine Freunde und Familienangehörige mehr zu erkennen, nicht mehr zu wissen, wer er ist oder war und wo er
sich befindet, sich nicht mehr um sich selbst kümmern
und in keinerlei sinnvollen geistigen Austausch mit seiner
Umwelt treten zu können. Noch bedrückender wird diese
Vorstellung durch die Tatsache, dass es bis heute umstritten
ist, inwiefern irreversibel an Demenz erkrankte Menschen
am Lebensende noch ein Selbstbestimmungsrecht ausüben
können. Das Dilemma besteht darin, dass es keinen verlässlichen Weg gibt, um zu gewährleisten, dass die eigenen
Versorgungswünsche, auf die man sich im urteilsfähigen
Zustand festgelegt hatte, auch dann noch befolgt werden,
wenn man an Demenz erkrankt ist. Wenn jemand, dem dieses Schicksal droht, sein Leben beendet, während er mental
dazu noch in der Lage ist, so womöglich nur um den Preis
eines verfrühten Todes.

Im Jahr 2005 beteiligte ich mich an einem Arbeitskreis
in Boston, um vernünftige Richtlinien aufzustellen, wie
im Falle von Demenzerkrankungen mit dem Selbstbestimmungsrecht des Patienten umzugehen ist, doch trotz
etlicher Übereinstimmungen gingen die Meinungen der
Teilnehmer weit auseinander.[42]

Viele möchten im Falle einer Demenzerkrankung nicht
weiterleben müssen, doch wie soll dieser Wunsch gewähr-
leistet werden? Es müsste gelingen, der vorsorglichen Entscheidung unseres gegenwärtigen Selbst eine so starke Gel-
tung zu verschaffen, dass sie jede Entscheidung, die unser

urteils*un*fähiges Selbst in Zukunft im Widerspruch dazu treffen könnte, aufwiegt.[43] Schließlich könnte die durch Demenz urteilsunfähig gewordene Person, zu der wir uns entwickeln könnten, eine solche vorsorgliche Verfügung ablehnen. Wenn der Patient wartet, bis die Demenz ausgebrochen ist, ist er ja per definitionem nicht mehr in der Lage, die zuvor gewünschte Lebensverkürzung einzufordern. Und wenn ein Bevollmächtigter die Entscheidung trifft, das Sterben des Patienten zu beschleunigen, stellt sich die Frage, von wem er die Befugnis dazu erhalten hat.

Es gäbe allerdings einige Vorkehrungen, um vorsorglichen Verfügungen größere Chancen auf Befolgung einzuräumen, falls eine Urteilsunfähigkeit infolge von Demenz eintritt. In meiner Erörterung des Problems nehme ich die Alzheimer-Krankheit als Modell für alle Demenztypen am Lebensende, da sie die häufigste Demenzursache ist; entsprechend gelten diese Überlegungen für alle Formen irreversibler Demenz.[44]

Das Dilemma der Alzheimer-Krankheit

Alzheimer ist eine fortschreitende Degenerierung der Nervenzellen im Gehirn bis hin zu ihrem Untergang. Dies führt anfänglich zu Gedächtnisverlust, gefolgt von einer stetigen, in die Demenz mündenden Verschlechterung der kognitiven Fähigkeiten, die sich massiv auf das Verhalten auswirkt. Die Krankheit, die gleichermaßen bei Frauen und Männern im Alter von über 65 auftritt (manchmal aber auch früher), nimmt einen tödlichen Verlauf, der sich über Jahre hinziehen kann. In den erkrankten Nervenzellen in der Hirnrinde und einem Teil der darunter liegenden Areale lassen sich mikroskopisch kleine Knäuel von Neurofibrillen (Nervenzellfasern) und Ablagerungen nachweisen, die im Wesentlichen aus einem anormalen Protein, dem Amyloid-ß-Peptid bestehen. Die Diagnose kann mit letzter Sicherheit erst nach einer Autopsie gestellt werden, aber aufgrund des Krankheitsverlaufs, durch bestimmte Bluttests und die Magnetresonanztomografie kann es auch möglich sein, bereits zu Lebzeiten des Patienten die Krankheit zu diagnostizieren. Die Alzheimer-Krankheit zeigt ein breites Spektrum von Symptomen ohne typischen Verlauf. Häufig lässt sich die Alzheimer-Krankheit nicht verlässlich von verschiedenen anderen Krankheiten (wie Gefäßkrankheiten) unterscheiden, die ebenfalls zu Demenz führen. Die Häufigkeit von Alzheimer sowohl in den symptomatischen wie in den asymptomatischen Formen der Krankheit nimmt zu – nur Herz-Kreislauf-Erkrankungen, Krebs und Schlaganfälle sind als Todesursache noch verbreiteter. Eine gute Informationsquelle über die Krankheit und eine Anlaufstelle für Beratung ist die Deutsche Alzheimer Gesellschaft.[45]

Es gibt keine bekannte Vorbeugung gegen Alzheimer und keine wirksame Therapie, und die Aussichten, in naher Zukunft bahnbrechende medizinische Fortschritte gegen die Krankheit zu erzielen, sind nicht sonderlich gut. Es sind einige experimentelle Medikamente im Einsatz, deren Wirksamkeit jedoch sehr begrenzt ist. Da es gegenwärtig keine Möglichkeit gibt, das Fortschreiten der Alzheimer-Krankheit aufzuhalten oder umzukehren, wurden vielfach Überlegungen angestellt, auf welchen ethischen und legalen Wegen sich das Leiden an dieser Krankheit verkürzen ließe.

Entscheidend sind aber nicht die enormen Kosten, die Demenzkrankheiten dem Gesundheitswesen verursachen – sie führen zu einer Verdreifachung der Ausgaben für die

Gesundheitsversorgung[46] –, sondern welch enorme Belastung sie den Patienten und ihren Familien aufbürden. Der Verlust der Würde und die Qualen der Betroffenen, die Fortdauer des physischen Lebens in Abwesenheit des geistigen, all dies ist für die erkrankten älteren Menschen und ihre Angehörigen oft nur schwer erträglich. Da es gegenwärtig keine Möglichkeit gibt, das Fortschreiten der Alzheimer-Krankheit aufzuhalten oder umzukehren, wurden vielfach Überlegungen angestellt, ob es nicht ethisch vertretbar sei, das Leiden an dieser Krankheit zu verkürzen.

Abbruch von lebensverlängernden Therapien

Wie bereits weiter oben in diesem Buch erörtert, hat sich in unserer Gesellschaft langsam allgemein die Auffassung durchgesetzt, dass es ethisch und rechtlich erlaubt ist, bestimmte Formen der Behandlung oder Unterstützung zu unterlassen oder abzubrechen, wenn ein entscheidungsfähiger Patient oder, im Fall der Entscheidungsunfähigkeit, dessen Vorsorgebevollmächtigter sie ablehnt.

Wenn im Falle eines Demenzkranken, der *zuvor eine entsprechende Patientenverfügung unterzeichnet hat*, eine Therapie unterlassen oder abgebrochen wird, ist es daher unwahrscheinlich, dass dagegen ein berechtigter – legaler oder moralischer – Einspruch erhoben wird. Auch wenn *keine* Patientenverfügung dieser Art vorhanden ist, kann nach Eintritt der Demenzkrankheit ohne rechtliche Probleme über einen Behandlungsabbruch entschieden werden, solange unter den für die Pflege verantwortlichen Personen (Verwandte, ein gerichtlich bestellter Betreuer, falls keine Verwandten vorhanden sind, und/oder ein Arzt) Einigung darüber besteht, dass eine solche Entscheidung im besten

Interesse des Patienten liegt und daher von seiner mutmaßlichen Einwilligung auszugehen ist.

Nahrungs- und Flüssigkeitsentzug

Ein *entscheidungsfähiger* Patient hat, wie oben gesehen,
unzweifelhaft das Recht, die Aufnahme von Nahrung und
Flüssigkeit zu verweigern, da niemand zum Essen oder
Trinken gezwungen werden darf. Dieses ethische und gesetzlich verankerte Recht wird jedoch problematisch, wenn
es darum geht, einer *demenzkranken* Person jede Flüssigkeit
zu verweigern, selbst wenn sie einem Vorsorgebevollmächtigten zuvor eine schriftliche Verfügung erteilt hat, unter
den Bedingungen irreversibler Demenz nicht weiterleben
und durch Flüssigkeitsentzug sterben zu wollen. Wenn der
demenzkranke Patient durstig ist und um Wasser bittet,
wäre es für den Bevollmächtigten oder irgendeinen Betreuer nahezu unmöglich, dem Patienten zu erklären, dass
er kein Wasser bekommen dürfe; man müsste ihn sedieren,
um ihm mögliche Qualen zu ersparen. Selbst wenn eine
entsprechend lautende Patientenverfügung vorliegt, wäre
folglich ihre Ausführung problematisch. Der momentane
Wille des Patienten steht über dem in der Patientenverfügung postulierten Anliegen. Noch schwieriger wird der
Flüssigkeitsentzug bei einem demenzkranken Menschen,
wenn dieser einen zufriedenen Eindruck macht und außer
unter dem Mangel an kognitiven Fähigkeiten in keiner
Weise zu leiden scheint.

Das Problem verschärft sich noch, wo *keine* Patientenverfügung vorliegt und *kein* Vorsorgebevollmächtigter bestellt wurde. In solchen Fällen gibt es keine klare rechtliche
Befugnis, ein mutmaßliches Einverständnis des Patienten
vorauszusetzen. Hier bewegen sich die Betreuer in einer

Grauzone, da der Demenzkranke wahrscheinlich weiterhin Wasser verlangt und sediert werden müsste, um sein Verlangen danach zu unterbinden.

Indirekte und direkte aktive Sterbehilfe
bei Demenzkranken

Bei Demenzkranken sind indirekte und direkte aktive Sterbehilfe noch weitaus problematischer als bei einwilligungsfähigen Patienten. Selbst im US-Bundesstaat Oregon ist die ärztliche Sterbehilfe nur bei urteilsfähigen sterbenskranken Patienten möglich – und viele Demenzkranke sind nicht im Endstadium sterbenskrank. Das Dilemma einwilligungsunfähiger Patienten bleibt ungelöst, und eine in diesem Fall Euthanasie zu nennende aktive Sterbehilfe ist bis heute absolut illegal und steht unter Strafe.

Was sollte möglich sein?

Solange Menschen bei klarem Verstand sind, sollten sie die Möglichkeit bekommen, rechtlich bindende Dokumente zu hinterlegen, in denen sie die Umstände darlegen, unter denen sie, erstens, keine Flüssigkeit mehr aufnehmen wollen (mit der notwendigen begleitenden Sedierung), sodass der Tod binnen Tagen eintritt, oder, zweitens, von einem Arzt eine tödliche Spritze erhalten wollen (aktive Sterbehilfe). Die vorsorglichen Wünsche eines urteilsfähigen Menschen sollten einen höheren Stellenwert bekommen als alle möglichen späteren Wünsche des verwirrten, urteilsunfähigen Selbst.

Dafür wäre eine Gesetzesänderung nötig, doch die Möglichkeit, dass die Gesetzgeber zumindest in den USA sich in naher Zukunft dazu entschließen, ist nicht so weit hergeholt. Der Patient würde dadurch das Recht bekommen, die Umstände einer Demenzkrankheit zu definieren, unter denen er nicht weiterleben möchte. Flüssigkeitsentzug mit Sedierung wird bis zu einem gewissen Grad heute in den Niederlanden praktiziert, zusammen mit der noch aggressiveren aktiven Sterbehilfe unter sorgfältig definierten Umständen; in Belgien gehen Überlegungen in dieselbe Richtung. Mit einer klaren gesetzlichen Regelung sollte jeder Missbrauch ausgeschlossen werden.

Ein weiterer Grund, die Beendigung des Lebens Demenzkranker zu erlauben, die dies vorher ausdrücklich und verbindlich bestimmt haben, liegt darin, dass es den Druck von jenen nehmen würde, die aus Angst vor einer Demenz ihr Leben andernfalls vielleicht vorzeitig beenden würden. Sie könnten die Zeit, in der sie noch bei einigermaßen klarem Verstand sind, genießen, wenn sie wüssten, dass vor dem vollen Ausbruch der Demenzkrankheit ein definitiver Ablauf von Maßnahmen garantiert wäre. Andernfalls gäbe es, wie Ed Lowenstein, ein Mitglied unserer Demenz-Arbeitsgruppe sagte, »die Gefahr, dass viele ihr Leben verkürzen, solange sie noch nicht oder nur sehr schwach demenzkrank sind, weil sie unbedingt entschlossen sind, ein Leben als schwer Demenzkranker zu vermeiden, und aus der Sorge, dass die Demenz ihnen die Fähigkeit rauben könnte, ihr eigenes Sterben zu beschleunigen.«[47]

Was lässt sich heute schon tun?

Was aber kann man heute bereits tun, um zu verhindern, dass man im Zustand schwerer Demenz am Leben gehalten wird? Die folgenden Anregungen könnten das Sterben unter solchen Umständen zumindest einfacher und würdiger machen, auch wenn es keine Garantie gibt, dass die Wünsche des Patienten tatsächlich erfüllt werden.

- Versäumen Sie nicht, einen Bevollmächtigten zu bestellen, der Ihren Wunsch, mit schwerer Demenz nicht weiterleben zu wollen, akzeptiert.
- Fügen Sie der Vorsorgevollmacht eine detaillierte Patientenverfügung mit einer eingehenden Beschreibung Ihrer Wünsche bei und orientieren Sie sich dabei an dem Muster in Anhang 5. All diese Direktiven lassen sich in Abwesenheit entsprechender Gesetze vielleicht nicht rechtlich durchsetzen, aber sie können ein klares Bild davon vermitteln, was Sie *wünschen* und *nicht* wünschen, sodass der Bevollmächtigte nicht den geringsten Zweifel darüber hegt.
- Stellen Sie insbesondere sicher, dass der Arzt, alle anderen Betreuer und Ihr Vorsorgebevollmächtigter verstehen, dass Sie keinesfalls in ein Krankenhaus eingewiesen, mit Antibiotika behandelt, per Infusion oder per Nasenschlauch Flüssignahrung erhalten oder beim Essen unterstützt werden möchten – oder irgendeine Behandlung außer einer lindernden Versorgung erhalten wollen.
- Als Familienmitglied eines Demenzkranken sollten Sie ein Gespräch mit den anderen Angehörigen, dem Arzt, dem Pflegeleiter des Heims, gegebenenfalls Ihrem Rechtsanwalt und Ihrem Pfarrer organisieren, um über die Wünsche des Patienten zu sprechen und sich zu versichern, dass alle hinter dem vereinbarten Ansatz stehen. Selbst ohne Patientenverfügung gibt es, wie gesagt, praktisch nie ein rechtliches Problem, wenn zwischen Familie, Betreuern und Pflegern Einigkeit darüber besteht,

was unternommen (oder unterlassen) werden soll, solange es dabei um die Ablehnung unerwünschter Maßnahmen geht.

- Stellen Sie sicher, dass das Ziel der Behandlung und Versorgung des Patienten in die Krankenakte aufgenommen
wird. Es sollte in dem eben erwähnten Gespräch klarge-
stellt worden sein, und auch dieser Umstand sollte in der
Krankenakte verzeichnet werden. Machen Sie deutlich,
dass das Ziel darin besteht, den Patienten durch den
Sterbeprozess zu begleiten, und nicht darin, seine Gesundheit wiederherzustellen.

- Erklären Sie allen Pflegern des Heimes, dass der Patient
nach dem Wunsch der Familie dort und nicht in einem
Krankenhaus sterben soll und sie ihre Aufgabe erfolgreich erfüllt haben, wenn er friedlich im Heim sein
Leben beschließt, statt noch woandershin verlegt zu
werden. Die Pfleger werden bessere Arbeit leisten, wenn
sie wissen, dass die Familie und der Bevollmächtigte mit
dem nahen Tod des Patienten rechnen, und sie werden
keine Angst mehr davor haben, »nicht genug getan« zu
haben.

- Treffen Sie mit den Betreuern und Pflegern die Über-
einkunft, dass der Patient keinen Untersuchungen und
diagnostischen Prozeduren mehr unterworfen wird, einschließlich der routinemäßigen Blutdruck- und Fieber-
messung. Es gibt dafür keinen Grund, wenn das Ziel
darin besteht, die Dauer der Demenz zu verkürzen.
Die einzige Ausnahme sind Maßnahmen der lindernden
Basisversorgung.

Die eben genannten Maßnahmen, die darauf abzielen, den
Sterbeprozess eines Demenzkranken zu verkürzen, wurden
alle schon weiter oben erörtert, wo es um die Betreuung

ging, die jeder Sterbende erhalten sollte. Die Unterschiede bei Demenzkranken sind erstens, dass diese Maßnahmen häufig unterbleiben, weil der Patient oft noch nicht unmittelbar im Sterben liegt; und zweitens, dass die Familie und die Betreuer von Demenzkranken noch entschiedener auftreten müssen, um eine sinnlose Lebensverlängerung zu verhindern, da es ungewöhnlich ist, solche Maßnahmen auch bei Sterbenskranken zu ergreifen, die nicht unmittelbar vor dem Lebensende stehen. Dazu ist große Entschlossenheit vonnöten.

11

EIN SELBSTBESTIMMTES LEBENSENDE DURCH VORAUSPLANUNG

Im Hinblick auf die Planung und rechtliche Absicherung der medizinischen Versorgung am Lebensende gilt fast durchgängig eine Maxime: Man muss sich beizeiten darum kümmern, um Verwirrung, Enttäuschung und ein Scheitern zu vermeiden. Junge und gesunde Menschen haben häufig ein Gefühl der Unbesiegbarkeit und schieben daher das Thema vor sich her. Doch auch ältere Menschen erkennen oft nicht, wie wichtig Vorausplanung ist. Ungeachtet des Alters und Gesundheitszustands ist eine rechtzeitige Planung jedoch von entscheidender Bedeutung.

Eine Patientenverfügung ist eine schriftliche Willenserklärung darüber, welche Versorgung man sich am Lebensende wünscht. Man schreibt sie, während man noch urteilsfähig ist und in medizinische Entscheidungen einwilligen oder diese ablehnen kann. Schriftliche Verfügungen sind das beste und einfachste Mittel, um Situationen zu vermeiden, in denen unklar ist, was ein Patient für sich gewollt hätte, und sie sind äußerst wichtig, um vormundschaftsgerichtliche Anordnungen, die gegen die Wünsche des Patienten verstoßen, zu vermeiden. Sie sollten von Erwachsenen im Vollbesitz ihrer geistigen Fähigkeiten verfasst werden.

Rechtliche Streitigkeiten um die Versorgung Sterbender entstehen meist dann, wenn Patienten nicht mehr in der Lage sind, sich an medizinischen Entscheidungen zu beteiligen, und keine klare schriftliche Erklärung über ihre

Wünsche hinterlegt haben. Vormundschaftsgerichte schalten sich nicht gerne ein, um anzuordnen, was in solchen Situationen zu geschehen hat, doch sie sind dazu verpflichtet, wenn es in der Familie Meinungsverschiedenheiten gibt und keine Verfügungen des Patienten über seine Wünsche vorliegen. In den USA sind die Fälle von Karen Ann Quinlan, Paul Brophy und Terri Schiavo, bei denen nach Gerichtsentscheidungen lebensverlängernde Maßnahmen beendet wurden, zu wichtigen Präzedenzfällen für die Versorgung Sterbender geworden, aber sie wären (wie viele andere) niemals erforderlich gewesen, wenn in diesen Fällen ordentliche Patientenverfügungen vorgelegen hätten.

Die Fälle, die Schlagzeilen machen, betreffen häufig junge Menschen in verzweifelten Situationen, in denen sie nicht für sich selbst sprechen können und keine schriftlichen Direktiven für ihre medizinische Versorgung hinterlassen haben. Jeder Erwachsene über 18 sollte eine Patientenverfügung abfassen. Während älteren Menschen solche Direktiven sinnvoll erscheinen, weil sie sich bereits Gedanken über eine mögliche Krankheit und ihren näher rückenden Tod machen, wähnen sich junge Menschen vor gesundheitlichen Schicksalsschlägen sicher und planen nicht voraus – manchmal mit sehr schlimmen Folgen. Kürzlich hielt ich vor einer Gruppe von etwa 70 College-Studenten einen Vortrag über die Vorsorge für das Lebensende. Auf die Frage, wer eine Patientenverfügung hatte, hob nicht einer seine Hand! Das ist ein ernstes Problem.

Vorsorgeinstrumente

Es gibt verschiedene Arten von Vorsorgeinstrumenten, die dabei helfen, die Versorgung des sterbenskranken Patienten in seinem Sinne zu gestalten.

Die Patientenverfügung

Eine Patientenverfügung, auch Patiententestament oder Patientenbrief genannt, ist die älteste und einfachste Vorsorgemöglichkeit. Es handelt sich um eine persönliche schriftliche Erklärung, in der Sie Ihre Wünsche kundtun können, wie Sie am Lebensende medizinisch und pflegerisch versorgt werden möchten, welche Behandlungen Sie billigen und welche Sie ablehnen. In Anhang 4 finden Sie ein Muster für eine solche Verfügung. Wenn Sie solch ein Muster mit vorformulierten Textbausteinen zum Ankreuzen nutzen, können Sie zusätzlich eine Seite anhängen, auf der Sie Ihre Wertvorstellungen darlegen. Dieses Beiblatt dient dazu, die Glaubwürdigkeit Ihrer Entscheidungen zu unterstreichen und Ihre persönlichen Überlegungen zu verdeutlichen. Es ist kein Rechtsanwalt oder Notar für die Abfassung oder Beglaubigung erforderlich; es ist aber sinnvoll, die Patientenverfügung von einem Arzt unterschreiben zu lassen.* Obwohl sie nicht in jeder Hinsicht bindend sein muss, bleibt die Patientenverfügung ein sehr wichtiges Dokument und hat gewöhnlich bei jenen, die für den Patienten die Entscheidungen treffen, wenn dieser dazu selbst nicht mehr in der Lage ist (Angehörige, Ärzte), eine erhebliche Bedeutung.** Jeder sollte eine Patientenverfügung haben, selbst wenn er mit einer Vorsorgevollmacht einen

---

* Derzeit wird in Deutschland von einigen Parlamentariern eine Neuregelung der Patientenverfügung gefordert. Vgl. www.tagesspiegel.de/politik/deutschland/Sterbehilfe-Patientenverfuegung;art122,2645005; www.netdoktor.de/News/Patientenverfuegung-Scharfe-1129714.html; www.dradio.de/dlf/sendungen/interview_dlf/874416/ (A.d.Ü.)

**»Bei einwilligungsunfähigen Patienten ist die in einer Patientenverfügung zum Ausdruck gebrachte Ablehnung einer Behandlung für den Arzt bindend, sofern die konkrete Situation derjenigen entspricht, die der Patient in der Verfügung beschrieben hat, und keine Anhaltspunkte für eine nachträgliche Willensänderung erkennbar sind.« »Grundsätze

Bevollmächtigten bestimmt hat. Die Patientenverfügung ist eine wichtige Ergänzung einer solchen Vollmacht, da sie der bestellten Person detailliertere Direktiven an die Hand gibt und die Entscheidungen steuern hilft.

Die Vorsorgevollmacht

Die Vorsorgevollmacht (auch Patientenanwaltschaft genannt) ist im Fall der Hilfsbedürftigkeit ein rechtlich wirksamer Schutz der eigenen Interessen. Mit einem solchen Dokument bestimmen Sie einen Bevollmächtigten, der Entscheidungen über Behandlungen oder ihre Unterlassung treffen darf, sofern Sie selbst dazu nicht mehr in der Lage sind. Die Vorsorgevollmacht stellt einen sehr wichtigen Fortschritt für die Patientenrechte dar, weil sie einem ordentlich bestellten Bevollmächtigten das Recht verleiht, anstelle des Patienten medizinische Entscheidungen mit derselben Befugnis zu fällen, als wäre er immer noch voll geschäftsfähig.* Aus diesem Grund hat sie rechtlich ein größeres Gewicht als eine Patientenverfügung. *Jeder Erwachsene* sollte unverzüglich eine solche Vollmacht ausstellen – und nicht warten, bis dies durch eine plötzliche Krankheit oder Behinderung unmöglich wird. Ein Muster für eine Vorsorgevollmacht findet sich in Anhang 4.** Wie bei der

der Bundesärztekammer zur ärztlichen Sterbebegleitung«, www.bundes aerztekammer.de (A.d.Ü.)

* Besteht für den Patienten oder die Patientin Todesgefahr oder das Risiko dauerhafter Gesundheitsschädigungen, muss der Bevollmächtigte für eine Behandlung nach deutschem Recht jedoch eine Genehmigung des Vormundschaftsgerichts einholen (§ 1904 BGB). (A.d.Ü.)

** Falls Sie keinen Menschen haben, dem Sie ausreichend vertrauen, um ihm eine solche Vollmacht zu erteilen, können Sie alternativ dazu eine Betreuungsverfügung ausstellen (siehe Anhang 4). In diesem Fall wird das Vormundschaftsgericht einen Betreuer für Sie bestellen. (A.d.Ü.)

Patientenverfügung ist für die Ausfertigung der Vollmacht kein Rechtsanwalt oder Notar erforderlich, lediglich ein Zeuge oder eine Einrichtung muss bezeugen, dass der Aussteller im Vollbesitz seiner geistigen Fähigkeiten ist.*

Es gibt einige Diskussionen darüber, wie detailliert die Anordnungen für den Bevollmächtigten in dem Dokument beschrieben werden sollten. Manche sagen, es sei besser, dem Bevollmächtigten eine umfassende und allgemeine Vollmacht zu erteilen, ohne im Einzelnen zu bestimmen, was genau erwünscht beziehungsweise unerwünscht ist. Entsprechend würde sich der Bevollmächtigte im Hinblick auf die von Ihnen gewünschte Versorgung auf das stützen, was Sie zuvor mit ihm besprochen haben. Nicht alle Eventualitäten lassen sich voraussehen, daher würde der Bevollmächtigte hier also nur anhand allgemeiner Anweisungen ohne detaillierte Instruktionen bestimmen, was nach seiner Kenntnis Ihres mutmaßlichen Willens für Sie am besten ist.

Nach Meinung anderer sollten die Wünsche des Patienten in einem Anhang zur Vorsorgevollmacht im Einzelnen aufgeführt sein. Musterformulare für Vollmachten lassen für solche Bestimmungen eigens Raum. Ich habe in den Jahren meiner ärztlichen Praxis viel erlebt, was ich für mich selbst wünsche beziehungsweise nicht wünsche, und dies in einem Zusatz zu meiner Vorsorgevollmacht aufgelistet (siehe Anhang 5). Dieser optionale Anhang spezifischer Wünsche kann auch alternativ dazu in die eigenständige

* In Deutschland führt die Bundesnotarkammer ein Register über Vorsorgevollmachten, das Zentrale Vorsorgeregister, in dem vor allem Daten zur Person des Vollmachtgebers und des Bevollmächtigten, das Datum der Ausstellung der Vollmacht, die Aufgaben, für die der Bevollmächtigte zuständig sein soll, und besondere Wünsche und Anordnungen des Vollmachtgebers verzeichnet sind. (A.d.Ü.)

Patientenverfügung aufgenommen werden. Am besten ist es, wenn Ihr Bevollmächtigter Ihre Ermächtigung hat und weiß, was Sie wollen. Wenn Sie eine zusätzliche Erklärung abgeben wollen (ob nun der Vorsorgevollmacht angehängt oder nicht), beschränkt dies nicht die Befugnis, die der Bevollmächtigte in unvorhergesehenen Situationen hat. Geben Sie Ihre spezifischen Anweisungen über die Vorgehensweise in bestimmten Situationen so, dass dadurch nicht festgelegt wird, wie der Bevollmächtigte in einer nicht spezifizierten Lage handeln soll. Sie müssen nicht alle Eventualitäten abdecken, um Ihrem Bevollmächtigten die Befugnis zu geben, bei jedem Problem, das auftritt, für Sie zu sprechen.

Reanimationsverbot und Notfallbogen

Ihre Patientenverfügung sollte auch, falls gewünscht, ein ausdrückliches Wiederbelebungsverbot enthalten. Dies gilt natürlich nur, wenn Sie sterbenskrank sind und Ihre voraussichtliche Lebenserwartung nicht mehr als sechs Monate beträgt. Ergänzend dazu ist es ratsam, einen sogenannten Notfallbogen bereitzuhalten. Damit ist eine »komprimierte Patientenverfügung« gemeint, die in besonderen Situationen, vor allem bei Einsätzen von Notärzten oder Rettungsteams, vorgelegt werden kann. Mit dem Notfallbogen können Sie Ihre Zustimmung oder Ablehnung zu einer Herz-Lungen-Wiederbelebung oder auch einer Krankenhauseinlieferung bekunden. Ein solcher Notfallbogen sollte nach ärztlicher Beratung möglichst zeitnah vom Patienten oder gegebenenfalls – nach Ermittlung des mutmaßlichen Willens und der ärztlichen Indikation – von seinem Bevollmächtigten oder Betreuer unterzeichnet werden. Wenn auch der Arzt oder die Betreuungseinrichtung das Dokument unterzeichnet, erhält es noch größeres Gewicht.

Der Zweck dieser Anordnung besteht darin, den Betreuern eines Sterbenskranken zu ermöglichen, einen Krankenwagen zu rufen, wenn eine neue Situation eintritt oder die Verlegung in ein Krankenhaus für eine andere Art von Behandlung erforderlich wird, ohne dass aggressive Reanimationsmethoden angewandt werden, wozu alle Notfallhelfer verpflichtet sind, wenn kein schriftliches Reanimationsverbot vorliegt. Ein Reanimationsverbot kann nur verfügt werden, wenn das Ende unmittelbar bevorsteht und jede Notrettung und Wiederbelebung unerwünscht und unangemessen ist.

Es sollte nicht vergessen werden, dass neben einem solchen Reanimationsverbot der beste Weg, die ungewollte Wiederbelebung eines sterbenden Patienten zu Hause zu verhindern, natürlich darin besteht, keinen Krankenwagen zu rufen. Ein Notruf setzt automatisch ein Rettungsteam in Gang, das strenge Einsatzregeln befolgt, während ein herbeigerufener Hausarzt lindernde Maßnahmen ergreifen kann, auf die man sich zuvor geeinigt hat. Dies ist ein weiterer Grund, all dies mit Ihrem Arzt durchzusprechen. Wird bei einem Sterbenden Beistand benötigt, sollte in den allermeisten Fällen zuerst der Arzt verständigt werden. Dies gilt auch für den Fall, dass die Familie glaubt, dass der Patient gestorben ist. Wenn der Hausarzt nicht im Dienst ist, kommt vielleicht eine Vertretung, die nicht mit der Situation vertraut ist, doch lässt sich diese weit leichter überzeugen, dass keine aggressive Behandlung erforderlich ist, als ein Rettungsteam. In jedem Fall empfiehlt es sich, den Notfallbogen, am besten zusammen mit der Vorsorgevollmacht und der Patientenverfügung, griffbereit aufzubewahren.

Vorsorgliche Verfügungen bei Demenz:
Ein besonderes Dilemma

Die Alzheimer-Krankheit und andere Demenzkrankheiten stellen, wie wir in Kapitel 10 gesehen haben, ein besonderes Problem dar, da es sehr schwierig ist, vor der Zeit eine Direktive zu erteilen, mit der sich die Befolgung des Wunsches erreichen ließe, lieber zu sterben, als in einem Zustand der Demenz dahinzudämmern. Bei der gegenwärtigen Gesetzeslage lässt sich nur sehr schwer damit umgehen, aber im Anhang unterbreite ich einige Vorschläge, um das Dilemma zumindest teilweise anzugehen.

Was Sie in jedem Fall beachten sollten

- Sprechen Sie mit Ihrer Familie, Ihren Freunden und Ihrem Arzt über Ihre Patientenverfügung und Ihre Vorsorgevollmacht. Erinnern Sie sie regelmäßig daran, dass Sie schriftlich Ihre Wünsche dargelegt haben, wie Sie betreut werden möchten, wenn Sie im Sterben liegen.
- Sorgen Sie dafür, dass Ihr Arzt, das Pflegeheim, das Krankenhaus, der ambulante Pflegedienst oder das Hospiz Kopien Ihrer Patientenverfügung und Ihrer Vorsorgevollmacht zu den Akten nehmen. Verteilen Sie Kopien an Ihre Familienmitglieder und Ihren Rechtsanwalt und bewahren Sie einige Exemplare zu Hause auf.
- Nehmen Sie Kopien Ihrer Vorsorgedokumente mit, wenn Sie ins Krankenhaus kommen.
- Stellen Sie sicher, dass sich Ihr Arzt mit Ihren Wünschen einverstanden erklärt. Erhalten Sie kein solches Einverständnis, sollten Sie den Arzt wechseln.
- Schieben Sie die Niederschrift Ihrer Patientenverfügung

und Vorsorgevollmacht nicht auf die lange Bank. Schreiben Sie sie sofort, solange Sie es noch können.

Was können Familien tun, wenn ein sterbender Angehöriger keine Patientenverfügung oder Vollmacht hinterlassen hat?

Das Fehlen einer Vorsorgevollmacht und einer Patientenverfügung ist kein Problem, wenn die Diagnose und die Prognose klar und die Familie und der Arzt sich über den mutmaßlichen Willen des Patienten einig sind. Die Entscheidungen werden in diesem Fall von den Beteiligten getroffen, die erfahrungsgemäß so gut wie nie die Gerichte bemühen.

Wenn die Diagnose und die Prognose fraglich sind oder es zu Meinungsverschiedenheiten zwischen den Betreuern, der Familie und dem Arzt über das weitere Vorgehen kommt, kann man sich an das Vormundschaftsgericht wenden. Das ist gewöhnlich relativ einfach, und die Gerichte fällen solche Urteile im Allgemeinen im Eilverfahren. Allerdings ist hier der Beistand eines Anwalts vonnöten.

In Situationen, in denen eine lange Pflege und eine ungewisse Zukunft zu erwarten sind, kann man das Vormundschaftsgericht im Einzelfall auch bitten, einen Betreuer zu bestellen. Auch dies ist leicht zu erreichen und gewöhnlich nicht langwierig. Das Gericht delegiert die Entscheidungen dann an ein geeignetes Familienmitglied, einen Freund oder, wenn sich niemand dazu bereitfindet, zum Beispiel an einen Betreuungsverein.

Obwohl Vormundschaftsgerichte in der Regel schnelle Urteile fällen, kann es bei schwerwiegenden Entscheidungen über das Schicksal eines Sterbenskranken bisweilen zu sehr komplizierten und langwierigen Verfahren kommen. Der Fall von Terri Schiavo in Florida, der einige Jahre lang Schlagzeilen machte, ist ein Beispiel dafür. In diesem Fall war der Ehemann der nächste Angehörige mit dem größten Recht, für seine im permanenten Wachkoma liegende Frau zu sprechen. Weil Schiavos Eltern jedoch das Vorhaben des Ehemannes, die lebenserhaltenden Maßnahmen einzustellen, mit Sturheit und Hartnäckigkeit ablehnten, kam es zu mehreren Berufungsverhandlungen. Ein Fiasko wie im Schiavo-Fall wäre in den meisten Fällen durch eine Vorsorgevollmacht und Patientenverfügung zu vermeiden gewesen.

Voraussetzungen
für ein selbstbestimmtes Sterben

Den meisten Menschen ist es möglich, an den Wendepunkten des Lebens selbstbestimmt Entscheidungen zu treffen, aber dazu ist entschlossenes Handeln nötig. Die folgenden Voraussetzungen sollten erfüllt sein, damit alles so läuft, wie Sie selbst es wollen:

- Informieren Sie sich über Ihre Rechte.
- Sorgen Sie dafür, dass Sie an den medizinischen Entscheidungen teilnehmen können (d.h., dass Sie voll informiert sind und die Entscheidung über das weitere Vorgehen wirklich mittragen können). Sie müssen Ihre gesundheitliche Lage verstehen.
- Machen Sie Ihrer Familie und Ihren Betreuern klar, welche Wünsche Sie haben, und halten Sie diese in Ihrer Patientenverfügung (und gegebenenfalls in Ihrer Vorsorgevollmacht) schriftlich fest.
- Dokumentieren Sie Ihren Wunsch, auf weitere Thera-

pien zu verzichten. Stellen Sie sicher, dass Ihre Betreuer das neue Ziel akzeptieren, Sie durch den Sterbeprozess zu begleiten und Ihnen eine ausschließlich auf Linderung zielende Versorgung zukommen zu lassen.

- Fragen Sie nach den Erfolgsaussichten jeder Behandlungsoption. Lassen Sie sich von einer vernünftigen Wahrscheinlichkeit leiten, statt absolute Sicherheit zu fordern. Vermeiden Sie fruchtlose medizinische Therapien.

- Bestellen Sie einen Vorsorgebevollmächtigten und sorgen Sie dafür, dass diese Person Ihre Wünsche kennt.

- Vergessen Sie nie, dass Sie selbst darüber bestimmen, was mit Ihnen geschieht, solange Sie entscheidungsfähig sind. Wenn Sie es nicht mehr sind, hat Ihr Bevollmächtigter dieselben Rechte wie Sie.

- Lassen Sie nicht zu, dass die Entscheidungen vom Gesundheitssystem diktiert werden. Erlauben Sie niemals, dass man an Ihren Wünschen vorbei schlicht nach Vorschrift verfährt.

- Denken Sie daran, dass das Recht, jede Form der Behandlung abzulehnen, nahezu unbeschränkt ist. Es macht dabei aus ethischer und rechtlicher Sicht keinen Unterschied, ob eine Therapie abgebrochen oder erst gar nicht begonnen wird.

- Planen Sie voraus. Warten Sie nicht bis zur letzten Minute.

- Machen Sie sich bewusst, dass Ihnen Optionen zu Gebote stehen, die verhindern, dass sich der Sterbeprozess länger hinzieht, als Sie möchten.

12

EINEN WÜRDEVOLLEN TOD
ZULASSEN

»Gewährt den unheilbar Kranken die Wahl eines würdevollen Todes«, schrieb Jerry Fensterman im *Boston Globe*, als
er Anfang 2006 an Nierenkrebs im Endstadium litt.[48] Ich
war so beeindruckt davon, wie Jerry Fensterman über sein
Lebensende dachte, dass ich ihn anrief und mich mit ihm zu
einem Gespräch verabredete.

Summend öffnete sich die Tür zu dem großen alten
Apartmenthaus in Boston, und Jerry rief mich durch das
Treppenhaus aus dem dritten Stock zu sich hoch. Er zog
ein Sauerstoffgerät hinter sich her und war allein durch
die Anstrengung, nur zum Türöffner seiner Wohnung
zu gehen, außer Atem. Er brauchte zehn Minuten, um
sich wieder zu erholen. Die Krankheit hatte sich in seinen Lungen ausgebreitet. Er gab sich die größte Mühe,
ein guter Gastgeber zu sein, und er war mir sofort sym-
pathisch. Ein Bild seines 14-jährigen Sohnes stand auf
dem Kaminsims. »Das ist das Schwerste von allem«,
sagte er.

Jerry glaubte, dass alle Menschen die Wahl haben
sollten, ihr Sterben zu beschleunigen, aber in seinem
Artikel beschrieb er, wie er anfänglich mit aller Macht
gegen die Krankheit angekämpft hatte und erkannte,
dass er »süchtig nach Leben war«. Er hatte sich bemüht,
sein Leben voll auszuschöpfen, während er versuchte,
alles in seiner Macht Stehende zu tun, »um das Leben
zu verlängern«. Als er jedoch erlebte, wie »die schönen

Seiten des Lebens unerbittlich zusammenschrumpften«, musste er sich eingestehen, dass »vielleicht der größte und tiefste Wandel, den ich durchgemacht habe, der ist, dass ich von meiner Sucht nach Leben ›geheilt‹ bin. Ich weiß nun, wie ein fühlender, liebender, rationaler Mensch dahin kommen kann, den Tod dem Leben vorzuziehen und die Wahl zu treffen, sein Leiden ebenso wie das seiner Lieben einige Monate früher zu beenden, als es natürlicherweise geschähe.«

Er wusste noch nicht, ob er sich für ärztliche Sterbehilfe entscheiden würde, aber jetzt verstand er auf eine Weise, so sagte er, »wie ich es zuvor niemals konnte, warum eine aufgeklärte Gesellschaft den unheilbar Kranken (mit klaren Sicherheitsvorkehrungen) einen gnadenvollen Tod gestatten sollte. […] Wenn Sie gegen ärztliche Sterbehilfe sind, versuchen Sie zuerst einmal, einen Kilometer in den Schuhen derjenigen zu gehen, denen Sie diese Wahl verwehren wollen. Denn so sicher, wie ich sie jetzt trage, könnten sie eines Tages an Ihren Füßen sitzen, oder an denen eines Menschen, den Sie über alles lieben.«

Jerry war an einem Punkt angelangt, an dem er verstand, wie sich ein sterbenskranker Mensch das Ende seines Lebens herbeiwünschen kann. Die meisten können sich leicht in seine Lage einfühlen.

Die öffentliche Meinung
zur Sterbehilfe

Im April 2005 zeigte eine Meinungsumfrage unter 1010 amerikanischen Erwachsenen, dass sich eine Mehrheit von 70 Prozent für ein Gesetz aussprach, dass es »Ärzten erlauben würde, dem Wunsch eines sterbenden, schwer leidenden Patienten nachzukommen, der darum bittet, sein

EINEN WÜRDEVOLLEN TOD ZULASSEN

Leben zu beenden«.[49] Eine Mehrheit von 67 Prozent sprach sich insbesondere dafür aus, in ihrem eigenen Bundesstaat ein Gesetz wie in Oregon einzuführen, um bei sterbenskranken Menschen ärztliche Sterbehilfe zu erlauben, und eine Mehrheit von 64 Prozent hielt ein Urteil des Obersten Gerichtshofes von 1997 für falsch, das »Bürgern kein verfassungsmäßiges Recht auf ärztliche Sterbehilfe« einräumte. 72 Prozent der Befragten wünschten für den Fall, dass sie in einen Zustand der Bewusstlosigkeit fielen ohne die Aussicht, jemals wieder zu sich zu kommen, kein Wasser und keine Nahrung mehr zu erhalten.

Die Öffentlichkeit ist also mit großer Mehrheit für einen progressiven Umgang mit unerträglichem Leiden. Verhindert wird dieser Ansatz jedoch durch eine rechte religiöse Minderheit, die unverhältnismäßig großen Einfluss auf die Entscheidungen von Gerichten und Parlamenten hat. Während konservative Extremisten lauthals auf ihre Meinung pochen, verschaffen sich die Moderaten in den USA beileibe nicht dasselbe Gehör.

Daniel Lee, ein Ethiker vom Hastings Center, warnt scharfsichtig davor, anderen seine eigenen unverrückbaren Überzeugungen aufzuzwingen. Er selbst hält ärztliche Sterbehilfe für falsch und ist überzeugt, dass nur Gott allein das Recht zusteht, Leben zu beenden, aber gleichzeitig erkennt er auch andere Meinungen an. Lee möchte einem leidenden Patienten im Endstadium, der sein Sterben beschleunigen will, nicht seine eigenen Ansichten aufnötigen.

> Haben diejenigen unter uns, die tiefe moralische Vorbehalte gegen ärztliche Sterbehilfe hegen, das Recht, mit staatlichem Zwang Andersdenkende daran zu hindern, das zu tun, was sie für richtig halten? Gibt es irgendwelche zwingenden Argumente dafür, Sterbenskranken, die ihr Leiden beenden möchten, indem sie

ihrem Leben ein Ende setzen, rechtliche Stolpersteine in den Weg zu legen, vorausgesetzt, sie treffen ihre Entscheidung nach reiflicher Überlegung und frei von sozialem Druck?[50]

Lee beantwortet diese Fragen negativ. Er weist auf die Notwendigkeit sorgfältig ausgearbeiteter Sicherheitsvorkehrungen hin, um Missbrauch zu verhindern,[51] und zitiert das Sterbehilfegesetz von Oregon als nachahmenswertes Beispiel. Seiner Meinung nach belegt die Erfahrung mit diesem Gesetz, dass es dem Missbrauch nicht Tür und Tor öffnet.

Alles in allem sind die Argumente für ein fortwährendes Verbot ärztlicher Sterbehilfe nicht besonders zwingend. Das heißt nicht, dass diejenigen unter uns, die tiefe moralische Vorbehalte gegen die ärztliche Sterbehilfe hegen, ihre Skrupel hinunterschlucken und mit einer Kampagne zu ihrer Legalisierung voranpreschen sollten. Aber es legt doch nahe, dass wir nachdenklichen Menschen wie Timothy Quill und Marcia Angell [glühende Befürworter der Selbstbestimmung am Lebensende, A.d.A.], die sich für die Legalisierung aussprechen, nicht im Weg stehen sollten.

Wie geht es weiter?

Es gibt sterbenskranke Patienten, die lieber ihr Leben beenden würden, statt es zu verlängern. Dies ist aufgrund der modernen Schmerztherapie selten, aber es kommt in der Laufbahn eines Arztes zumindest einige Male vor. Wir sollten auf ein legales Recht des Arztes hinarbeiten, in solchen Fällen unerträglichen Leids dem Patienten zu helfen, sein Sterben zu beschleunigen. Der Arzt sollte in der Lage sein, die letzte humane und mitfühlende Hilfe zu leisten:

EINEN WÜRDEVOLLEN TOD ZULASSEN

Beistand bei der Beendigung des Lebens. Eine solche Erleichterung gehört zum Spektrum der medizinischen Versorgung dazu und ist alles andere als ein Bärendienst am Patienten.

Die Angst vor einem Dammbruch, der durch eine solche Liberalisierung angeblich ausgelöst würde, ist übertrieben. Obwohl es einige Klagen über Missbräuche im Ausland gibt, wo Euthanasie und/oder ärztliche Sterbehilfe legal sind, haben die wohlbedachten Sicherheitsvorkehrungen des Sterbehilfegesetzes von Oregon einen Missbrauch wirkungsvoll verhindert. 2005, sieben Jahre nach Einführung des Gesetzes, machten die Patienten, die ärztliche Sterbehilfe in Anspruch nahmen, nur 0,13 Prozent aller Sterbefälle aus, und die jüngsten Jahresstatistiken zeigen, dass ihr Anteil relativ stabil geblieben ist.

Neben der Legalisierung der ärztlichen Sterbehilfe trete ich auch für die Legalisierung der aktivern Sterbehilfe in einigen wenigen Situationen ein. Dies ist ein Ziel, auf das wir in diesem Land hinarbeiten sollten, da es unerträglich leidende Menschen gibt, die körperlich nicht in der Lage sind, ihrem Leben ein Ende zu setzen. Unter sorgsam kontrollierten Umständen sollte der Arzt ein solches Leben beenden dürfen, statt nur dem Sterben zuzuschauen. Die Länder, in denen dies legal ist, haben die Erfahrung gemacht, dass der Tod von Patienten, die sich für die aktive Sterbehilfe entschieden haben, nicht nur friedlich, sondern eine wahre »Erlösung« sein kann.

ANHANG

1

DIE STERBEHILFEBEWEGUNG IN DEN USA

In den USA begann die Sterbehilfebewegung 1938 mit der nach damaligen Maßstäben radikalen Euthanasia Society of America. Die Gesellschaft war der öffentlichen Meinung über Sterbehilfe weit voraus und entfaltete kaum Wirkung. In den folgenden Jahrzehnten entstand eine Reihe von Nachfolgeorganisationen, die sich stärker am politisch Möglichen orientierten, sich für Gesetzesänderungen zum Schutz der Patientenrechte einsetzten und Aufklärungsarbeit leisteten. Seit den 70er Jahren mehren sich die Stimmen für eine aktivere Rolle des Arztes bei der Sterbehilfe. Der New Yorker Anwalt Sidney Rosoff, ein prominenter Exponent der Sterbehilfebewegung, vertrat die Ansicht, dass »Menschen das Recht haben sollten, dass ihre Leiden auf Verlangen beendet werden«.[52] Der angloamerikanische Journalist Derek Humphry, der in England seiner Frau beim Sterben geholfen hatte, nachdem diese unheilbar an Krebs erkrankt war, machte sich vehement für das Recht von Patienten stark, im Falle unerträglicher Qualen ihr Leben zu beenden. Im Jahr 1991 veröffentlichte er den Bestseller *In Würde sterben* (dt. 1992), in dem er detailliert Selbsttötungsmethoden beschreibt, um »sich selbst zu erlösen«.[53]

Die Sterbehilfebewegung in den USA litt praktisch seit ihrer Entstehung darunter, dass sich ihre Vertreter nicht immer über den besten Weg zur Förderung ihrer Ziele einig wurden. So wurden in den vergangenen 30 Jahren verschiedene Initiativen, Vereine und Organisationen gegründet.[54] Mit dem 2004 erfolgten Zusammenschluss der beiden größten Verbände zu Compassion and Choices, wird die Bewegung für ein humanes Sterben in den USA eine deutlich klarere Strategie gewinnen.

Ärztlich assistierter Suizid: Das Sterbehilfegesetz von Oregon

Im Jahr 1994 wurde die Bürgerinitiative Oregon Death with Dignity mit dem Zweck ins Leben gerufen, für sterbenskranke Patienten im US-Bundesstaat Oregon das Recht zu erstreiten, ärztliche Hilfe in Anspruch zu nehmen, um ihr Leben vorzeitig zu beenden. Die Kampagne war erfolgreich: Noch im selben Jahr billigten die Bürger des Bundesstaates in einem Referendum ein neues Sterbehilfegesetz (Death with Dignity Act). Es erlaubt den Ärzten, legal Medikamente zu verschreiben, die von einem informierten Patienten freiwillig eingenommen werden können, um unter bestimmten Umständen sein Leben zu beenden.

Nach verschiedenen Versuchen, das Sterbehilfegesetz gerichtlich und mit einem weiteren Volksentscheid doch noch zu verhindern, konnte es schließlich 1997 in Kraft treten. In der Folge versuchte US-Generalstaatsanwalt John Ashcroft, die Ärzte von Oregon an der Verschreibung der Medikamente zu hindern, die laut Sterbehilfegesetz für die Selbsttötung sterbewilliger Patienten vorgesehen waren, doch er und sein Nachfolger scheiterten: Der Fall endete vor dem Obersten Gerichtshof, der im Januar 2006 entschied, dass der Generalbundesanwalt seine Kompetenzen überschritten hatte. Das Sterbehilfegesetz von Oregon blieb in Kraft.

Nach diesem Gesetz kann ein Arzt in Oregon legal ein Barbiturat zu dem Zweck verschreiben, dass ein Patient damit sein Leben beendet, wenn dessen Lebenserwartung voraussichtlich weniger als sechs Monate beträgt und weitere Voraussetzungen erfüllt sind.

- Der Patient muss 18 Jahre oder älter sein, seit mindestens sechs Monaten in Oregon wohnen und den Arzt einmal schriftlich sowie, im Abstand von mindestens 15 Tagen, zweimal mündlich um diese Verschreibung bitten, was vom Arzt in der Krankenakte zu dokumentieren ist.
- Die Bitte muss von zwei Personen beglaubigt werden, die bestätigen, dass sie freiwillig und nicht unter Anwendung von Zwang erfolgte.
- Zwei unabhängige Ärzte müssen bestätigen, dass sich der Patient im Endstadium seiner Krankheit befindet und seine Lebenserwartung weniger als sechs Monaten beträgt.
- Der Patient muss über seine Diagnose und Prognose in vollem Umfang informiert sein. Die Entscheidungsfähigkeit des Patienten ist vom Arzt zu attestieren.
- Dem Patienten muss vollauf bewusst sein, dass die Einnahme des Medikaments zum Tod führt. Er muss über mögliche Alternativen wie Palliativpflege, Hospizbetreuung und Schmerzkontrolle informiert sein.
- Der Patient muss in der Lage sein, sich das Medikament selbst zu verabreichen.
- Der Arzt muss in seiner Krankenakte die Diagnose, die Prognose, das potenzielle Risiko der Einnahme des

Medikaments und mögliche Alternativen, darunter, aber nicht ausschließlich, Hospizbetreuung, Symptomkontrolle und Palliativversorgung, dokumentieren. Der Arzt muss bestätigen, dass er den Patienten über sein Recht informiert hat, von seiner Bitte Abstand zu nehmen.

- Der verschreibende Arzt muss einen zweiten Arzt konsultieren, der die Diagnose und die Prognose bestätigt und attestiert, dass der Patient urteilsfähig ist, aus freien Stücken handelt und eine informierte Entscheidung getroffen hat. Die Konsultation eines Psychiaters oder Psychologen ist erforderlich, wenn entweder der verschreibende oder der konsultierte Arzt die Fähigkeit des Patienten, eine informierte Wahl oder Entscheidung zu fällen, in Zweifel zieht.
- Der verschreibende Arzt muss den Patienten auffordern, seine nächsten Verwandten über seine Bitte um Verschreibung des Medikaments zu informieren.
- Dem Patienten muss Gelegenheit gegeben werden, von seiner Bitte Abstand zu nehmen.
- Der Patient muss in Oregon gemeldet sein.
- Es darf als Folge dieser Vorgehensweise keinen Verlust von Versicherungsansprüchen geben.
- Der Arzt muss dem Gesundheitsamt von Oregon den Vorfall melden und die Dokumente einreichen, die belegen, dass die oben genannten Bedingungen erfüllt sind. Die Namen des Arztes und des Patienten werden vertraulich behandelt.

Diese Voraussetzungen sind äußerst gut durchdacht und bieten einen sehr wirksamen und verlässlichen Schutz gegen die Möglichkeit des Missbrauchs.

Seit das Sterbehilfegesetz von Oregon 1997 in Kraft trat, machten bis Ende 2006 292 Menschen von der Möglichkeit

Gebrauch, sich durch ärztlich verschriebene Barbiturate (Pentobarbital oder Secobarbital) das Leben zu nehmen. Es handelt sich also eher um eine geringe Zahl von Menschen, die ihr Leben auf diese Weise beendeten. Die Zahl der Sterbewilligen stieg in den ersten fünf Jahren seit Inkrafttreten des Gesetzes jährlich nur leicht an und ist seit 2002 relativ stabil. Untersuchungen zeigen, dass damit nur einer von 1000 Todesfällen durch das Sterbehilfegesetz ermöglicht wurde.

Die Zahlen sind in mehrfacher Hinsicht bemerkenswert. Erstens wird im Verhältnis zur Gesamtzahl der Todesfälle in Oregon nur selten ärztliche Sterbehilfe in Anspruch genommen; es ist also zu keinem Ansturm gekommen. Zweitens wurden die Barbiturate in vielen Fällen zwar verschrieben, aber nicht eingenommen (2004 waren es zum Beispiel 60 Verschreibungen gegenüber 37 Toten). Allein das Wissen um die Möglichkeit, das eigene Leiden beenden zu können, genügte einem Großteil der Patienten. Drittens gab es keinen einzigen bekannt gewordenen Verstoß gegen das Gesetz. Und auch Komplikationen oder Fehlschläge waren extrem selten.

Die Menschen, die ihr Leben unter den Voraussetzungen des Sterbehilfegesetzes vorzeitig beendeten, nannten folgende Gründe dafür: Verlust der Selbständigkeit (86 Prozent); fortschreitender Verlust der Fähigkeit zu Aktivitäten, die das Leben lebenswert machen (85 Prozent); Verlust der Kontrolle über die Körperfunktionen (57 Prozent); Gefühl, der Familie, den Freunden und Betreuern zur Last zu fallen (37 Prozent); ungenügende Schmerzkontrolle (22 Prozent); finanzielle Kosten aufgrund der Behandlung (3 Prozent).[55]

Die Bitte eines Sterbenskranken, sein Leben zu beenden, bietet dem Arzt immer auch die Möglichkeit, mit dem

Patienten über dessen Ängste und Wünsche am Lebensende zu sprechen und ihn auf andere Möglichkeiten der Schmerzlinderung hinzuweisen. Häufig nimmt ein Patient, mit dem der Arzt über seine Sorgen gesprochen hat, von einem ärztlich assistierten Suizid Abstand und findet andere Möglichkeiten, wie eine ambulante oder stationäre Hospizbetreuung und Palliativversorgung, um sein Leben in Würde zu beenden.

Die Hospizbewegung

Jede Darstellung der Entwicklung der Sterbebegleitung in den letzten 50 Jahren muss die herausragende Rolle der Hospizbewegung bei der Verbesserung der Versorgung Sterbender würdigen. Hospizpflege leistet psychologischen und seelischen Beistand und die praktische Versorgung Sterbenskranker. Ihre Methoden der Schmerzkontrolle haben Maßstäbe in der Palliativpflege gesetzt. Die Hospizbetreuung erfolgt im Zusammenwirken mit dem Arzt und anderen Gesundheitsdienstleistern – nicht als Ersatz, sondern als Ergänzung anderer Dienste.

Der Hospizbewegung geht es weder um einen schnelleren Tod noch um ein Hinauszögern des Sterbens um jeden Preis. Hospizmitarbeiter sind vielmehr der festen Überzeugung, dass ein Patient, der eine gute Palliativversorgung erhält, keinen Grund haben sollte, sein Leben beenden zu wollen. Dem stimme ich im Großen und Ganzen zu, allerdings gibt es sehr seltene Fälle, in denen der Patient trotz ausgezeichneter Versorgung weiterhin unerträglich leidet. Unter solchen Umständen ist die Beschleunigung des Sterbens eine Option, die dem Patienten zur Verfügung stehen sollte.

Die Kosten der Hospizbetreuung werden in der Regel erst in der Endphase der Krankheit (in den letzten sechs Monaten) von den Versicherungen übernommen. Hospizbetreuer haben oft darauf hingewiesen, dass ihre Arbeit umso wirkungsvoller ist, je früher sie zur Pflege eines Sterbenskranken gerufen werden. Häufig wartet der Arzt zu lange, sodass es den Hospizbetreuern schwerfällt, in der kurzen verbleibenden Zeit eine vertrauensvolle Beziehung zum Patienten aufzubauen und ihr palliatives Pflegekonzept umzusetzen. Doch es sind alle Beteiligten – Patient, Familie, Arzt und andere Pflegekräfte –, die davon profitieren, wenn ein Hospiz beizeiten in die Betreuung des Sterbenden einbezogen wird.

2

STERBEHILFE IN EUROPA

Anfang der 80er Jahre umriss die Königliche Medizingesellschaft der Niederlande die Umstände, unter denen sie es für ethisch vertretbar hielt, wenn Ärzte das Leben sterbenskranker Patienten durch aktive Sterbehilfe beendeten, doch es gab kein Gesetz, das aktive Sterbehilfe erlaubte. Es waren schlicht die Ärzte, die sagten, Sterbehilfe sei ethisch vertretbar und im besten Interesse der Patienten. Staatsanwälte und Gerichte schauten weg, und so wurde in den Niederlanden aktive Sterbehilfe (beinahe) in aller Öffentlichkeit praktiziert.

Im Jahr 2001 jedoch verabschiedete das niederländische Parlament schließlich doch noch ein Gesetz, das Ärzten die aktive Sterbehilfe nach den Kriterien der Medizinischen Gesellschaft gestattete. Danach muss der Patient umfassend informiert und entscheidungsfähig sein, um eine entsprechende Bitte vorzubringen. Er muss die Sterbehilfe aus freien Stücken wählen und mehr als einmal darum bitten, und es gibt – ähnlich wie beim Sterbehilfegesetz von Oregon – noch weitere Einschränkungen, die vor Missbrauch schützen sollen. Etwa 3800 Niederländer entscheiden sich pro Jahr für eine tödliche Injektion durch einen Arzt oder eine Überdosis auf Rezept (Stand 2005).[56]

Belgien erließ 2002 ein ähnliches Gesetz zur aktiven Sterbehilfe bei Patienten im Vollbesitz ihrer geistigen Fähigkeiten mit einem »aussichtslosen Gesundheitszustand«. Anfang 2005 entschieden sich etwa 30 Menschen pro Monat für die aktive Sterbehilfe, etwa 60 Prozent von ihnen im Krankenhaus, der Rest zu Hause.[57]

In Luxemburg wurde Anfang 2008 ein Gesetz zur Legalisierung aktiver Sterbehilfe verabschiedet. Danach haben unheilbar Kranke ein Recht auf Sterbehilfe, auch 16- bis 18-Jährige können mit Zustimmung der Eltern davon Gebrauch machen. Gleichzeitig wurde eine Gesetzesvorlage zur besseren Palliativversorgung Sterbender verabschiedet. Der Staatsrat des Herzogtums prüft derzeit noch die Verfassungsmäßigkeit des im Parlament beschlossenen Sterbehilfegesetzes.

In der Schweiz dürfen Ärzte seit 1942 Beihilfe zum Suizid, jedoch keine aktive Sterbehilfe leisten. »Über 2000 Menschen haben nach den Zahlen der drei wichtigsten Sterbehilfeorganisationen in den letzten zehn Jahren ärztlich verschriebene Barbiturate erhalten, um sich damit das Leben zu nehmen. Die Beihilfe zum Selbstmord ist hier legal, solange die Helfer aus ›achtenswerten Beweggründen‹ handeln, ohne einen Vorteil daraus zu ziehen, allerdings dürfen sie eine Grundgebühr erheben. Dignitas, eine private Sterbehilfeorganisation in Zürich, gibt den Strafverfolgungsbehörden anderer europäischer Staaten Anlass zur Sorge, weil sie in einer rechtlichen Grauzone operiert, indem sie den Suizid von Nichtschweizern, für die sie von den Reisetickets über die tödliche Überdosis bis hin zur Beerdigung alles organisiert, erleichtert.«[58]

Seit 1998 hat Dignitas mehr als 900 Personen geholfen, ihr Leben zu beenden. Die ältere Schweizer Sterbehilfeorganisation EXIT – Deutsche Schweiz bot in den 90er Jahren »Mitgliedern, die an Krankheiten mit ›schlechter Prognose, unerträglichen Leiden oder extremer Behinderung leiden‹ und sterben möchten, Instruktion und persönliche Suizidbegleitung an. Die Organisation hat gegenwärtig 50 000 Mitglieder, beinahe ein Prozent der Schweizer Bevölkerung. Ein deutlich höherer Anteil der Schweizer Patienten mit multipler Sklerose, amyotrophischer Lateralsklerose oder HIV/Aids entschied sich dafür, ihr Leben mithilfe von EXIT zu beenden (4,5 %, 3,4 % bzw. 1,7 %), als es bei Patienten mit Krebsleiden der Fall war (0,5 %).«[59] Die 748 Fälle, die Grundlage dieser Erhebung waren, wurden im Einzelnen untersucht.[60]

In allen anderen europäischen Ländern ist aktive Sterbehilfe gesetzlich verboten.

3

ORGANISATIONEN FÜR STERBEBEGLEITUNG UND STERBEHILFE

Deutsche Gesellschaft für Humanes Sterben e.V. (DGHS)
Lange Gasse 2–4, 86152 Augsburg
Tel.: (0821) 50 23 50, Fax: (0821) 502 35 55
Website: www.dghs.de · E-Mail: info@dghs.de

Deutscher Hospiz- und PalliativVerband e.V.
Aachener Straße 5, 10713 Berlin
Tel.: (030) 83 22 38 93, Fax: (030) 83 22 39 50
Website: www.hospiz.net/index.html
E-Mail: dhpv@hospiz.net

Deutscher Kinderhospizverein
Bruchstraße 10, 57462 Olpe
Tel.: (0 27 61) 92 12 90, Fax: (0 27 61) 94 12 9-60
Website: www.deutscher-kinderhospizverein.de/
E-Mail: info@deutscher-kinderhospizverein.de

DIGNITATE – Deutschland
Edenstraße 11, 30161 Hannover
Tel.: (0511) 3 36 23 44, Fax: (0511) 3 36 26 82

EXIT – Deutsche Schweiz
Mühlezeigstraße 45, Postfach 476, CH-8047 Zürich
Tel.: (0043 343) 38 38, Fax: (0043 343) 38 39
Website: www.exit.ch/wDeutsch/

Humanistischer Verband Deutschlands –
Bundesgeschäftsstelle
Wallstraße 61–65, 10179 Berlin
Tel.: (030) 6139 04-0, Fax: (030) 6139 04 50
Website: www.humanismus.de und
www.patientenverfuegung.de
E-Mail: hvd@humanismus.de

Deutsche Gesellschaft für Palliativmedizin e.V.
Aachener Straße 5, 10713 Berlin
Tel.: (030) 81 82 68 85, Fax: (030) 81 82 67 76
Website: www.dgpalliativmedizin.de
E-Mail: dgp@dgpalliativmedizin.de

DIGNITAS
Postfach 9, CH-8127 Forch
Tel.: (0041 44) 980 44 59, Fax: (0041 44) 980 14 21
Website: www.dignitas.ch · E-Mail: dignitas@dignitas.ch

4

MUSTER EINER PATIENTEN-VERFÜGUNG, EINER VORSORGE-VOLLMACHT, EINER BETREUUNGS-VERFÜGUNG UND EINES NOTFALLBOGENS

Patientenverfügung

Die Patientenverfügung kann individuell angefertigt werden und bedarf keiner vorgegebenen Form. Das Bundesministerium der Justiz bietet auf seiner Website Textbausteine und Formulierungshilfen für die Patientenverfügung an, die Sie anstelle der hier vorgesehenen Ankreuzfelder benutzen können. Diese können unter www.bmj.bund.de heruntergeladen oder auch postalisch bestellt werden. Das hier abgedruckte Muster wurde vom Bayerischen Staatsministerium für Justiz entwickelt, es ist aber bundesweit einsetzbar.

Es ist sehr empfehlenswert, eine Patientenverfügung mit Ihrem Hausarzt oder einem anderen Arzt Ihres Vertrauens zu besprechen. Wenn Sie sich aber entschließen, Ihre Verfügung ohne solche Beratung niederzulegen, lesen Sie bitte den vorgeschlagenen Text sorgfältig durch.

PATIENTENVERFÜGUNG

Für den Fall, dass ich, ...

geboren am: ....

wohnhaft in: ....

**meinen Willen nicht mehr bilden oder verständlich äußern kann,
bestimme ich Folgendes:**

1. Situationen, für die diese Verfügung gilt:
(Zutreffendes habe
ich hier angekreuzt bzw.
unten beigefügt)

• Wenn ich mich aller Wahrscheinlichkeit nach unabwendbar im unmittelbaren   ☐
Sterbeprozess befinde.

• Wenn ich mich im Endstadium einer unheilbaren, tödlich verlaufenden Krankheit   ☐
befinde, selbst wenn der Todeszeitpunkt noch nicht absehbar ist.

• Wenn infolge einer Gehirnschädigung meine Fähigkeit, Einsichten zu gewinnen,   ☐
Entscheidungen zu treffen und mit anderen Menschen in Kontakt zu treten,
nach Einschätzung zweier erfahrener Ärzte aller Wahrscheinlichkeit nach unwieder-
bringlich erloschen ist, selbst wenn der Todeszeitpunkt noch nicht absehbar ist.
Dies gilt für direkte Gehirnschädigung, z.B. durch Unfall, Schlaganfall, Entzündung,
ebenso wie für indirekte Gehirnschädigung, z.B. nach Wiederbelebung, Schock oder
Lungenversagen. Es ist mir bewusst, dass in solchen Situationen die Fähigkeit zu
Empfindungen erhalten sein kann und dass ein Aufwachen aus diesem Zustand
nicht ganz sicher auszuschließen ist, aber äußerst unwahrscheinlich ist.

• Wenn ich infolge eines sehr weit fortgeschrittenen Hirnabbauprozesses (z.B. bei   ☐
Demenzerkrankung) auch mit ausdauernder Hilfestellung nicht mehr in der Lage
bin, Nahrung und Flüssigkeit auf natürliche Weise zu mir zu nehmen.

• ....   ☐

Vergleichbare, hier nicht ausdrücklich erwähnte Krankheitszustände sollen   ☐
entsprechend beurteilt werden.

2. In allen unter Nummer 1 beschriebenen und angekreuzten Situationen verlange ich:

• Lindernde pflegerische Maßnahmen, insbesondere Mundpflege zur Vermeidung   ☐
des Durstgefühls, sowie lindernde ärztliche Maßnahmen, im Speziellen Medikamente zur wirksamen Bekämpfung von Schmerzen, Luftnot, Angst, Unruhe,
Erbrechen und anderen Krankheitserscheinungen. Die Möglichkeit einer Verkürzung
meiner Lebenszeit durch diese Maßnahmen nehme ich in Kauf.

Quelle: *Vorsorge für Unfall, Krankheit und Alter.* Hg.: Bayerisches Staatsministerium der Justiz. 10. Auflage. Verlag C.H. Beck: München 2008

     MUSTER EINER PATIENTENVERFÜGUNG

3. In den unter Nummer 1 beschriebenen und angekreuzten Situationen wünsche ich:

- Die Unterlassung lebenserhaltender Maßnahmen, die nur den Todeseintritt ☐
  verzögern und dadurch mögliches Leiden unnötig verlängern würden.
- Keine Wiederbelebungsmaßnahmen. ☐

4. In von mir unter Nummer 1 beschriebenen und angekreuzten Situationen, insbesondere in den Situationen, in denen der Tod nicht unmittelbar bevorsteht, wünsche ich sterben zu dürfen und verlange:

- Keine künstliche Ernährung (weder über eine Magensonde durch den Mund ☐
  die Nase oder die Bauchdecke noch über die Vene).
- Keine Flüssigkeitsgabe (außer bei palliativmedizinischer Indikation zur ☐
  Beschwerdelinderung).

Die Befolgung dieser Wünsche ist nach geltendem Recht keine aktive Sterbehilfe.

- Ich wünsche eine Begleitung

☐ durch ....

....
(für persönliche Wünsche und Anmerkungen)

☐ durch Seelsorge ....

☐ durch Hospizdienst ....

- Ich habe zusätzlich zur Patientenverfügung eine Vorsorgevollmacht   Ja ☐   Nein ☐
  erteilt und den Inhalt dieser Patientenverfügung mit der von mir
  bevollmächtigten Person besprochen.

Bevollmächtigte(r)

....
(Name)

....
(Anschrift)

....
(Telefon)   (Telefax)

Ich habe anstelle einer Vollmacht ausschließlich eine   Ja ☐   Nein ☐
Betreuungsverfügung erstellt.

Sofern dieser Patientenverfügung Erläuterungen zu meinen Wertvorstellungen, u.a. meiner Bereitschaft zur Organspende (»Organspendeausweis«), meinen Vorstellungen zur Wiederbelebung (z.B. bei akutem Herzstillstand) oder Angaben zu bestehenden Krankheiten beigefügt sind, sollen sie als erklärender Bestandteil dieser Verfügung angesehen werden.

Ich habe diese Verfügung nach sorgfältiger Überlegung erstellt. Sie ist Ausdruck meines Selbstbestimmungsrechts. Darum wünsche ich nicht, dass mir in der konkreten Situation der Nichtentscheidungsfähigkeit eine Änderung meines Willens unterstellt wird, solange ich diesen nicht ausdrücklich (schriftlich oder nachweislich mündlich) widerrufen habe.

Ich weiß, dass ich die Patientenverfügung jederzeit abändern oder insgesamt widerrufen kann.

....
(Ort, Datum)   (Unterschrift)

Es empfiehlt sich, diese Verfügung regelmäßig (z.B. alle ein bis zwei Jahre) durch Unterschrift zu bestätigen. Eine erneute Unterschrift bzw. eine Überarbeitung ist sinnvoll, wenn eine Änderung der persönlichen Lebensumstände eintritt. Eine ärztliche Beratung ist dringend zu empfehlen, auch wenn sie keine Voraussetzung für die rechtliche Wirksamkeit ist.

(Ort)	(Datum)	(Unterschrift)

Arzt/Ärztin meines Vertrauens:

....
(Name)

....
(Anschrift)

....
(Telefon)   (Telefax)

Bei der Festlegung meiner Patientenverfügung habe ich mich beraten lassen von*

....
(Name)

....
(Anschrift)

....
(Telefon)   (Ort, Datum)   (Unterschrift)

* (Eine Beratung vor dem Abfassen einer Patientenverfügung ist rechtlich nicht vorgeschrieben.
Ein Beratungsgespräch kann aber unterstreichen, dass Sie Ihre Wünsche ernsthaft und im Bewusstsein
ihrer Bedeutung zum Ausdruck gebracht haben.)

             MUSTER EINER PATIENTENVERFÜGUNG

MEINE WERTVORSTELLUNGEN

– Ergänzende Erläuterungen zu meiner Patientenverfügung –

VORSORGEVOLLMACHT

Ich,   (Vollmachtgeber/in)

Name, Vorname

_____

Geburtsdatum   Geburtsort

_____

Adresse

_____

Telefon, Telefax

erteile hiermit Vollmacht an

_____
                                                    (bevollmächtigte Person)
Name, Vorname

_____

Geburtsdatum   Geburtsort

_____

Adresse

_____

Telefon, Telefax

Diese Vertrauensperson wird hiermit bevollmächtigt, mich in allen Angelegenheiten zu vertreten, die ich im Folgenden angekreuzt oder angegeben habe. Durch diese Vollmachterteilung soll eine vom Gericht angeordnete Betreuung vermieden werden. Die Vollmacht bleibt daher in Kraft, wenn ich nach ihrer Errichtung geschäftsunfähig geworden sein sollte.

Die Vollmacht ist nur wirksam, solange die bevollmächtigte Person die Vollmachtsurkunde besitzt und bei Vornahme eines Rechtsgeschäfts die Urkunde im Original vorlegen kann.

_____

Ort, Datum   Unterschrift der Vollmachtgeberin/des Vollmachtgebers

Fortsetzung Seite 2

Quelle: Bundesministerium der Justiz, www.bmj.bund.de

MUSTER EINER VORSORGEVOLLMACHT

1. Gesundheitssorge / Pflegebedürftigkeit

- Sie darf in allen Angelegenheiten der Gesundheitssorge entscheiden, ebenso über alle Einzelheiten einer ambulanten oder (teil)stationären Pflege. Sie ist befugt, meinen in einer Patientenverfügung festgelegten Willen durchzusetzen. ☐ JA ☐ NEIN

- Sie darf insbesondere in sämtliche Maßnahmen zur Untersuchung des Gesundheitszustandes und in Heilbehandlungen einwilligen, auch wenn diese mit Lebensgefahr verbunden sein könnten oder ich einen schweren oder länger dauernden gesundheitlichen Schaden erleiden könnte (§ 1904 Abs.1 BGB). Sie darf die Einwilligung zum Unterlassen oder Beenden lebensverlängernder Maßnahmen erteilen. ☐ JA ☐ NEIN

- Sie darf Krankenunterlagen einsehen und deren Herausgabe an Dritte bewilligen. Ich entbinde alle mich behandelnden Ärzte und nichtärztliches Personal gegenüber meiner bevollmächtigten Vertrauensperson von der Schweigepflicht. ☐ JA ☐ NEIN

- Sie darf über meine Unterbringung mit freiheitsentziehender Wirkung (§ 1906 Abs.1 BGB) und über freiheitsentziehende Maßnahmen (z. B. Bettgitter, Medikamente u. Ä.) in einem Heim oder in einer sonstigen Einrichtung (§ 1906 Abs. 4 BGB) entscheiden, solange dergleichen zu meinem Wohle erforderlich ist. ☐ JA ☐ NEIN

- _____ ☐ JA ☐ NEIN

  _____ ☐ JA ☐ NEIN

  _____ ☐ JA ☐ NEIN

2. Aufenthalt und Wohnungsangelegenheiten

- Sie darf meinen Aufenthalt bestimmen, Rechte und Pflichten aus dem Mietvertrag über meine Wohnung einschließlich einer Kündigung wahrnehmen sowie meinen Haushalt auflösen. ☐ JA ☐ NEIN

- Sie darf einen neuen Wohnungsmietvertrag abschließen und kündigen. ☐ JA ☐ NEIN

- Sie darf einen Heimvertrag abschließen und kündigen. ☐ JA ☐ NEIN

- _____ ☐ JA ☐ NEIN

3. Behörden

- Sie darf mich bei Behörden, Versicherungen, Renten- und Sozialleistungsträgern vertreten. ☐ JA ☐ NEIN

- _____ ☐ JA ☐ NEIN

  _____ ☐ JA ☐ NEIN

Fortsetzung Seite 3

4. Vermögenssorge

■ Sie darf mein Vermögen verwalten und hierbei alle Rechtshandlungen und Rechtsgeschäfte im In- und Ausland vornehmen. Erklärungen aller Art abgeben und entgegennehmen sowie Anträge stellen, abändern, zurücknehmen, namentlich   □ JA □ NEIN

■ über Vermögensgegenstände jeder Art verfügen   □ JA □ NEIN

■ Zahlungen und Wertgegenstände annehmen   □ JA □ NEIN

■ Verbindlichkeiten eingehen   □ JA □ NEIN

■ Willenserklärungen bezüglich meiner Konten, Depots und Safes abgeben. Sie darf mich im Geschäftsverkehr mit Kreditinstituten vertreten (bitte beachten Sie hierzu auch den nachfolgenden Hinweis)   □ JA □ NEIN

■ Schenkungen in dem Rahmen vornehmen, der einem Betreuer rechtlich gestattet ist.   □ JA □ NEIN

■ _____   □ JA □ NEIN

■ Folgende Geschäfte soll sie **nicht** wahrnehmen können

■ _____

■ _____

Hinweis: Für die Vermögenssorge in Bankangelegenheiten sollten Sie auf die von Ihrer Bank/Sparkasse angebotene Konto-/Depotvollmacht zurückgreifen. Diese Vollmacht berechtigt den Bevollmächtigten zur Vornahme aller Geschäfte, die mit der Konto- und Depotführung in unmittelbarem Zusammenhang stehen. Es werden ihm keine Befugnisse eingeräumt, die für den normalen Geschäftsverkehr unnötig sind, wie z. B. der Abschluss von Finanztermingeschäften. Die Konto-Depotvollmacht sollten Sie **grundsätzlich** in Ihrer Bank oder Sparkasse unterzeichnen; etwaige spätere Zweifel an der Wirksamkeit der Vollmachterteilung können hierdurch ausgeräumt werden. Können Sie Ihre Bank/Sparkasse nicht aufsuchen, wird sich im Gespräch mit Ihrer Bank/Sparkasse sicher eine Lösung finden.
Für Immobiliengeschäfte, Aufnahme von Darlehen sowie für Handelsgewerbe ist eine notarielle Vollmacht erforderlich!

5. Post und Fernmeldeverkehr

■ Sie darf die für mich bestimmte Post entgegennehmen und öffnen sowie über den Fernmeldeverkehr entscheiden. Sie darf alle hiermit zusammenhängenden Willenserklärungen (z. B. Vertragsabschlüsse, Kündigungen) abgeben.   □ JA □ NEIN

6. Vertretung vor Gericht

■ Sie darf mich gegenüber Gerichten vertreten sowie Prozesshandlungen aller Art vornehmen.   □ JA □ NEIN

Fortsetzung Seite 4

7. Untervollmacht

■ Sie darf in einzelnen Angelegenheiten Untervollmacht erteilen.   ☐ JA   ☐ NEIN

8. Betreuungsverfügung

■ Falls trotz dieser Vollmacht eine gesetzliche Vertretung (»rechtliche Betreuung«)
erforderlich sein sollte, bitte ich, die oben bezeichnete Vertrauensperson als Betreuer zu bestellen.   ☐ JA   ☐ NEIN

9. Weitere Regelungen

■ _____

_____

_____

_____

_____

_____

Ort, Datum   Unterschrift der Vollmachtgeberin/des Vollmachtgebers

_____

Ort, Datum   Unterschrift der Vollmachtnehmerin/des Vollmachtnehmers

Beglaubigungsvermerk

letzte Seite

BETREUUNGSVERFÜGUNG

Ich,

_____
Name, Vorname

_____
Geburtsdatum   Geburtsort

_____
Adresse

_____
Telefon, Telefax

lege hiermit für den Fall, dass ich infolge Krankheit oder Behinderung meine Angelegenheiten ganz oder teilweise nicht mehr selbst besorgen kann und deshalb ein Betreuer für mich bestellt werden muss, Folgendes fest:

■ **Zu meinem Betreuer / meiner Betreuerin soll bestellt werden:**

_____
Name, Vorname

_____
Geburtsdatum   Geburtsort

_____
Adresse

_____
Telefon, Telefax

■ **Falls die vorstehende Person nicht zum Betreuer oder zur Betreuerin bestellt werden kann, soll folgende Person bestellt werden:**

_____
Name, Vorname

_____
Geburtsdatum   Geburtsort

_____
Adresse

_____
Telefon, Telefax

■ **Auf keinen Fall soll zum Betreuer / zur Betreuerin bestellt werden:**

_____
Name, Vorname

_____
Geburtsdatum   Geburtsort

_____
Adresse

_____
Telefon, Telefax

■ **Zur Wahrnehmung meiner Angelegenheiten durch den Betreuer / die Betreuerin habe ich folgende Wünsche:**

1. _____   2. _____

3. _____   4. _____

_____
Ort, Datum   Unterschrift

Quelle: Bundesministerium der Justiz, www.bmj.bund.de

Notfallbogen

Der Notfallbogen wurde in einem kommunalen Modellprojekt in Münster entwickelt, um lebens- und leidensverlängernde Maßnahmen in der letzten Lebensphase – insbesondere in Notfallsituationen – zu verhindern. Er wird vorwiegend in stationären Senioreneinrichtungen oder auch bei Senioren, die von ambulanten Pflegediensten betreut werden, eingesetzt. Der Notfallbogen für einwilligungsfähige Patienten sollte zusammen mit dem Arzt und den Angehörigen und zusätzlich zur Patientenverfügung erstellt werden; bei nicht mehr einwilligungsfähigen Patienten kann der Notfallbogen im Sinne des mutmaßlichen Willens des Patienten vom Vorsorgebevollmächtigten oder einem gesetzlich bestellten Betreuer ausgefüllt werden. Der Notfallbogen kann als Ersatz für eine fehlende Patientenverfügung oder als aktuelle Ergänzung beziehungsweise Zusammenfassung einer bestehenden Verfügung genutzt werden.

Behandlungswunsch im Notfall
(Patient war einwilligungsfähig)

Patient/-in: _____ Geb.-Datum: _____

Behandlungswunsch im Notfall:

    Reanimation: ja ☐   nein ☐

    Patientenverfügung liegt vor: ja ☐   nein ☐

Grunderkrankung:
_____
_____
_____

Anmerkungen:
_____
_____
_____

Hausarzt	**Gesundheitsfürsorge:**
	Betreuer/Bevollmächtigter
	ja ☐ nein ☐
Name: _____	wenn ja:
_____	Name: _____
Telefon: _____	Telefon: _____

_____ , den _____

_____
Unterschrift des/r Hausarztes/-ärztin

_____
Unterschrift des/r Patienten/-in

_____
Unterschrift Betreuerin/Vorsorgebevollmächtigte/r

Zur Kentnis genommen:

_____
Unterschrift Stationsleitung

Quelle: Modellprojekt Limits[61]; Muster auf der Website der Ärztekammer Westfalen-Lippe unter www.aekwl.de

Behandlungswunsch im Notfall

(Patient war **nicht** einwilligungsfähig)

Patient/-in: _____ Geb.-Datum: _____

Behandlungswunsch im Notfall:

Der mutmaßliche Wille wurde erhoben! Daraus ergibt sich folgender Behandlungswunsch:

Reanimation: ja ☐   nein ☐

Patientenverfügung liegt vor: ja ☐   nein ☐

Grunderkrankung:

_____

_____

Anmerkungen:

_____

_____

_____

Hausarzt

Name: _____

_____

Telefon: _____

_____ , den _____   _____
                                        Unterschrift des/r Hausarztes/-ärztin

_____   _____
Unterschrift des/r Patienten/-in   Unterschrift Betreuerin/Vorsorgebevollmächtigte/r

           Zur Kentnis genommen: _____
                                        Unterschrift Stationsleitung

5

VORSCHLAG FÜR EINE WILLENSERKLÄRUNG ZUR DIREKTEN STERBEHILFE FÜR DEN FALL IRREVERSIBEL FORTSCHREITENDER DEMENZ

Ich habe in einem speziellen Schreiben meinen Wunsch dargelegt, dass mein Leben im Fall einer irreversiblen Demenzerkrankung vom Arzt beendet wird. Diese Willenserklärung führt auf, was nach meiner Ansicht uns allen erlaubt sein *sollte*, aber gegenwärtig sowohl in den USA wie in den allermeisten anderen Ländern gegen das Gesetz verstößt. Die Erklärung ist eine Kombination aus Anweisungen, die schon heute rechtlich möglich sind, mit darüber hinausgehenden Instruktionen, die, wie ich mir bewusst bin, rechtlich problematisch sind. Diese Direktiven verlangen mehr von meiner Vorsorgebevollmächtigten, als sie erfüllen kann, trotzdem stärken sie ihr, indem sie meinen starken *Wunsch* zum Ausdruck bringen, in einem Zustand der Demenz nicht weiterleben zu wollen, den Rücken, das Bestmögliche für mich zu tun. Die hier aufgeführten Direktiven können der Vorsorgevollmacht oder Patientenverfügung als Ergänzung beigefügt werden.[62]

Am Anfang sollte eine von Ihrem Arzt bestätigte Erklärung stehen, dass Sie im Vollbesitz Ihrer geistigen Fähigkeiten sind, also selbstbestimmt über Ihre Behandlung entscheiden können. Das Dokument sollte sodann erklären, dass Sie als urteilsfähige Person Ihren Vorsorgebevollmächtigten so bindend wie möglich darauf verpflichten, alles zu unternehmen, um Ihrem Wunsch zu entsprechen, lieber zu sterben, als mit einer irreversiblen Demenz weiterzuleben.

Wenn diese spezielle Verfügung zu Beginn der Demenz in Kraft tritt, sollten Sie als Erstes festlegen, dass Ihre Betreuer keine der unten aufgeführten Therapien oder Versorgungsmaßnahmen durchführen. (Ein Großteil dieser Liste entspricht einer normalen Patientenverfügung, aber nicht alles.)

- Ich möchte nicht, dass lebensverlängernde Maßnahmen ergriffen werden.
- Ich möchte, dass meine Versorgung auf Wohlbefinden, Schmerzfreiheit und die Wahrung meiner Würde zielt.
- Medikamente, die verabreicht werden, damit ich zufrieden und schmerzfrei bin und keine Qualen leide, sollen in ausreichend hohen Dosen verabreicht werden, selbst wenn dadurch mein Leben verkürzt wird.
- Wenn ich eine Infektion bekomme, möchte ich nicht, dass sie behandelt wird. Sorgen Sie bitte nur für mein Wohlbefinden und verwenden Sie keine Antibiotika.
- Wenn ich nicht selbständig essen kann, möchte ich nicht gefüttert oder zum Essen oder Trinken ermuntert werden. Geben Sie mir gegen Dehydrierung nichts anderes als Wasser, und dies nur, wenn ich es eindeutig wünsche.
- Ich wünsche keinerlei künstliche Ernährung oder Flüssigkeitszufuhr. Ich möchte nicht über einen Schlauch Nahrung oder Flüssigkeit erhalten (keine Infusionen).
- Wenn ich nicht selbst atmen kann, möchte ich keine künstliche Beatmung erhalten. Sauerstoff soll nur für den Fall zugeführt werden, dass ich Atemnot habe. Ein niedriger Sauerstoffspiegel im Blut ist kein ausreichender Grund, um Sauerstoff zuzuführen.

- Bei Nierenversagen wünsche ich keine Dialyse.
- Wenn ich aufhöre zu atmen oder mein Herz stehen bleibt, wünsche ich keine Herz-Lungen-Reanimation.
- Ich möchte keine Bluttransfusionen.
- Wenn ich einen Herz- oder Schlaganfall habe, unternehmen Sie nichts, um mein Leben zu verlängern, sondern verschaffen Sie mir nur Linderung.
- Ich wünsche keine Operation, es sei denn, sie ist absolut notwendig, um meine Schmerzen zu stillen.
- Ich möchte keine Röntgenuntersuchungen, Blut- oder andere Labortests oder sonstige invasive diagnostische Maßnahmen.
- Ich möchte nicht, dass regelmäßige Messungen der Vitalparameter einschließlich Temperatur- und Blutdruckmessungen vorgenommen werden.
- Ich möchte nicht in einem Krankenhaus behandelt werden, sondern eine Palliativversorgung an dem Ort erhalten, an dem ich gegenwärtig bin.

....

....

....

Diese Wünsche können durch eine Reihe von Punkten ergänzt werden, um die Art von Demenz zu definieren, mit der Sie nicht weiterleben möchten, sondern bei deren Ausbruch Sie sich vielmehr die Einleitung weiter gehender, *aktiver* Maßnahmen wünschen, um Ihr Leben und die Zeit Ihres Leidens zu verkürzen. Dies könnte zum Beispiel durch den Entzug von Flüssigkeit verbunden mit Sedierung erfolgen, was nach dem Abbruch oder der Unterlassung unerwünschter Behandlungen der nächste Schritt wäre, um Ihr Sterben zu beschleunigen. Sie können detailliert darlegen, welches Kriterium oder welche Kriterienkombination dazu führen sollte, dass Ihnen Flüssigkeit vorenthalten wird. Die Kriterien, die ich für mich aufgeschrieben habe, sind die folgenden. Sie können Sie je nach Bedarf ergänzen oder reduzieren.

Kriterien eines Zustandes, in dem ich nicht
weiterleben möchte

- ein irreversibler Verfall meiner geistigen Fähigkeiten
- die Unfähigkeit, meine Familie und nahestehende Menschen zu erkennen
- die Unfähigkeit, die gewöhnliche Körperpflege selbst auszuführen
- die Unfähigkeit, ohne fremde Hilfe zu essen
- wiederholtes rabiates oder gewalttätiges Verhalten
- häufige Desorientiertheit und zielloses Umherlaufen
- chronische Verwirrtheit
- die Unfähigkeit, kohärent zu kommunizieren, beziehungsweise Verlust der Kommunikationsfähigkeit
- chronische Frustration oder Angst aufgrund von Verwirrtheitszuständen

....

....

....

Bei der gegenwärtigen Gesetzeslage gibt es keine rechtliche Garantie, dass die oben genannten Kriterien in einer Patientenverfügung sicherstellen könnten, dass die Betreuer dem Patienten keine Flüssigkeit mehr geben und ihn sedieren. Diese Forderungen trotzdem zu stellen macht aber unmissverständlich deutlich, dass der Patient keinesfalls in einem Zustand der Demenz dahindämmern möchte. Dies könnte die Meinung der Betreuer, was unter bestimmten

Umständen zu geschehen hat oder unterbleiben sollte, beeinflussen.

In meiner eigenen Verfügung habe ich dargelegt, dass ich meine Wünsche sorgfältig mit meiner Bevollmächtigten durchgesprochen habe und sie diese Wünsche versteht. Sollte ich durch irgendeine der zuvor erwähnten Handlungen oder Unterlassungen früher sterben, so erkläre ich in der Verfügung weiter, entspricht dies meinem Wunsch, da ich nicht in einem Zustand seniler Demenz oder geistiger Behinderung leben möchte, der ein befriedigendes und lohnendes geistiges Leben ausschließt.

Unterschrieben werden sollte die Verfügung vom Verfasser, von Zeugen und dem Vorsorgebevollmächtigten. Es besteht vorläufig keine Notwendigkeit, einen Rechtsanwalt oder Notar hinzuzuziehen.

Ein Vorschlag wie der hier präsentierte könnte verhindern, dass demenzkranke Menschen würdelos und unter Qualen dahindämmern, und ich wünsche mir, dass solche Verfügungen in naher Zukunft überall gesetzlich verankert werden.

ANMERKUNGEN

1 Vgl. Sidney H. Wanzer et al., »The Physician's Responsibility Toward the Hopelessly Ill Patients. A Second Look«, *New England Journal of Medicine*, 320 (1989), S. 844–849.

2 Vgl. ebd.

3 Timothy E. Quill, »Death and Dignity. A Case of Individualized Decision Making«, *New England Journal of Medicine*, 324 (1991), S. 691–694. Vgl. a. ders., »Dying and Decision Making – Evolution of End-of-Life Options«, ebd., 350 (2004), S. 2029–2032.

4 Last Acts, eine bis 2005 tätige Initiative der Robert Wood Johnson Foundation aus Dienstleistern des Gesundheitswesens und Verbrauchergruppen zur Verbesserung der palliativen Sterbebegleitung in den USA, finanzierte eine Arbeitsgruppe, die im November 2002 einen Bericht mit dem Titel *Means to a Better End. A Report on Dying in America Today* veröffentlichte (www.rwjf.org/files/publications/other/meansbetterend.pdf). Dieser Blick auf die Palliativpflege in den 50 Bundesstaaten nennt fünf Prinzipien einer angemessenen Versorgung. Danach soll eine lindernde Betreuung

– die Ziele, Wünsche und Entscheidungen des oder der Sterbenden respektieren,

– den medizinischen, emotionalen, sozialen und spirituellen Bedürfnissen des Sterbenden Rechnung tragen,

– den Bedürfnissen der Familienmitglieder dienen,

– den Zugang zu benötigten Gesundheitsversorgern und angemessenen Betreuungseinrichtungen ebnen und

– Wege suchen, um am Ende des Lebens eine hervorragende Versorgung zu gewährleisten.

5 Vgl. R. Sean Morison, Diane E. Meier, »Palliative Care«, *New England Journal of Medicine*, 350 (2004), S. 2582–2590.

6 Vgl. Wanzer, a.a.O.

7 Joan M. Teno, Brian R. Clarridge et al., »Family Perspectives on End-of-Life Care at the Last Place of Care«, *Journal of the American Medical Association*, 291 (2004), S. 88–93. Für diese Studie wurden die Familienmitglieder von 1578 Verstorbenen telefonisch befragt.

8 Vgl. Robert G. Twycross, »Morphine and Diamorphine in the Terminally Ill Patient«, *Acta anaesthesiologica Scandinavica*, Supplementum 74 (1982), S. 128–134.

9 Vgl. Mark N. Levine et al., »Heroin Versus Morphine for Cancer Pain?«, *Archives of Internal Medicine*, 146 (1986), S. 353–356.

10 Atul Gawande, *Die Schere im Bauch. Aufzeichnungen eines Chirurgen*, München 2003, S. 388 f.

11 Wo Hospize wie in Deutschland nicht in allen Regionen gleichmäßig vertreten sind, gibt der Hausarzt im Falle einer Verlegung des Patienten in ein entferntes Hospiz die Betreuung in der Regel an den zuständigen Hospizarzt ab. (A. d. Red.)

12 Timothy Quill hat das Bewusstsein der Ärzte dafür geschärft, vgl. ders., »Sounding Board. Death and Dignity«, a.a.O.

13 Vgl. Timothy E. Quill et al., »Palliative Options of Last Resort. A Comparison of Voluntarily Stopping Eating and Drinking, Terminal Sedation, Physician-assisted Suicide, and Voluntary Active Euthanasia«, *Journal of the American Medical Association*, 278 (1997), S. 2099–2104. Vgl. a. Charles H. Baron et al., »A Model State Act to Authorize and Regulate Physician-assisted Suicide«, *Harvard Journal on Legislation*, 33 (1996), S. 1–34.

14 Die Diskussionsgruppe bestand aus Charles Baron, Juraprofessor am Boston College; Dan Brock, Professor für Medizinethik am Fachbereich für Sozialmedizin und Direktor der Abteilung für Medizinethik an der Harvard Medical School sowie Direktor des Harvard University Program in Ethics and Health; Nancy Dorfman, seit kurzem Präsidentin von Compassion and Choices of Greater Boston; Edward Lowenstein, Professor für Medizinethik an der Harvard Medical School, sowie dem Autor, Sidney H. Wanzer.

15 Für dieses Konzept bin ich Daniel Brock verpflichtet, der an der erwähnten Diskussionsgruppe über Demenzkranke teilnahm.

16 Bischof John Shelby Spong in einer Grundsatzrede auf einer

226

Tagung der amerikanischen Sterbehilfeorganisation Hemlock Society (heute Compassion and Choices) in San Diego am 10. Januar 2003.

17 Robert Steinbrook, »Physician-assisted Suicide in Oregon. An Uncertain Future«, *New England Journal of Medicine*, 346 (2002), S. 460–464.

18 Charles Baron, Juraprofessor am Boston College, in einer persönlichen Mitteilung an den Autor, 2003.

19 In einem persönlichen Gespräch mit dem Autor erklärte Professor Baron im Mai 2006 ferner: »Was meine Position betrifft, […] glaube ich, dass dieses Doppeleffektspiel gefährlich und kontraproduktiv ist – eine Farce. Wenn wir nicht danach fragen, ob wir es entweder mit einer absichtlichen Tötung oder schlicht mit guter Schmerzlinderung zu tun haben […], können wir uns weder angemessen gegen die erstere schützen noch Raum für die letztere lassen.«

20 Garrick F. Cole, Anwalt in der Kanzlei Smith & Duggan, Boston, in einer persönlichen Mitteilung an den Autor, 2003.

21 Rod McStay, »Terminal Sedation. Palliative Care for Intractable Pain, Post *Glucksberg* and *Quill*«, *American Journal of Law and Medicine*, 29 (2003), S. 45–76.

22 Timothy Quill, *A Midwife Through the Dying Process. Stories of Healing and Hard Choices at the End of Life*, Baltimore 1966, S. 146.

23 Ann Alpers, »Criminal Act or Palliative Care? Prosecutions Involving Care of the Dying«, *Journal of Law, Medicine & Ethics*, 26, 4 (Winter 1998), S. 308.

24 Ebd. Seit 1990 wurden mindestens 23 Ermittlungen gegen Ärzte eingeleitet, die Sterbende betreut hatten, wobei es zu »acht Anklagen, vier Mordprozessen und zwei Verurteilungen« kam. Zwei Verurteilungen (wegen versuchten Mordes bzw. Totschlags) wurden in der Revision aufgehoben. In all diesen Fällen waren einem Zeugen Zweifel an der ärztlichen Behandlung gekommen.

25 Vgl. Charles F. McKhann, *A Time to Die. The Place for Physician Assistance*, New Haven (CT) 1998, Kapitel 5.

26 Vgl. Diana McAulay, »Dehydration in the Terminally Ill Patient«, *Nursing Standard*, 4 (2001), S. 33–37.

27 Vgl. Jayne Sutcliffe, Susan Holmes, »Dehydration. Burden or Benefit to the Dying Patient?«, *Journal of Advanced Nursing*, 19 (1994), S. 71–76.

28 Rob McStay, »Terminal Sedation«, a.a.O.

29 Vgl. z.B. *Brophy v. New England Sinai Hospital*, 389 Mass. 417, 497 N.E.2d 626 (1986), in dem der Oberste Gerichtshof von Massachusetts das Recht feststellte, künstliche Ernährung und Flüssigkeitszufuhr abzulehnen, trotz des Gegenarguments dreier Richter, dass das Gericht auf diese Weise ein Recht auf Selbstmord festgestellt habe. Selbst im Gefängnis gilt die Regel, dass künstliche Ernährung zur Wahrung der Disziplin statthaft sei, nicht länger uneingeschränkt, vgl. *Singletary v. Costello*, 665 So.2d 1099 (Fla.1996), und *Thor v. Superior Court*, 855 P.2d 375 (Cal.1993), mit *Laurie v. Senecal*, 666 A2d 806 (RI 1995).

30 Derek Humphry, *In Würde sterben. Praxis Sterbehilfe und Selbsttötung*, Hamburg 1992.

31 Derek Humphry, *Final Exit. The Practicalities of Self-Deliverance and Assisted Suicide for the Dying*, 3. überarb. Aufl., New York 2002.

32 Derek Humphry empfiehlt in seinem Buch, zusätzlich zu dem Barbiturat eine Plastiktüte über den Kopf zu ziehen, um einen Sauerstoffmangel herbeizuführen und so sicherzugehen, dass der Tod durch das Mittel relativ schnell eintritt. Viele Menschen schreckt diese Idee ab. Wenn die Dosis des Barbiturats neun Gramm beträgt und rasch eingenommen wird, sodass die gesamte Menge hinuntergeschluckt wurde, bevor der Schlaf einsetzt, halten die meisten Ärzte die Verwendung einer Tüte für unnötig. Wenn ein Patient länger braucht als der Durchschnitt, um zu sterben, ist dies immer noch kein lang gezogener Tod, und der Patient bekommt nichts mehr mit, weil er nach den ersten paar Minuten tief schläft und das Bewusstsein verliert. Wenn Helium in einer sackartigen Haube zugeführt wird, damit der Patient es einatmet, ist dies Beobachtern zufolge etwas anderes. Die Haube ist hier notwendig, um dem Patienten das Helium zu verabreichen, aber sie ist zeltartig aufgebläht und um das Gesicht herum nicht beengend.

33 Wird eine Stunde vor Einnahme des Barbiturats der Beta-

blocker Propranolol oral verabreicht, kommt es zu einer adrenalinhemmenden Wirkung, die den Blutdruck und die Herzschlagfrequenz senkt. Es ist fraglich, wie hilfreich dies ist. Andere oral verabreichte Medikamente fördern die Magenentleerung, sodass das Barbiturat schneller in den Blutkreislauf absorbiert wird, und es wurden Medikamente gegen Übelkeit gegeben, um die Wahrscheinlichkeit zu reduzieren, dass sich der Patient übergibt.

34 Vgl. Lois Schafer, »The Dearth of Choices«, *EOL Choices*, 1 (2002), S. 15.

35 Die meisten der in diesem Buch behandelten Themen kenne ich aus meiner eigenen Erfahrung und Praxis als Arzt in einer Zeit, die gewaltige Veränderungen in der Betreuung Sterbender erfuhr. Die jüngste Verwendung von Helium zur Herbeiführung des Todes ist eine Ausnahme, weil die Methode erst nach meiner ärztlichen Laufbahn aufkam. Die Informationen in diesem Kapitel stammen aus Gesprächen mit Kollegen, die persönlich mit der Materie vertraut sind und deren Urteil und Verlässlichkeit ich vertraue.

36 Russel Ogden, Rae H. Wooten, »Asphyxial Suicide with Helium and a Plastic Bag«, *American Journal of Forensic Medicine and Pathology*, 23 (2002), S. 234–237; vgl. auch Douglas Todd, »At Death's Door«, *Vancouver Sun*, Vancouver, Canada, 31. Oktober 2008.

37 Das Buch (s. FN 31) und die 46-minütige DVD dazu (*Final Exit on DVD*, nur bei ERGO, nicht im Buchhandel erhältlich, A.d.Ü.) beschreiben und demonstrieren, in welcher Weise einige Menschen in den letzten Jahren ihr Leiden selbst beendet haben.

38 Faye Girsh, »The Many Ways to Hasten Death«, *World Right To Die Newsletter*, 22. April 2004, berichtet über Helium. Girsh beschreibt auch die weltweiten Bemühungen zur Perfektionierung von Selbsttötungsmethoden für Schwerstleidende.

39 Seit im Februar 2008 die Schweizer Sterbehilfeorganisation Dignitas in vier Fällen Helium anwandte und dies mit Videoaufzeichnungen dokumentierte, gibt es in der deutschen Presse eine überwiegend kritische Einschätzung dieser Methode. »»Fast nicht zumutbar‹, so drückt es der Leitende Oberstaats-

anwalt Andreas Brunner aus, sind die Videobilder, die belegen, wie Sterbewillige mit der Helium-Methode aus dem Leben scheiden. Die Sterbenden bewegten sich zuckend ›mehrere zehn Minuten‹ lang.« *Der Spiegel*, 18. 3. 2008. Anm. d. Red.

40 Ein Großteil der Informationen in diesem Abschnitt ist den zitierten Büchern und der DVD von Derek Humphry entnommen und wird hier mit seiner freundlichen Genehmigung wiedergegeben.

41 American Psychiatric Association (Hg.), *Diagnostic and Statistical Manual of Mental Disorder*, 4. vollständig überarbeitete Aufl., Washington, D. C., 2000, S. 349–356.

42 Zu den Teilnehmern siehe FN 14.

43 Die Idee, dass das gegenwärtige Selbst das künftige Selbst bindend festlegt, verdanke ich einem Gespräch mit Daniel Brock im Jahr 2005. Seine Überlegungen sind veröffentlicht in: ders., »Precommitment in Bioethics. Some Theoretical Issues«, *Texas Law Review*, Juni 2003.

44 Vgl. Mario F. Mendez, Jeffrey L. Cummings, *Dementia. A Clinical Approach*, 3. Aufl., New York 2003.

45 Vgl. Deutsche Alzheimer Gesellschaft unter: www. deutsche-alzheimer.de/.

46 Vgl. Mendez, Cummings, a. a. O.

47 Edward Lowenstein in einem privaten Gespräch mit dem Autor, Mai 2005.

48 Vgl. Jerry Fensterman, »I See Why Others Choose to Die«, *Boston Globe*, 31. Januar 2006.

49 PRNewswire, Rochester, New York, 27. April 2005.

50 Vgl. Daniel E. Lee, »Physician-assisted Suicide. A Conservative Critique of Intervention«, *Hastings Center Report*, 33 (2003), S. 17–19.

51 Vgl. a. Joel Feinberg, *Social Philosophy* (Englewood Cliffs, NJ: Prentice-Hall, 1973), S. 49 ff.

52 Sidney Rosoff in einem persönlichen Gespräch mit dem Autor am 4. November 2002.

53 Derek Humphry, a. a. O.

54 Organisationen und Verbände, die in den letzten 30 Jahren in den USA eine Rolle auf dem Gebiet der Sterbehilfe spielten, sind die Hemlock Society (1980 gegründet, 2003 umbenannt in

End-of-Life Choices), Compassion in Dying (gegründet 1993 in Oregon), Compassion and Choices (2004 durch Zusammenschluss von End-of-Life Choices und Compassion in Dying entstanden), Final Exit Network (2004 gegründet), Death with Dignity National Center sowie die Euthanasia Research and Guidance Organization (ERGO, 1993 gegründet).

55 Achter Jahresbericht des Oregon Death of Dignity Act; hg. vom Department of Human Services, Oregon State Public Health, 9. März 2006 www.oregon.gov/DHS/ph/pas/docs/year8.pdf

56 Vgl. Colin Nickerson, »Suicide Groups Make Switzerland a Final Destination«, *Boston Globe*, 27. Februar 2006.

57 Vgl. *ERGO Newsletter*, 22. April 2005.

58 Nickerson, ebd.

59 The World Federation of Right to Die Societies, unter: www.worldrtd.net/news/world/?id=603, 1. Oktober 2003 (nur für Mitglieder).

60 Vgl. Georg Bosshad, Esther Ulrich, Walter Bär, *Swiss Medical Weekly*, 133 (2003), S. 310–317.

61 Ulrike Schulze und Silke Niewohner (Hrsg.), *Selbstbestimmt in der letzten Lebensphase – zwischen Autonomie und Vorsorge*. Münster 2004.

62 Viele der Punkte in dieser speziellen Patientenverfügung für Demenzpatienten basieren auf einer von End-of-Life Choices Arizona 2004 vorgeschlagenen und später von Faye Girsh modifizierten Verfügung.

DANK

Ich möchte den vielen Menschen danken, die mir bei diesem Buch geholfen haben.

Joseph Glenmullen drängte mich, das Projekt in Angriff zu nehmen, und unterstützte mich bei der Vorbereitung, Gliederung und Bearbeitung des Textes. Zehn Jahre lang arbeitete ich mit ihm bei den Harvard University Health Services Hand in Hand zusammen – er als Psychiater, ich als Internist. Sein Rat und seine Freundschaft waren unschätzbar.

Die verstorbene Florence Clothier Wislocki weckte in den 60er Jahren mein Interesse für selbstbestimmtes Sterben, und gemeinsam stritten wir in Massachusetts für ein Gesetz zur Einführung von Patientenverfügungen. Sie ebnete den Weg für meine Mitarbeit im Vorstand der Society for the Right to Die, wo ich mit den bemerkenswerten Aktivisten der Gruppe in Kontakt kam. Besonders der verstorbene Joseph Fletcher, Autor von *Moral ohne Normen?*, war ein Vorbild für mich und hat sehr dazu beigetragen, dass ich zu einem Befürworter von passiver und aktiver Sterbehilfe wurde. Ein weiterer Mitstreiter in der Society for the Right to Die, dessen Einfluss und Freundschaft mir bis zum heutigen Tag erhalten geblieben sind, ist Sidney Rosoff, Präsident dieser Gesellschaft und später der Hemlock Society und der World Federation of Right to Die Societies. Alice Mehling, die hartnäckige Exekutivdirektorin der Society for the Right to Die, half mir in den frühen

Jahren sehr, ebenso wie die Vorstandsmitglieder Ruth Smith und Bry Benjamin.

In den letzten Jahren leistete Derek Humphry als Gründer der Hemlock Society viel für die Bewegung und geizte nie mit seinem klugen Rat. Faye Girsh ist mir seit 20 Jahren eine Freundin, die mich in Fragen der Sterbebegleitung immer wieder unterstützt und ermutigt hat. Die oben aufgeführte Willenserklärung für den Fall einer Demenzerkrankung basiert auf ihrer Bearbeitung einer Vorlage von End-of-Life Choices Arizona. Richard MacDonald, ehemaliger Direktor der Hemlock Society und ihrer Nachfolgeorganisation Compassion and Choices und seit kurzem medizinischer Beirat von Final Exit Network, war eine stets freundliche und liebenswürdige Quelle von Antworten auf meine häufigen Fragen. Ich bewundere seinen Mut und sein Engagement, das er so großzügig in den Dienst der Bewegung stellt. Charles Baron, Juraprofessor am Boston College, und der Bostoner Rechtsanwalt Garrick Cole – beides scharfsinnige Experten der rechtlichen Komplexitäten von Patientenrechten, Sterbebegleitung und Sterbehilfe am Lebensende – arbeiteten mit mir bei der Entwicklung eines Mustergesetzes für ärztliche Sterbehilfe zusammen und standen mir als gute Freunde über die Jahre mit Rat und Tat zur Seite. Viele von den Genannten sahen auch Teile dieses Buches durch und gaben mir hervorragende Anregungen.

Die geschätzte Ruth Porter, die mir als selbständige Krankenschwester in meiner Arztpraxis kollegial zur Seite stand, war eine treue Verbündete bei der Versorgung sterbender Patienten. Der Neurologe Russell Butler, ein Kollege aus Massachusetts, hat über die Jahre wichtige Beiträge für die Bewegung geleistet. Der Apotheker William Comer stand mir in der Vergangenheit immer wieder freundlich zur Erörterung pharmakologischer Fragen zur Verfügung.

Ich habe viel von dem verstorbenen James Vorenburg gelernt, Juraprofessor und Dekan der Harvard Law School, der bei mehreren Projekten zur Sterbehilfe und Sterbebegleitung mitwirkte. Harvey Silverglate gab mir unschätzbaren Rat in Rechtsfragen. Nancy Dorfman, Präsidentin von Compassion and Choices of Greater Boston, war mir auf diesem Feld viele Jahre lang eine verlässliche Freundin und Kollegin und so freundlich, die Willenserklärung zur Demenzerkrankung gegenzulesen. Barbara Coombs Lee, Präsidentin der Compassion in Dying Federation, unterstützte und beriet mich freigebig, und Lois Schafer aus dem Hauptquartier von Compassion in Dying in Denver klärte mit mir Fragen über Patientenverfügungen. N. Cody Webb war in vielen Jahren ein Freund in der Bewegung und eine nie versiegende Informationsquelle. S. James Adelstein arbeitete in den 80er Jahren mit mir an zwei Artikeln über die Verantwortung des Arztes gegenüber sterbenskranken Patienten und ist seit 50 Jahren ein enger Freund und weiser Ratgeber. Dr. Daniel Federman von der Harvard Medical School wirkte entscheidend daran mit, dass die erwähnte Arbeit über sterbenskranke Patienten veröffentlicht werden konnte. Edwin Cassem leistete ebenfalls einen wichtigen Beitrag zu dem Projekt. Eli Stutsman war so freundlich, Material für mich durchzusehen, und half mir mit Vorschlägen weiter. Dr. Alan Meisel von der Universität von Pittsburgh gab mir hilfreiche Tipps, welche Risiken unter bestimmten Umständen für den Arzt bestehen. Dem Medizinethiker Dr. Daniel Brock verdanke ich etliche Anregungen zur Sterbehilfe und Sterbebegleitung. Dr. Larry Egbert gab mir bei diesem Projekt mehrfach wichtige Hilfestellungen. Ebenso bin ich Dr. Edward Lowenstein, Pfarrer Ralph Mero und Richard Walters für ihre nützliche Hilfe zu Dank verpflichtet.

Es gibt viele weitere ungenannte Arztkollegen, die sich an führender Stelle in der Bewegung für ein würdevolles Sterben engagiert haben.

Merloyd Lawrence lektorierte das Buch für Da Capo/Perseus Group. Sie war, kurz gesagt, in jeder Hinsicht wunderbar. Es gab kaum einen Vorschlag von ihr, dem ich nicht zugestimmt habe. Ich bin Robert Lescher, meinem Agenten, dankbar, mich zu ihr geführt zu haben.

Meine liebe Frau Anne, meine wichtigste Gesprächspartnerin, half mir mit ihren Ideen und war für dieses Buch stets ein Anker des gesunden Menschenverstandes.

Schließlich danke ich den Patienten und ihren Familien, die mir erlaubten, ihre Geschichte in diesem Buch zu verwenden.

Dr. Sidney H. Wanzer
Januar 2007

NACHWORT

Man könnte ein wenig neidisch werden. Auf den humanen Grundton, der dieses Buch begleitet. Auf die große Menschenfreundlichkeit, die es durchzieht. Auf den unaufgeregten, unideologischen, ja geradezu entspannten Pragmatismus. Kein Buch, das eherne Grundsätze aufrichten und moralische Zeigefinger erheben will. Wie anders hört es sich an, wenn in Deutschland über Sterbehilfe geredet und geschrieben wird – jedenfalls zumeist: ein Konzert der schrillen Töne, der Empörungen, der Verurteilungen und Beurteilungen. Die Debatte ist emotional hoch aufgeladen und trägt alle Anzeichen eines Kulturkampfs. Eigentlich, schrieb die *Zeit*, sei es gar keine Debatte, sondern eine »öffentliche Aufwallung«.

Warum ist das in Deutschland so?

Zunächst einmal, so ist zu antworten, sind die Verhältnisse ja auch anderswo keineswegs so unaufgeregt, wie es dieses Buch vorführt. Man denke nur an den berühmten Fall der Amerikanerin Terri Schiavo, die 15 Jahre lang im Wachkoma lag, ehe 2005 die lebenserhaltenden Maßnahmen beendet wurden. Über die Frage, ob das juristisch und ethisch vertretbar sei, zerstritten sich nicht nur Terri Schiavos Ehemann und deren Eltern, sondern eine ganze Nation. Die Auseinandersetzung wurde erbittert geführt, mit Wutausbrüchen auf der einen wie auf der anderen Seite. Kein Wunder, es ging ja um Leben und Tod. Auch die Aufregung um die 52-jährige Chantal Sébire im Jahr 2008 zeigt, dass die Emotionalisierung dieses Themas keine deutsche Eigenheit ist. Die Französin litt infolge einer Krebserkrankung, die ihr das Gesicht entstellte und zur Erblindung führte, an schrecklichen Schmerzen. Sie wandte sich in ihrer Not an Präsident Nicolas Sarkozy mit der Bitte, es möge ihr zum Tod verholfen werden. Obwohl dies in Frankreich nicht legal ist, fand sich eine bis heute nicht bekannte Person, die ihren Wunsch erfüllte. Ein weiteres Beispiel für die hochemotionale Besetzung des Themas ist die wortgewaltige Aufregung, die im Dezember 2008 in Großbritannien ein Film über einen begleiteten Suizid auslöste.

Obwohl das Thema Sterbehilfe also auch in anderen Ländern für heftigen Streit sorgt, ist die deutsche Debatte von besonderer Brisanz. Denn auf ihr liegt der Schatten des Nationalsozialismus. Gut 60 Jahre nach dem Ende der grauenhaften Euthanasie-Verbrechen, bei denen ungefähr 300 000 behinderte Menschen als »unwertes Leben«, als »Ballastexistenzen« umgebracht wurden, könne es nicht angehen, sagen viele, dass in Deutschland wieder darüber nachgedacht wird, ob Leben vor dem natürlichen Tod beendet werden darf.

In der Tat kann man über Sterbehilfe in Deutschland nur schwerlich reden, ohne sich der Nazi-Euthanasie zu erinnern. Jede Debatte darüber muss diese Bedenken mitdiskutieren, die zeitliche Nähe zu den nationalsozialistischen Massenmorden ist groß. Dass dieser Schreckensreflex auch heute noch anhält, spricht für eine geglückte Erinnerungskultur: Das Monströse wird immer noch als monströs erkannt.

Eine inhaltliche Nähe gibt es indessen nicht. Euthanasie, wie sie die Nazis praktizierten, und Sterbehilfe sind vollkommen verschiedene, ja gegensätzliche Dinge. Euthanasie

238

war Mord, Menschen wurden gegen ihren Willen getötet; bei der Sterbehilfe hingegen entspricht der Tod dem Willen eines Menschen. Euthanasie war ein Gewaltakt des Staates, bei der Sterbehilfe handelt das Individuum. Wo dieser fundamentale Unterschied verwischt wird, kann leicht der Verdacht entstehen, Gegner einer Liberalisierung der Sterbehilfe instrumentalisierten das Grauen der Euthanasie für ihre eigenen Ziele.

Erschwert wird die Unterscheidung auch noch dadurch, dass fast überall auf der Welt, insbesondere im englischsprachigen Raum, das Wort »Euthanasie« ganz einfach Sterbehilfe meint und keinen Bezug zu den Nazi-Verbrechen hat. Dennoch stellt sich die Assoziation zum »unwerten Leben« fast automatisch her.

Ein weiteres Argument lautet, mit der Liberalisierung der Sterbe- und Freitodhilfe gerate die Gesellschaft auf eine schiefe Ebene, auf der es, einmal dort angekommen, kein Halten mehr gebe. Es komme zu einem Dammbruch des ethischen Normensystems, zum Verlust des Respekts vor dem menschlichen Leben. Gefährdet sei der Grundwert der Zivilisation schlechthin: die Unantastbarkeit des menschlichen Lebens. Da dürfe es keine Ausnahmen geben.

Dennoch gibt es diese Ausnahmen. Weithin akzeptiert ist das Töten in Notwehr oder im Fall eines Verteidigungskriegs, und auch die Todesstrafe ist keineswegs überall geächtet, auch von den meisten Kirchen nicht.

Häufig heißt es auch, die Liberalisierung der Sterbehilfe führe dazu, dass die Hemmschwelle vor der Selbsttötung herabgesetzt werde. Befürworter der Sterbehilfe verweisen allerdings auf eine Studie der University of Utah vom September 2007. Wissenschaftler hatten im US-Bundesstaat Oregon und in den Niederlanden Untersuchungen angestellt, ob es dort seit der Legalisierung der Sterbehilfe eine

Zunahme von Sterbewünschen gegeben hat. Das Ergebnis: Nirgendwo waren steigende Zahlen zu registrieren.

Ein gewichtiges Argument der Liberalisierungsgegner lautet, Alte und Kranke könnten unter Druck gesetzt werden, ihrem Leben frühzeitig ein Ende zu setzen. Sie handelten gar nicht aus freiem Willen, sondern würden möglicherweise von Angehörigen zum Sterben gedrängt, die die Last der Pflege loswerden oder gar frühzeitig an eine Erbschaft gelangen wollten. Alte Menschen fühlten sich immer öfter als Zumutung für ihre Umgebung und seien deshalb leicht zu beeinflussen. Vertreter von Sterbehilfeorganisationen halten dem entgegen, in ihren Gesprächen mit Sterbewilligen würden sie bemerken, wenn es sich nicht um einen eigenen, sondern einen fremdgesteuerten Sterbewunsch handeln sollte. Aber letztendlich vermag natürlich niemand auszuschließen, dass solche Fälle von Fremdbestimmung vorkommen können. »Entsprechende Gefahren bestehen jedoch überall dort, wo das generelle Tötungsverbot außer Kraft gesetzt wird«, schreibt der Jurist und Rechtsphilosoph Norbert Hoerster, und er fragt: »Wollen wir das Notwehrrecht zur Verteidigung eigener Güter, sofern erforderlich, auch zu töten, deshalb für illegitim erklären, weil gelegentlich Leute in einer bloß vermeintlichen Notwehrsituation töten oder weil gelegentlich Leute in einer tatsächlichen Notwehrsituation töten, obschon eine mildere Form der Verteidigung … ausgereicht hätte?«

Deutlich gegen den begleiteten Suizid hat sich auch die Bundesärztekammer positioniert. Zu töten oder beim Töten zu helfen ließe sich mit dem Berufsbild des Arztes nicht vereinbaren. »Die Mitwirkung des Arztes bei der Selbsttötung widerspricht dem ärztlichen Ethos und kann strafbar sein«, heißt es in den »Grundsätzen der Bundesärztekammer zur ärztlichen Sterbebegleitung«.

Besonders vehement ist der Widerstand gegen die Freitodhilfe bei den christlichen Kirchen. Zwar wird die Selbsttötung in der Bibel nirgendwo verurteilt, aber schon im fünften Jahrhundert schrieb der Kirchenvater Augustinus klar und eindeutig: »Das aber sagen, das versichern wir, daran halten wir mit aller Entschiedenheit fest, dass niemand freiwillig den Tod suchen darf, um zeitlicher Pein zu entgehen, er würde sonst der ewigen anheimfallen.«

Neben dem Selbsttötungsverbot wird von den Kirchen auch immer wieder der Wert des Leidens als Bestandteil des menschlichen Lebens betont, Prüfungen seien gottgewollt, Schmerzen ein Teil der »conditio humana«. So sagte zum Beispiel Kardinal Karl Lehmann 2007 beim Mainzer Hospiz- und Palliativtag: »Wir haben nicht das Recht, unser Leben selbstmächtig zu beenden oder unser Menschsein durch völlige Ausschaltung unserer Sinne und unseres Denkens und Wollens zu betäuben oder geradezu auszuschalten.« Sterbehilfe, so haben die katholischen deutschen Bischöfe geäußert, sei eine »Lawine der Unmenschlichkeit«, eine »Zersetzung der Menschlichkeit«. Auch die evangelische Kirche steht nicht zurück. So erklärte die Generalsynode der Vereinigten Evangelisch-Lutherischen Kirche Deutschlands: »Die aktive Beendigung des Lebens, auch wenn es schmerzgeplagt ist, verstößt gegen Gottes Gebot. Kein Arzt, Sterbebegleiter oder Angehöriger darf sich zum Herrn über Leben und Tod aufschwingen … Zum Humanum gehört es, sich auch dem Elend zu stellen, das mit dem Sterben verbunden sein kann.«

Natürlich gibt es auch in der Kirche andere Stimmen. Eine besonders eindeutige stammt vom Theologen Hans Küng. Er plädiert für die Selbstbestimmung des Einzelnen: »Wenn das ganze Leben von Gott in die Verantwortung eines Menschen gestellt ist, dann gilt diese Verantwortung auch für die letzte Phase seines Lebens, ja, sie gilt erst recht für den eigentlichen Ernstfall seines Lebens: wenn es ans Sterben geht. Warum sollte gerade diese letzte Phase des Lebens von der Verantwortung ausgenommen sein?« Wie Küng denken viele. Umfragen haben ergeben, dass etwa zwei Drittel der kirchlich gebundenen Befragten der Amtskirche nicht folgen und sich für Sterbehilfe aussprechen.

Ganz ähnliche Haltungen wie bei den Auseinandersetzungen um die Sterbehilfe tauchen auch in der Debatte um Patientenverfügungen auf. Immer wieder diskutiert die Politik, zuweilen sogar im Plenum des Deutschen Bundestags, darüber, wie die rechtliche Fixierung solcher Willensbekundungen zu gestalten sei. Die Argumentationslinien gehen dabei quer durch die Parteien, die bisher erarbeiteten Gesetzesvorlagen sind interfraktionelle Anträge. Vereinfacht gesagt zeichnen sich drei Grundpositionen ab. Die liberalere will, dass Patientenverfügungen grundsätzlich, also unabhängig vom Stadium einer Erkrankung, gültig sein sollen. Arzt, Betreuer oder Bevollmächtigter sollen zusammen mit Pflegern und Angehörigen prüfen, ob die jeweilige Lage dem entspricht, was in der Verfügung steht. Die konservativere Position möchte die sogenannte Reichweite von Patientenverfügungen beschränken. Volle Gültigkeit sollen sie nur erhalten, wenn eine tödliche Krankheit unumkehrbar in ihre letzte Phase eingetreten ist. Davor jedoch ist eine Patientenverfügung nur dann gültig, wenn sie jünger als fünf Jahre und notariell beglaubigt ist, wenn sie nach ärztlicher Beratung zustande kam und am Ende durch ein Vormundschaftsgericht überprüft wird. Ein organisatorischer Aufwand, der Patientenverfügungen in vielen Fällen verhindern wird. Die dritte Position will Patientenverfügungen nicht rechtlich festschreiben. Die korrekte Behandlung am Lebensende sei ohnehin immer

Auslegungssache. Unterstützt wird diese Haltung vom Prä-
sidenten der Bundesärztekammer, Jörg-Dietrich Hoppe:
»Sterben ist nicht normierbar.«

Obwohl in der letzten Zeit das Interesse am Thema
Patientenverfügung deutlich zugenommen hat und sich
dementsprechend auch die politischen Aktivitäten mehr-
ten, ist es bisher – jenseits von Debatten – noch nicht zu
einer parlamentarischen Beschlussfassung gekommen. Patientenverfügungen entbehren immer noch der rechtlichen
Grundlage.

Dass Patientenverfügungen und vor allem die Sterbehilfe ganz allgemein in den vergangenen Jahren so sehr in
den Vordergrund der öffentlichen Wahrnehmung geraten
sind, hat mehrere Gründe. Zum einen ist es eine Folge der
enormen Zunahme ärztlicher Künste. »Die Fortschritte
der Medizin sind ungeheuer«, schrieb der Schriftsteller
Hermann Kesten, »man ist sich seines Todes nicht mehr
sicher.« In der Tat ist das natürliche Sterben die Ausnahme
geworden, es macht mittlerweile höchstens ein Drittel aller
Todesfälle aus. Man stirbt nicht mehr einfach an Alters-
schwäche wie früher, als der Tod das Unvorhersehbare war:
Du kennst nicht Tag noch Stunde. Heute scheint das Sterben – wie die Geburt in die Verfügungsgewalt des Menschen gegeben zu sein. Der Tod als planbares Ereignis, als
Option. Deshalb findet er auch nur noch selten zu Hause
statt, 80 Prozent der Sterbefälle ereignen sich in Krankenhäusern oder Pflegestationen – obwohl wiederum 80 Prozent angeben, zu Hause sterben zu wollen. Der Tod ist
damit weitgehend aus dem Alltagsleben verdrängt worden.
Viele kennen ihn nur aus dem Fernsehen, in der Wirklichkeit haben sie noch nie einen Toten gesehen oder gar ange-
fasst. Die Intensivmedizin hat es geschafft, die natürlichen
Sterbevorgänge von Grund auf zu verändern. Das Leben ist

als künstliches Leben verlängerbar – im Prinzip nach Belieben. Der Tod kommt mit all den medizinischen Errungenschaften nicht mehr einfach, immer öfter muss ihm eine Entscheidung vorausgehen, ob er eintreten soll oder nicht.

Der zweite Grund, warum Sterbehilfe ein so allgegenwärtiges Thema geworden ist, hat etwas mit dem demografischen Wandel zu tun. Die deutsche Gesellschaft, wie die anderer europäischer Staaten auch, wird mit geradezu rasanter Geschwindigkeit eine Gesellschaft der Alten. Mitte des Jahrhunderts wird jeder dritte Deutsche jenseits der 65 sein. Die durchschnittliche Lebenserwartung liegt dann laut Statistischem Bundesamt bei 84,5 Jahren für Frauen und bei 80,5 Jahren für Männer. Dabei ist das noch eine vorsichtige Schätzung. Es gibt Experten, die für 2050 mit einer Lebenserwartung für Frauen von über 100 Jahren rechnen. »Eine Obergrenze der Lebenserwartung ist nicht in Sicht«, sagt das Statistische Bundesamt.

Dass die Menschen so alt werden, ist nicht nur eine frohe Botschaft. Denn die Verlängerung des Alters führt auch dazu, dass mehr Zeit in Leiden und Schmerzen verbracht wird, als das früher der Fall war. Die Wahrscheinlichkeit, zum Pflegefall zu werden, steigt mit den Lebensjahren exponentiell. Bis 60 liegt das Risiko der Pflegebedürftigkeit unter einem Prozent, bis 70 bei 2,1 Prozent. Zwischen 80 und 85 werden schon 20 Prozent zu Pflegefällen, zwischen 85 und 90 sind es 33, und bei den über 90-Jährigen liegt die Zahl bei 58 Prozent. Insgesamt wird sich die Zahl der Pflegebedürftigen bis zur Jahrhundertmitte von heute gut zwei Millionen auf mehr als vier Millionen verdoppeln.

Die Zunahme an Pflegefällen also ist gewaltig, aber die politischen Konzepte, wie damit umgegangen werden soll, sind dürftig. Die Nachrichten über den Pflegenotstand in Deutschland lesen sich erschreckend, und der neueste Bericht des Medizinischen Dienstes der Krankenkassen über die Qualität der Pflege, der vom August 2007 stammt, ist geradezu dramatisch: Bei 34 Prozent der untersuchten Heime gab es Probleme mit der Nahrungsmittel- und Flüssigkeitsversorgung, 35 Prozent der Heimbewohner litten unter den extrem schmerzhaften Druckgeschwüren, die entstehen, wenn Patienten vernachlässigt werden. In jeder zehnten Pflegeeinrichtung fanden die Prüfer Fälle von akuter Verwahrlosung. Der Berufsverband Altenpflege schätzt, dass unter den gut 9000 deutschen Pflegeheimen ein Drittel schwarze Schafe sind.

Kein Wunder, dass bei solchen Perspektiven Zukunftsängste genauso wachsen wie die Zahl der Personen, die sich der Pflegebedürftigkeit nicht ausliefern wollen. Der Lebensabend wird zum Lebensabschnitt der Bedrohung: Jede dritte Selbsttötung in Deutschland wird von einem Menschen jenseits der 65 vorgenommen. Solange eine menschenwürdige Pflege nicht gesichert werden kann, solange in den wenigsten Heimen Schmerzmedizin angewandt wird, solange dort allzu oft Alte vereinsamt, ohne Hilfe und Trost sterben müssen, so lange wird die Diskussion um die Sterbehilfe zunehmen.

Denn die Zahl der Menschen wächst, die nicht mehr willens sind, die derzeitigen Zustände einfach hinzunehmen. Und das könnte der dritte Grund sein, warum das Thema Sterbehilfe ein so großes Thema geworden ist. Eine Generation kommt nun in die Jahre, die selbstbestimmter aufgewachsen ist als die Generationen zuvor. Nicht im Drill des Nationalsozialismus, nicht in den autoritären Familien-, Kirchen- und Staatsstrukturen noch früherer Zeiten. Diese Generation hat keinen Krieg erlebt, keinen Hunger und größere Entbehrungen in der Regel auch nicht. Sie ist in Verhältnissen aufgewachsen, die es ihr ermöglicht haben, dem eigenen Ich und besonders der Autonomie dieses Ichs große Aufmerksamkeit zu schenken. Es ist deshalb nicht unwahrscheinlich, dass diese Generation und all die folgenden Fremdbestimmung am Ende ihrer Tage so wenig dulden werden wie zeit ihres ganzen Lebens. Und anfangen, schwierige Fragen zu stellen: Wer darf sich zum Herrn über unser Leben, unser Leiden, unser Sterben machen? Kann es sein, dass das Selbstbestimmungsrecht ausgerechnet in den Jahren des Alters, da es ein geradezu körperliches Recht werden könnte, wenig oder gar nichts mehr gilt? Dass die paternalistische Bevormundung unter dem Anschein der Fürsorge die Freiheit des Einzelnen vernichten darf?

Es sind Fragen, auf die es keine einfachen Antworten gibt. Und jeder, der sich mit allzu schnellen und lauten Festlegungen ins Scheinwerferlicht stellt, wie das besonders gerne Politiker und Kirchenleute tun, läuft in Gefahr, anmaßend zu erscheinen. Weil neben allen moralischen und abstrakten Grund- und Kernsätzen immer ein Mensch steht, ein Individuum mit seiner eigenen Geschichte, seinem Leiden, seinen Schmerzen, vielleicht auch seiner Schwäche. Weil die Aufrichtung der Grundsätze allzu oft die Erniedrigung der Einzelperson bedeutet.

Jede Meinungsumfrage macht es aufs Neue klar: 70 bis 75 Prozent der Deutschen sprechen sich regelmäßig für die Erlaubnis von Sterbehilfe aus. Darum wird die Diskussion um die Sterbehilfe weitergehen. Schon deshalb, weil die Diskrepanz zwischen der derzeitigen Rechtslage und der öffentlichen Meinung enorm ist. Ein Spagat, der in einer Demokratie auf die Dauer kaum gehalten werden kann.

Die Rechtslage in Deutschland ist vielen allerdings unbekannt. Das geht hinauf bis zu Spitzenpolitikern und ist eine der Ursachen dafür, warum die Debatte über die

Sterbehilfe manchmal sehr mühsam ist. So erklärte zum Beispiel Bundeskanzlerin Angela Merkel auf dem Hannoveraner Bundesparteitag der CDU im Dezember 2007 unter dem Beifall der Delegierten: »Liebe Freunde, deswegen bekennen wir uns ganz klar zum Stopp der aktiven Sterbehilfe. Das Vorgehen einer Schweizer Gesellschaft ist für mich mit dem Gebot des Grundgesetzes nicht vereinbar. Dass diese Gesellschaft auch noch ›Dignitas‹, also Würde, heißt, ist der Gipfel der Unverschämtheit. Aktive Sterbehilfe wird es mit der Christlich-Demokratischen Union nicht geben.«

Wie der Kanzlerin ergeht es vielen. Die verschiedenen Formen der Sterbehilfe sind wenig bekannt, bisweilen fällt die Unterscheidung schwer. Im Grunde gilt es, vier Arten der Sterbehilfe auseinanderzuhalten:

Aktive Sterbehilfe: Sie wird juristisch »Tötung auf Verlangen« genannt und ist in Deutschland – wie auch in den meisten anderen europäischen Ländern – verboten. Nach § 216 des Strafgesetzbuchs wird sie mit bis zu fünf Jahren Gefängnis bestraft, auch wenn ein unheilbar Kranker ausdrücklich darum gebeten hat. Bei aktiver Sterbehilfe wird dem Patienten ein tödlich wirkendes Medikament, meist mit einer Spritze, verabreicht. Trotz des Verbots kommt aktive Sterbehilfe in Deutschland vor. Im November 2008 veröffentlichte der *Spiegel* eine Studie, nach der jeder sechste Arzt in Deutschland für aktive Sterbehilfe plädiert. Eine andere, etwas ältere Untersuchung kommt zu dem Ergebnis, dass gut acht Prozent der Allgemeinmediziner schon einmal Sterbehilfe geleistet haben. In Frankreich veröffentlichte die Wochenzeitung *Le Nouvel Observateur* im Jahr 2007 ein Manifest, in dem sich 2134 Ärzte, Krankenschwestern und Pfleger dazu bekannten, aktive Sterbehilfe geleistet zu haben.

In den Niederlanden und in Belgien ist aktive Sterbehilfe seit 2002 straffrei. Es müssen dafür allerdings einige
Voraussetzungen erfüllt sein: So müssen immer zwei Ärzte
zurate gezogen werden, der Patient muss sich in der Endphase seines Lebens befinden oder in einer aussichtslosen
Notlage, und er muss mehrmals und nachdrücklich den
Wunsch geäußert haben zu sterben. Um einen »Sterbetourismus« zu vermeiden, wird diese Form der Sterbehilfe
Ausländern nicht gewährt. Damit werden Konsequenzen
aus der Vergangenheit gezogen, als die liberaleren Abtrei-
bungsgesetze zahllose Frauen, insbesondere Deutsche, in
die Niederlande reisen ließen.

Passive Sterbehilfe: Damit wird der Verzicht auf lebensverlängernde Maßnahmen bezeichnet oder der Abbruch
einer Behandlung bei einem unheilbar Kranken. Es kann
dabei zum Beispiel auf Reanimation verzichtet werden, auf
die Gabe von Antibiotika, auf künstliche Beatmung, Ernährung oder Flüssigkeitszufuhr. Auch wenn ein Arzt lebenserhaltende Apparate ausschaltet, gilt das als passive Sterbehilfe, selbst wenn er damit aktiv ins Geschehen eingreift.
Denn der Tod wird hier ja nicht künstlich herbeigeführt, es
wird vielmehr der natürliche Krankheitsverlauf zugelassen.
Passive Sterbehilfe ist straffrei. Dennoch gibt es bei Ärzten
oftmals Unsicherheiten, weil genaue Regelungen fehlen.
Der Deutsche Juristentag 2006 forderte deshalb mehr
Rechtssicherheit durch eine ausdrückliche Verankerung im
Strafrecht.

Indirekte Sterbehilfe: So werden Behandlungen genannt, die die Schmerzen eines unheilbar Kranken lindern,
dabei aber zu einer Verkürzung seines Lebens führen können. So kann zum Beispiel bei einer starken Morphiumgabe
die Atemtätigkeit beeinträchtigt werden. Grundlegend für
die indirekte Sterbehilfe ist, dass die Absicht der Schmerz-

behandlung im Vordergrund steht und die Tötung nicht intendiert ist. Sie ist in Deutschland nicht strafbar und wird auch von den Kirchen bis hin zum Vatikan akzeptiert. Dennoch verschwimmt der Unterschied zur aktiven Sterbehilfe in vielen Fällen, da ja nicht nachweisbar ist, ob der Tod nur billigend in Kauf genommen wurde oder beabsichtigt war. Die Unterscheidung zwischen aktiver und indirekter Sterbehilfe findet im Kopf des Arztes statt.

Beihilfe zur Selbsttötung: Es wird auch vom begleiteten Freitod oder vom assistierten Suizid gesprochen. Dabei besorgt eine Sterbehilfeorganisation, ein Arzt oder eine andere Person ein tödliches Medikament. Bei den in der Schweiz tätigen Vereinen handelt es sich dabei in der Regel um Natrium-Pentobarbital, das in Deutschland in der Humanmedizin verboten ist und in der Schweiz nach einer Untersuchung von einem Arzt verschrieben werden kann. Davon werden 15 Gramm in bis zu 60 Milliliter Wasser aufgelöst. Das Mittel muss der Patient sich allerdings selbst verabreichen; normalerweise durch Trinken des Medikaments, seltener durch das Bedienen eines Schalters an einem Infusionsschlauch. In jedem Fall muss die Tatherrschaft beim Patienten selbst liegen. Damit unterscheidet sich der assistierte Suizid grundsätzlich von den zuvor genannten Formen der Sterbehilfe, die immer das Tun eines anderen voraussetzen, also das Tabu der Fremdtötung brechen.

Die Unterscheidung dieser vier Formen der Sterbehilfe fällt nicht nur Politikern schwer. Oftmals zeigen sich auch diejenigen, die es eigentlich am besten wissen müssten, sehr uninformiert: Ärzte und Vormundschaftsrichter. So hat eine Studie aus dem Jahr 2008 ergeben, dass ausgerechnet diese Berufsgruppen nicht besonders gut zwischen aktiver, passiver und indirekter Sterbehilfe unterscheiden können. So hielten zum Beispiel 42,1 Prozent der in der Studie befragten Ärzte und 36,1 Prozent der Richter die Beendigung der künstlichen Beatmung eines Sterbenden fälschlicherweise für aktive Sterbehilfe. 42,7 Prozent der Ärzte und 49,4 Prozent der Richter bezeichneten den Verzicht auf Chemotherapie bei einem Krebskranken als indirekte Sterbehilfe. In beiden genannten Fällen wäre die richtige Antwort passive Sterbehilfe.

Wegen dieser offenbaren Verwirrung wird immer wieder dafür plädiert, die Begriffe durch deutlichere zu ersetzen. So schlug der Deutsche Nationale Ethikrat vor, anstelle von aktiv, passiv und indirekt »Tötung auf Verlangen«, »Sterben lassen« und »Therapien am Lebensende« zu sagen. Aber auch diese Terminologie wird von Kritikern als unpräzise bezeichnet, da unter dem Begriff »Sterben lassen« nicht nur passive, sondern auch aktive Handlungen versammelt sind, zum Beispiel das Abschalten eines Beatmungsgeräts. Möglicherweise wäre es sinnvoll, auch im Deutschen die etwas komplizierte, aber international gebräuchliche Terminologie zu übernehmen: »Tötung auf Verlangen« – »Nichteinleitung beziehungsweise Beendigung lebenserhaltender Maßnahmen« – »Symptomlinderung mit möglicherweise lebensverkürzender Wirkung«.

Anders als in Deutschland ist die Rechtslage in der Schweiz, und zwar beim Thema Freitodbegleitung oder assistierter Suizid. Im Artikel 115 des Schweizer Strafgesetzbuchs heißt es: »Wer aus selbstsüchtigen Beweggründen jemanden zum Selbstmord verleitet oder ihm dazu Hilfe leistet, wird, wenn der Selbstmord ausgeführt oder versucht wurde, mit einer Freiheitsstrafe bis zu fünf Jahren oder Geldstrafe bestraft.«

Daraus leitet sich im Umkehrschluss ab, dass die Beihilfe zur Selbsttötung straffrei ist, wenn sie nicht aus eigennützigen Motiven erfolgt. Dieses Gesetz gilt seit 1942.

In Deutschland ist die Selbsttötung kein Straftatbestand, also kann auch die Beihilfe nicht unter Strafe gestellt werden. Dennoch kann belangt werden, wer bei einem Suizid zugegen ist – wegen unterlassener Hilfeleistung. Sobald die Ohnmacht eingetreten ist, müsste der Anwesende sofort lebensrettende Maßnahmen einleiten. Tut er das nicht, macht er sich strafbar. Die Konsequenz daraus ist, dass der zum Sterben entschlossene Mensch genau dann verlassen werden muss, wenn es zum Äußersten kommt. Es ist in Deutschland legal nicht möglich, jemanden beim Freitod zu begleiten.

Weil das in der Schweiz anders ist, wurde dort 1982 der Verein EXIT gegründet, der heute etwa 50 000 Mitglieder zählt. In den 1990er Jahren begleitete er etwa 30 Menschen pro Jahr in den Freitod. In der jüngeren Vergangenheit stiegen die Zahlen stark an, heute sind es ungefähr 150 Personen pro Jahr. EXIT bietet seine Dienste aber nur Schweizern oder Ausländern mit Schweizer Wohnsitz an. Das wollte der Zürcher Rechtsanwalt Ludwig A. Minelli ändern. »Die Menschenrechte dürfen nicht an der Schweizer Grenze enden«, pflegt er zu sagen, und für ihn gehört die Selbstbestimmung über das eigene Sterben zu den Menschenrechten. Im Jahr 1998 trennte sich Minelli von EXIT und gründete am 17. Mai in Zürich den Verein Dignitas, der auch für Ausländer den begleiteten Suizid möglich macht. Er hat heute etwa 6000 Mitglieder. In den zehn Jahren seines Bestehens hat der Verein mehr als 900 Menschen zum Sterben verholfen, knapp 60 Prozent davon kamen aus Deutschland. Insgesamt hat die Zahl der Ausländer, die in die Schweiz zum Sterben kommen, seit einigen Jahren deutlich zugenommen. Dignitas ist deshalb in der Schweiz ins Gerede gekommen. Das hässliche Wort vom »Sterbetourismus« machte die Runde. Auch andere

Vorwürfe wurden und werden immer wieder laut. Die Organisation fertige ihre »Kunden« geradezu im Fließbandtempo ab. Dem steht allerdings eine Studie entgegen, die an der Universität Magdeburg erstellt wurde, wonach bei Dignitas zwischen der Äußerung des Sterbewunsches und dessen Erfüllung im Durchschnitt fünf Monate vergehen. Manchmal dauert dieser Prozess mehrere Jahre.

Von größerem Gewicht ist der Vorwurf, Dignitas bereichere sich mit seiner Tätigkeit, mache ein Geschäft mit dem Tod, wie das zum Beispiel seit einigen Monaten der ehemalige Hamburger Justizsenator Roger Kusch tut, der für eine Sterbebegleitung 8000 Euro nimmt. Die Satzung von Dignitas schließt jede Bereicherung aus, aber Tatsache ist, dass der Verein seit 2004 seine Finanzen nicht mehr offengelegt hat. Ludwig A. Minelli erklärt das mit Arbeitsüberlastung seiner Organisation, leistet aber mit diesem Versäumnis Spekulationen und Anschuldigungen Vorschub.

In die Schlagzeilen kam Dignitas auch wieder im Februar 2008. Bekannt wurde, dass die Organisation statt des üblichen Barbiturats erstmals auch Heliumgas zur Sterbehilfe eingesetzt hatte. Da Helium ohne Schwierigkeiten im Handel zu beziehen ist, hieß es nun in der Öffentlichkeit, Dignitas habe diesen Weg gewählt, um in Zukunft den für das verschreibungspflichtige Natrium-Pentobarbital notwendigen Arztbesuch zu umgehen. Die Wirklichkeit sah ein wenig anders aus: Die kantonale Gesundheitsbehörde von Zürich hatte verfügt, dass ab 1. Februar der bis dahin übliche einmalige Arztbesuch für die Ausstellung eines Rezepts nicht mehr ausreiche, da dies der ärztlichen Sorgfaltspflicht nicht genüge. Für Menschen, die damals bereits einen festen Sterbetermin hatten und ihn unter keinen Umständen verschieben wollten, stellte Dignitas deshalb Helium zur Verfügung, das beim Einatmen über eine Maske zu einem schmerzfreien Tod führt. Die Organisation tat das vier Mal und wies ausdrücklich darauf hin, dass sie Helium nicht für eine erwünschte Lösung halte. Erstens aus Sorge um den Nachahmungseffekt, zweitens wegen der Nebenerscheinungen: Nachdem der Sterbewillige durch das Gas eingeschlafen ist, kommt es manchmal zu Spastiken, heftigen Zuckungen und Verrenkungen des Körpers, die für Angehörige schwer zu ertragen sind.

Seit dem Jahr 2005 gibt es in Deutschland eine Filiale von Dignitas. Sie firmiert hierzulande unter dem Namen Dignitate, ihr Büro ist in Hannover. Die Gründung sorgte für großes Aufsehen, Demonstrationen und bis heute für empörte Reaktionen sowie für parlamentarische Bestrebungen, die gewerbsmäßige Sterbehilfe zu verbieten. Die Kritik nahm noch zu, als Dignitate 2007 ankündigte, man wolle demnächst auch in Deutschland eine Sterbebegleitung nach Schweizer Muster organisieren. Ziel sei es, damit die juristische Klärung herbeizuführen, ob die deutsche Rechtslage überhaupt haltbar sei. Immerhin hatten Teile des Nationalen Ethikrats, eines von der Bundesregierung eingesetzten Forums von 25 Mitgliedern verschiedener Wissenschaftsdisziplinen, für eine Veränderung der rechtlichen Situation plädiert: »Ein derartiger Entschluss eines unheilbar Kranken, aus dem Leben zu scheiden, sollte ihm nahestehende Personen von jeder moralischen und rechtlichen Verpflichtung entbinden, rettend einzugreifen, um den Suizid zu verhindern.« Auch der Deutsche Juristentag setzte sich 2006 dafür ein, die begleitete Selbsttötung zu legalisieren.

Wo von Hilfe *zum* Sterben die Rede ist, muss zuletzt auch von Hilfe *beim* Sterben gesprochen werden, von jenem anderen Modell, das ein Sterben in Würde möglich machen will: von der Hospizbewegung und der Palliativmedizin also, den Bestrebungen, sterbenden Menschen beizustehen und den Tod so schmerzfrei wie möglich zu machen. Das wäre medizinisch bei immerhin über 90 Prozent aller Kranken möglich. Aber nur für 12,5 Prozent – so die Zahlen der Deutschen Hospiz Stiftung – existieren bisher in Deutschland solche Pflegeplätze. Trotzdem – der Ausbau der Palliativmedizin (von lateinisch *pallium* = der Mantel) schreitet auch hierzulande voran.

Der Beginn der Hospizbewegung wird auf das Jahr 1967 datiert. In diesem Jahr eröffnete die Ärztin und Sozialarbeiterin Cicely Saunders in London das erste »Hospiz«, ein spezielles Krankenhaus für Sterbende mit 50 Betten. Nicht Hilfe zum Sterben sollte dort gewährt werden, sondern Hilfe zum Leben während des Sterbens: Schmerzlinderung, Begleitung in einer Zeit der großen Einsamkeit, spirituelle Begleitung und Trauerbegleitung für Angehörige. Die Hospizidee fand in Deutschland zunächst wenig Anklang, insbesondere die katholische Kirche sprach sich dagegen aus, da sie befürchtete, es könnten Gettos für Sterbende entstehen. In anderen Ländern hingegen wurde die Hospizidee schnell aufgegriffen, und 1986 wurde schließlich auch in Deutschland, in Aachen, das erste Hospiz gegründet. Weltweit gibt es heute in etwa hundert Ländern knapp 8000 solcher Einrichtungen. Parallel dazu entwickelte sich die Palliativmedizin. Sie setzt dann ein, wenn keine Heilungschancen mehr bestehen, wenn es also nur noch darum geht, dem Sterbenden das Leben bis zum Ende zu erleichtern. Im Jahr 1983 entstand an der Kölner Chirurgischen Universitätsklinik die erste deutsche Palliativstation. Als gemeinsamer Begriff für Palliativmedizin und Hospizidee hat sich mittlerweile die Bezeichnung Palliative Care durchgesetzt; er wird auch von der Weltgesundheitsorganisation verwendet.

Schon bald nach der Gründung des ersten Hospizes wurde deutlich, dass die meisten Menschen es trotz der intensiven Betreuung vorzogen, ihre letzten Tage in ihren eigenen vier Wänden zu verbringen. Deshalb entstanden bald auch ambulante Dienste, die heute viel zahlreicher sind als die stationären Hospizhäuser. Solange es Angehörige gibt, die den Todkranken – zusammen mit Pflegediensten – versorgen, wird die ambulante Betreuung heute favorisiert. Feste Häuser eignen sich eher für Menschen ohne Angehörige.

Allen Einrichtungen weltweit gemeinsam sind fünf Grundsätze:

- Die Betroffenen, also der Kranke und seine Angehörigen, bestimmen selbst, was geschieht, ihnen werden keine Therapiekonzepte von außen aufgedrängt. Weil die Angehörigen oft mehr leiden als die sterbenden Menschen selbst, kümmert Palliative Care sich genauso um sie wie um den Kranken.
- Dem Kranken und seinen Angehörigen steht ein ganzes Team zur Verfügung. Es ist interdisziplinär, besteht nicht nur aus Ärzten und Pflegekräften, sondern auch aus Sozialarbeitern, Psychologen, Seelsorgern, Juristen und häufig auch aus Kunst- und Musiktherapeuten.
- Eine besonders wichtige Rolle spielen die ehrenamtlichen Helfer. Sie sitzen am Bett der Kranken und hören zu, sie erzählen, erledigen aber auch Alltagsarbeiten wie Einkaufen, Kochen, Kinder hüten.
- Ein zentrales Anliegen von Palliative Care ist die Schmerztherapie. Ebenso wichtig ist die Behandlung anderer beim Sterben auftretender Beschwerden: Übelkeit, Erbrechen, Atemnot, Verdauungsstörungen, Verwirrtheit.

- Der Hospizdienst muss rund um die Uhr erreichbar sein. Oft fühlen sich Angehörige gerade nachts mit den leidenden Kranken so allein und überfordert, dass sie keinen anderen Ausweg mehr wissen, als den Kranken in eine Klinik einweisen zu lassen. Deshalb muss immer ein Bereitschaftsdienst erreichbar sein.

Mit diesen fünf Grundsätzen hofft die Hospizbewegung mit den Jahren eine »palliative Kultur« zu entwickeln, eine Kultur der Fürsorglichkeit beim Sterben. Davon ist Deutschland zurzeit allerdings noch sehr weit entfernt. In Skandinavien und Großbritannien etwa können immerhin 40 Prozent der Sterbenden Palliative-Care-Angebote in Anspruch nehmen. Insgesamt erfahren in deutschen Krankenhäusern höchstens 20 bis 30 Prozent aller Patienten mit sehr großen Schmerzen eine ausreichende Schmerztherapie. Das heißt, 70 bis 80 Prozent sterben unter Qualen. Das müsste nicht so sein, denn dagegen gäbe es Mittel. Zwar hat sich der Morphiumverbrauch in den vergangenen Jahren in Deutschland deutlich erhöht – von 0,8 Kilogramm pro einer Million Einwohner im Jahr 1985 auf 17,7 Kilogramm in Jahr 2002 –, aber auch mit diesem gestiegenen Verbrauch liegt Deutschland in der Europäischen Union immer noch an letzter Stelle.

Beim Ausbau palliativer Angebote tut sich derzeit dennoch einiges. Die Ausgaben dafür haben sich vom Jahr 2007 von 80 Millionen Euro auf 130 Millionen Euro im Jahr 2008 erhöht, und sie sollen weiter steigen und nach dem Willen der Bundesregierung 2010 bei 240 Millionen liegen. Dennoch werden auch dann die Angebote nicht ausreichend sein, und auch die Ausbildung der Ärzte auf diesem Gebiet lässt zu wünschen übrig.

Gleichwohl sind im Laufe der letzten Jahre gewaltige

Fortschritte in der Schmerztherapie und in der sanften Sterbebegleitung erzielt worden. Der wichtigste aller Fortschritte besteht allerdings darin, dass sich das Bild von der Rolle des Arztes allmählich zu verändern beginnt. Denn zuvor war es zu einer fatalen Entwicklung gekommen: Mit den schier unbegrenzten Möglichkeiten, die die Apparatemedizin geschaffen hat, veränderte sich das Objekt der ärztlichen Kunst: Es war auf einmal weniger der kranke Mensch, sondern die Krankheit selbst. Sie galt es zu besiegen, koste es, was es wolle. War die Krankheit stärker, so galt das als Niederlage für den Arzt. Hier beginnt nun allmählich ein Umdenken einzusetzen, ein Perspektivenwechsel. Von einem bestimmten Moment an muss es heißen: »care, not cure«. Noch immer fällt vielen Ärzten der Gedanke an einen solchen Rollenwechsel schwer. Die bei der Hospizbewegung tätigen Ärzte haben diesen Schritt bereits vollzogen. Sie verstehen den Arztberuf nicht mehr ausschließlich unter dem Aspekt des Heilens, sondern auch unter dem des Helfens – und wenn es eine Hilfe hin zum Tod ist.

EDITORISCHE NOTIZ

Die Angaben in diesem Buch sind nach unserem besten Wissen und Gewissen zutreffend und vollständig. Dieses Buch ist ausschließlich als informativer Leitfaden für diejenigen gedacht, die mehr über die behandelte Thematik wissen möchten. In keiner Weise ist mit diesem Buch beabsichtigt, den Rat Ihres Arztes infrage zu stellen oder zu ersetzen. Die letzte Entscheidung über Ihre Gesundheitsversorgung sollte zwischen Ihnen und Ihrem Arzt fallen. Wir empfehlen ausdrücklich, seinem Rat zu folgen. Die Informationen in diesem Buch sind allgemeiner Art, ohne jede Gewähr der Autoren und des Verlags. Die Autoren und der Verlag schließen jede Haftung aus. Die Namen der Personen, die mit den in diesem Buch geschilderten Ereignissen verbunden waren, und Angaben, die zu ihrer Identifizierung dienen können, wurden geändert.

Die geschilderten Sachverhalte treffen auch auf die Situation in Deutschland zu. Unterschiedliche gesetzliche Regelungen und andere Abweichungen sind in den Anmerkungen des Übersetzers (A. d. Ü.) angezeigt.

REGISTER

Ablehnung/Abbruch von
Therapien 35, 43, 45 f., 114,
121 f., 132, 134, 165, 183,
221, 248
Ablehnung/Entzug von Nah-
rung/Flüssigkeit 35, 44 f.,
47, 51, 114, 120 f., 128 f.,
131–134, 166–169, 221, 248
ärztlich assistierter Suizid 29,
117, 121, 133 f., 140 f., 144,
192, 196, 200, 238, 240,
249 f.
aktive Sterbehilfe 30, 114,
121, 125, 135, 167 f., 186 f.,
189, 199, 219, 247, 249
Alpers, Ann 126
Alzheimer-Krankheit 13, 15,
18, 26 ff., 112, 161, 163 ff.,
180
ambulante Pflegedienste 67,
75, 87, 92, 111, 180, 255
→ Demenz
American Medical Associa-
tion 70
American Psychiatric Association 158
Analgetikum 72 f., 127
Angell, Marcia 188
Angst 44, 48, 104, 121 f., 131,
147, 149

Antibiotika 25, 27, 39, 51, 169,
220, 248
Appetitlosigkeit 48
Ashcroft, John 142, 192
Aspirin 72, 75
Atemdepression 74, 77, 123,
147
Augustinus 241

Barbiturate 105, 107, 121, 131,
139 f., 142 f., 145, 152 f., 156,
193, 195
Baron, Charles, und Irma 96,
124
Beatmung, künstliche 39, 51,
58, 220, 248, 250
Behandlungsziel 9, 24, 38, 41,
47, 54, 61, 69, 106, 121
Beihilfe zum Selbstmord →
ärztlich assisitierter Suizid
Belgien 168, 199, 248
Betreuungsverfügung 177,
214
Bluttransfusionen 49, 51, 83,
221
Brophy, Paul 174
Brown Medical School 61
Brysch, Eugen 123
Bundesärztekammer 175,
240, 243

Chemotherapie 45, 51, 62, 80, 96, 104, 109
Chloroform 127
Codeinhaltige Arzneimittel 72, 75
Cole, Garrick R. 124f.
Compassion and Choices 36, 192

Dehydrierung 35, 47, 51, 120f., 128ff., 220 → Ablehnung/Entzug von Nahrung/Flüssigkeit
Demenz 31, 111f., 160–165, 167–171, 219f., 222 → Alzheimer-Krankheit
Depression 10, 48, 110, 155–160
Deutsche Gesellschaft für Humanes Sterben 36, 203
Deutsche Alzheimer Gesellschaft 164
Deutsche Gesellschaft für Palliativmedizin 204
Deutsche Hospiz Stiftung 123, 254
Deutscher Ethikrat 250, 253
Deutscher Hospiz- und Palliativ-Verband 203
Deutscher Kinderhospizverein 203
Diamorphin 72f.
Dignitas 36, 200, 203f., 247, 251ff.
Dignitate-Deutschland 203, 253f.
Doppeleffektprinzip 73, 123–126

Endorphine 130
Ernährung, künstliche 39, 45, 51, 106, 133, 220, 248
Euthanasia Society of America 191
EXIT-Deutsche Schweiz 36, 200f., 203, 251

Fensterman, Jerry 185
Final Exit Network 36

Gawande, Atul 85
Gewichtsverlust 16, 48, 157ff.
Girsh, Faye 146

Halluzinationen 77
Hastings Center 187
Helium 107, 121, 145–153, 252f.
Herz-Lungen-Wiederbelebung 51, 178, 221 → Reanimationsverbot
Herzschrittmacher 13, 17ff.
hippokratischer Eid 80f.
Hoerster, Norbert 240
Hoppe, Jörg-Dietrich 243
Hormonbehandlung 49, 87, 109, 136
Hospiz 34, 38, 46f., 54, 62ff., 66ff., 72, 74f., 77, 86, 88, 92f., 97, 111, 130, 136, 152, 180, 193f., 196f., 253, 255ff.
Humanistischer Verein Deutschlands 204
Humphry, Derek 139, 141, 146, 191

Ibuprofen 72, 75

indirekte Sterbehilfe 167, 248 ff.

informiertes Einverständnis 36, 112, 128, 182, 192 ff., 199

Insulin 127

Kaliumchlorid 127

Kesten, Hermann 243

Kirche 20, 241, 249, 254

Kohlendioxid 147, 149

Kohlenmonoxid 119

Krankenakte 15, 131, 170, 193 f.

Krankenhaus 17, 25 ff., 34, 38 f., 47, 51, 54 ff., 62, 66, 68, 83, 92, 169 f., 178 ff., 221, 243

Krankenpfleger/schwestern 46 f., 67, 86, 91 ff., 120, 169 f., 170, 197

Küng, Hans 241

kurativer Ansatz 24, 43

Kurzatmigkeit 17, 48, 53

Kusch, Robert 252

lebenserhaltende Maßnahmen 23, 127, 132, 165, 174, 182, 237, 250

Lebensschützer 31

lebensverlängernde Maßnahmen 25, 50, 121, 165, 174

Lee, Daniel 187

Lehmann, Karl 241

Lethargie 47 f., 130, 158 f.

lindernde Versorgung → Palliativpflege

Lowenstein, Edward 168

Lungenentzündung 25 f., 39, 51, 57

Luxemburg 200

McStay, Rod 125 f., 132 f.

Meier, Diane 48 f.

Merkel, Angela 247

Minelli, Ludwig A. 251 f.

Morphium 17, 44 f., 48, 51, 60, 63–66, 73 ff., 77, 80 f., 105, 114, 121–124, 127, 136, 248, 256

Morrison, R. Sean 48 f.

Mount Sinai School of Medicine 48

mutmaßlicher Wille 166, 177 f., 181, 215

Nasensonde 51, 169

Natrium-Pentobarbital 249, 252

New England Journal of Medicine 10, 21 f.

Niederlande 72, 168, 199, 239, 248

Notfallbogen 35, 178 f., 215 ff.

Ogden, Russel 145

Oregon, Sterbehilfegesetz von 29, 109, 117 f., 120, 125, 139, 141 ff., 167, 187 ff., 192–195, 199, 239

Oxycodon/Paracetamol 76

Palliativpflege (Palliative Care) 24 f., 33 f., 36, 38, 40, 43, 45 f., 66, 68, 71, 130, 193 f., 196, 200, 221, 253–256

Paracetamol 72, 76

Parkinson-Krankheit 160

Patientenrechte 10, 33, 38 f., 41, 53, 74, 90 f., 191
Patientenverfügung 13 ff., 18–21, 23, 35 f., 50, 52 f., 58, 88, 116, 127, 136, 165 f., 169, 173–176, 178, 180–183, 205–209, 219 f., 222, 242 f.
PEG-Sonde 39, 45, 58, 106
Pentobarbital 138 ff., 195, 249
Percodan 76
Pflegeheime 14 ff., 26 ff., 34, 38 f., 49 f., 51, 54, 62, 66, 68, 86, 92, 169 f., 180, 243, 245
Porter, Ruth 92
Psychopharmaka 48, 157

Quill, Timothy 22, 126, 188
Quinlan, Karen Ann 174

Reanimationsverbot 51, 178 f., 221, 248
Rosoff, Sidney 191

Sarkozy, Nicolas 238
Saunders, Cicely 254
Schiavo, Michael 23
Schiavo, Terri 22 f., 28, 31, 174, 182, 237
Schindler, Mary, und Bob 23
Schlaganfall 40
Schmerztherapie → Palliativpflege
Schweiz 36, 72, 200 f., 249 ff.
Sébire, Chantal 237
Secobarbital 105 f., 137–140, 142, 195
Sedierung 51, 128 ff., 132, 167 f.

Selbstmord → Suizid
Society for the Right to Die 21
Somnolenz 65, 77, 128, 130
Spong, John Shelby 115
Sterbehilfeorganisationen 36, 143, 200, 240, 249
Strahlentherapie 45, 49, 109
Sucht 74 f.
Suizid 10, 30, 108, 114, 121, 133, 140, 155, 157, 251

terminale Sedierung 126, 131 ff.
Tetraplegie 111, 160
Tötung auf Verlangen 29, 144, 191, 250
Totenschein 138, 144, 150, 152
Traurigkeit 110, 155, 159

Übelkeit 48, 75
Urteilsfähigkeit des Patienten 112, 121, 127, 129, 162, 167, 194, 219

Verstopfung 48, 76
Vormundschaftsgericht 34, 173, 176, 181 f.
Vorsorgevollmacht/Vorsorgebevollmächtigte/r 18, 20 f., 23, 28, 33, 36, 40, 50, 53, 88, 99 f., 127, 134, 136, 166, 169, 176 ff., 180–183, 210–213, 219, 223

Wachkoma 23, 237